VLADIMIR LENIN

¿QUÉ HACER?

VLADIMIR LENIN
¿QUÉ HACER?

EDITORIAL LA RESISTENCIA

NOTA DE LOS EDITORES

Se ha tomado como base de la presente edición la publicada en español por Editorial Progreso, Moscú, 1981.

PRÓLOGO

Según el plan inicial del autor, el presente folleto debía consagrarse a desarrollar minuciosamente las ideas expuestas en el artículo "¿Por dónde empezar?"[2] (*Iskra*[3], Núm. 4, mayo de 1901).[4] En primer lugar, debemos disculparnos ante el lector por haber cumplido con retraso la promesa que hicimos en dicho artículo (y que repetimos en respuesta a numerosos requerimientos y cartas particulares). Una de las causas de dicha tardanza ha sido la tentativa, hecha en junio del año pasado (1901), de unificar todas las organizaciones socialdemócratas rusas en el extranjero.[5] Era natural que esperase los resultados de esta tentativa que, de haber tenido éxito, tal vez se hubiese requerido exponer las concepciones de *Iskra* en materia de organización desde un punto de vista algo distinto; en todo caso, este éxito prometía acabar muy pronto con la existencia de dos corrientes en la socialdemocracia rusa. El lector sabe que el intento fracasó y que, como procuramos demostrar a continuación, no podía terminar de otro modo después del nuevo viraje de *Rabócheie Dielo*[6], en su número 10, hacia el "economismo". Ha sido absolutamente necesario emprender una enérgica lucha contra esta tendencia imprecisa y poco definida, pero, en cambio, tanto más persistente y capaz de resurgir en formas diversas. De acuerdo con ello, ha cambiado y se ha ampliado en grado muy considerable el plan inicial del folleto.

Debían haber sido su tema principal los tres problemas planteados en el artículo "¿Por dónde empezar?", a saber: el carácter y el contenido principal de nuestra agitación política, nuestras tareas de organización y el plan de crear, simultáneamente y en distintas partes, una organización combativa de toda Rusia. Estos problemas interesan desde hace mucho al autor, quien trató ya de plantarlos en *Rabóchaya Gazeta*[7] durante una de las tentativas infructuosas de reanudar su publicación.[8] Dos razones han hecho irrealizable por completo nuestro primer propósito de circunscribirnos en este folleto al examen de los tres problemas mencionados y de exponer nuestras ideas, en la medida de lo posible de manera afirmativa, sin recurrir o casi sin recurrir a la polémica. Por una parte, el "economismo" ha resultado más vivaz de lo que suponíamos (empleamos la palabra "economismo" en su sentido amplio, como se explicó en el número 12 de *Iskra* (diciembre de 1901), en el artículo "Conversación con los defensores del economismo", que trazó, por decirlo así, un esbozo del folleto[9] que ofrecemos a la atención del lector).

Ha llegado a ser indudable que las distintas opiniones sobre el modo de resolver estos tres problemas se explican mucho más por una oposición radical entre las dos tendencias de la socialdemocracia rusa que por divergencias de detalle. Por otra parte, la perplejidad de los "economistas" al ver que *Iskra* sostenía de hecho nuestras concepciones ha evidenciado que hablamos a menudo en lenguajes literalmente distintos; que, debido a ello, no podemos llegar a ningún acuerdo sin comenzar *ab ovo*;[10] que es necesario intentar "explicarnos" sistemáticamente con todos los "economistas" en la forma más popular posible y basándonos en el mayor número posible de ejemplos concretos sobre todos los puntos cardinales de nuestras discrepancias. Y me he decidido a hacer esta tentativa de "explicarnos" con plena conciencia de que ello va a aumentar muchísimo el volumen del folleto y a retardar su aparición; pero no he visto ninguna otra posibilidad de cumplir la promesa hecha en el artículo "¿Por dónde empezar?". Así pues, a las disculpas por la tardanza he de añadir las excusas por los inmensos defectos del folleto en lo que a su forma literaria se refiere: he tenido que trabajar con una precipitación extrema y, además, prestar atención a otras muchas ocupaciones.

El examen de los tres problemas indicados sigue constituyendo el tema principal del folleto. Pero he tenido que comenzar por dos problemas de carácter más general: ¿por qué la consigna de "libertad de crítica", tan "inocente" y "natural", es para nosotros una verdadera llamada al combate?; ¿por qué no podemos llegar a un acuerdo ni siquiera en el problema fundamental del papel de la socialdemocracia en relación al movimiento espontáneo de masas?

Luego expongo las opiniones acerca del carácter y el contenido de la agitación política, exposición que se ha convertido en un esclarecimiento de la diferencia entre la política tradeunionista y la socialdemócrata, en tanto que la exposición de los puntos de vista sobre las tareas de organización se ha transformado en un esclarecimiento de la diferencia entre los métodos primitivos de trabajo, que satisfacen a los "economistas", y la organización de revolucionarios, que consideramos indispensable. Después insisto en el "plan" de un periódico político para toda Rusia, tanto más que las objeciones hechas contra él carecen de fundamento y que no se ha dado una respuesta a fondo a la pregunta hecha en "¿Por dónde empezar?" de cómo podríamos emprender simultáneamente en todas partes la formación de la organización que necesitamos.

Por último, en la parte final del folleto espero demostrar que hemos hecho cuanto dependía de nosotros para prevenir una ruptura decisiva con los "economistas", ruptura que, sin embargo, ha resultado inevitable; que *Rabócheie Dielo* ha adquirido una significación particular, y si se quiere "histórica", por haber expresado de la manera más completa y con el mayor relieve no el "economismo" consecuente, sino más bien la dispersión y las vacilaciones que han constituido el rasgo distintivo de todo un período de la historia de la socialdemocracia rusa; que por eso adquiere también importancia la polémica, demasiado detallada a primera vista, con *Rabócheie Dielo*, pues no podemos avanzar sin superar definitivamente este período.

Febrero de 1902

N. Lenin[11]

CAPÍTULO 1

DOGMATISMO Y "LIBERTAD DE CRÍTICA"

1. ¿Qué significa la "libertad de crítica"?

La "libertad de crítica" es hoy, sin duda, la consigna más en boga, la que más se emplea en las discusiones entre socialistas y demócratas de todos los países. A primera vista, es difícil imaginarse nada más extraño que esas alusiones solemnes a la libertad de crítica, hechas por una de las partes contendientes. ¿Es que en el seno de los partidos avanzados se han levantado voces en contra de la ley constitucional que garantiza la libertad de ciencia y de investigación científica en la mayoría de los países europeos? "¡Aquí pasa algo!", se dirá toda persona ajena a la cuestión que haya oído la consigna de moda, repetida en todas partes, pero que no haya profundizado aún en la esencia de las discrepancias. "Esta consigna es, por lo visto, una de esas palabrejas convencionales que, como los apodos, son legalizadas por el uso y se convierten casi en nombres comunes".

En efecto, para nadie es un secreto que en el seno de la socialdemocracia internacional[12] contemporánea se han formado dos tendencias cuya lucha ora se reaviva y levanta llamas ora se calma y consume bajo las cenizas de impresionantes "resoluciones de armisticio". En qué consiste la "nueva" tendencia, que asume una actitud "crítica" frente al marxismo "viejo, dogmático", lo ha dicho Bernstein y lo ha mostrado Millerand con suficiente claridad.

La socialdemocracia debe dejar de ser el partido de la revolución social para transformarse en un partido democrático de reformas sociales. Bernstein ha apoyado esta reclamación política con toda una batería de "nuevos" argumentos y razonamientos concertados con bastante armonía. Se ha negado la posibilidad de basar el socialismo en argumentos científicos y demostrar que es necesario e inevitable desde el punto de vista de la concepción materialista de la historia; se ha refutado la miseria creciente, la proletarización y la exacerbación de las contradicciones capitalistas; se ha declarado carente de fundamento el concepto mismo de "objetivo final" y rechazado de plano la idea de la dictadura del proletariado; se ha denegado que haya oposición de principios entre el liberalismo y el socialismo, se ha rebatido la teoría de la lucha de clases, afirmando que es inaplicable a una sociedad estrictamente democrática, gobernada conforme a la voluntad de la mayoría, etc.

Así pues, la exigencia de que la socialdemocracia revolucionaria dé un viraje decisivo hacia el socialreformismo burgués ha ido acompañada de un viraje no menos decisivo hacia la crítica burguesa de todas las ideas fundamentales del marxismo. Y como esta última crítica del marxismo se venía haciendo ya mucho tiempo, utilizando para ello la tribuna política, las cátedras universitarias, numerosos folletos y gran cantidad de tratados científicos, como toda la nueva generación de las clases instruidas ha sido educada sistemáticamente durante decenios en esta crítica, no es de extrañar que la "nueva" tendencia "crítica" haya salido de golpe con acabada perfección en el seno de la socialdemocracia, como Minerva de la cabeza de Júpiter[13]. Por su fondo, esta tendencia no ha tenido que desarrollarse ni formarse: ha sido transplantada directamente de las publicaciones burguesas a las publicaciones socialistas.

Prosigamos. Por si la crítica teórica de Bernstein y sus anhelos políticos estaban aún poco claros para ciertas personas, los franceses se han cuidado de demostrar palmariamente lo que es el "nuevo método". Francia se ha hecho una vez más acreedora de su vieja reputación de "país en el que las luchas históricas de clase se han llevado siempre a su término decisivo más que en ningún otro sitio" (Engels, fragmento del prólogo a la obra de Marx *Der 18 Brumaire*).[14] En lugar de teorizar, los socialistas franceses han puesto manos a la obra; las condiciones políticas de Francia, más desarrolladas en el aspecto democrático, les han permitido pasar sin demora al "bernsteinianismo práctico" con todas sus consecuencias. Millerand ha dado un brillante ejemplo de este bernsteinianismo práctico: ¡por algo Bernstein y Vollmar se han apresurado a defender y ensalzar con tanto celo a Millerand!

En efecto, si la socialdemocracia es, en esencia, ni más ni menos que un partido de reformas y debe tener el valor de reconocerlo con franqueza, un socialista no sólo tiene derecho a entrar en un ministerio burgués sino que incluso debe siempre aspirar a ello. Si la democracia implica, en el fondo, la supresión de la dominación de las clases, ¿por qué un ministro socialista no ha de cautivar a todo el mundo burgués con discursos acerca de la colaboración de las clases?, ¿por qué no ha de seguir en el ministerio, aún después de que los asesinatos de obreros por gendarmes hayan puesto de manifiesto por centésima y milésima vez el verdadero carácter de la colaboración democrática de las clases?, ¿por qué no ha de participar personalmente en la felicitación al zar, al que los socialistas franceses no dan ahora otro nombre que el de héroe de la horca, del látigo y de la deportación (*"knouteur, pendeur et déportateur"*)? ¡Y a cambio de esta infinita humillación y este autoenvilecimiento del socialismo ante el mundo entero, a cambio de pervertir la conciencia socialista de las masas obreras —única base que pueda asegurarnos el triunfo—, a cambio de todo eso ofrecer unos rimbombantes proyectos de reformas tan miserables que eran mayores las que se lograba obtener de los gobiernos burgueses!

Quien no cierre deliberadamente los ojos debe ver por fuerza que la nueva tendencia "crítica" surgida en el socialismo no es sino una nueva variedad de oportunismo. Y si no juzgamos a los hombres por el brillo del uniforme que se han puesto ellos mismos, ni por el pomposo sobrenombre que a sí mismos se dan, sino por sus actos y por las ideas que propagan en realidad, veremos claramente que la "libertad de crítica" es la libertad de la tendencia oportunista en el seno de la socialdemocracia, la libertad de hacer de la socialdemocracia un partido demócrata de reformas, la libertad de introducir en el socialismo ideas burguesas y elementos burgueses.

La libertad es una gran palabra; pero bajo la bandera de la libertad de industria se han hecho las guerras más rapaces, y bajo la bandera de la libertad de trabajo se ha expoliado a los trabajadores. La misma falsedad intrínseca lleva implícito el empleo actual de la expresión "libertad de crítica". Personas verdaderamente convencidas de haber impulsado la ciencia no reclamarían libertad para las nuevas concepciones al lado de las viejas, sino la sustitución de estas últimas por las primeras. En cambio, los gritos actuales de "¡Viva la libertad de crítica!" recuerdan demasiado la fábula del tonel vacío.

Marchamos en grupo compacto, asidos con fuerza de las manos, por un camino abrupto e intrincado. Estamos rodeados de enemigos por todas partes, y tenemos que marchar casi siempre bajo su fuego. Nos hemos unido en virtud de una decisión adoptada con toda libertad, precisamente para luchar contra los enemigos y no caer, dando un traspiés, en la contigua charca, cuyos moradores nos reprochan desde el primer momento el habernos separado en un grupo independiente y elegido el camino de la lucha y no el de la conciliación. Y de pronto, algunos de los nuestros empiezan a gritar: "¡Vamos a esa charca!". Y cuando se les pone en vergüenza, replican: ¡ah, sí, señores, ustedes son libres no sólo de invitarnos, sino de ir adonde mejor les plazca, incluso a la charca; hasta creemos que su sitio de verdad se encuentra precisamente en ella, y estamos dispuestos a ayudarles en lo que podamos para que se trasladen ustedes allí! ¡Pero, en ese caso, suelten nuestras manos, no se agarren a nosotros, ni envilezcan la gran palabra libertad, porque también nosotros somos "libres" para ir adonde queramos, libres para luchar no sólo contra la charca, sino incluso contra los que se desvían hacia ella!

2. Los nuevos defensores de la "libertad de crítica"

Precisamente esta consigna "libertad de crítica" ha sido lanzada de manera solemne en los últimos tiempos por *Rabócheie Dielo* (número 19), órganos de la Unión de Socialdemócratas Rusos en el Extranjero.[15] Y no como un postulado teórico, sino como una reivindicación política, como respuesta a la pregunta de si "es posible la unión de las organizaciones socialdemócratas rusas que actúan en el extranjero": "Para una unión sólida es indispensable la libertad de crítica" (pág. 36).

De esta declaración se deducen dos conclusiones bien claras: 1) *Rabócheie Dielo* asume la defensa de la tendencia oportunista en la socialdemocracia internacional en general; 2) *Rabócheie Dielo* exige la libertad del oportunismo en el seno de la socialdemocracia rusa. Examinemos estas conclusiones.

A *Rabócheie Dielo* le disgusta, "sobre todo", la "tendencia de *Iskra* y *Zariá*[16] a pronosticar la ruptura entre la *Montaña* y la *Gironda*[17] en la socialdemocracia internacional".[18]

> En general —escribe B. Krichevski, director de *Ra-bócheie Dielo*—, las habladurías sobre la *Montaña* y la *Gironda* en las filas de la socialdemocracia nos

22

parecen una analogía histórica superficial y extraña en la pluma de un marxista: la *Montaña* y la *Gironda* no representaban dos temperamentos o corrientes intelectuales diferentes, como puede parecerle a los historiadores de la ideología, sino distintas clases o sectores: por una parte, la burguesía media; y por otra, la pequeña burguesía y el proletariado. Pero en el movimiento socialista contemporáneo no hay choques de interés de clase; sustenta en su totalidad, en todas (subrayado por B. Kr.) sus variedades, incluidos los más declarados bernsteinianos, la posición de los intereses de clase del proletariado, de su lucha de clase por la liberación política y económica (pág. 32-33).

¡Atrevida afirmación! ¿No ha oído B. Krichevski hablar del hecho, observado hace ya tiempo, de que precisamente la amplia participación del sector de los "académicos" en el movimiento socialista de los últimos años ha asegurado una difusión tan rápida del bernsteinianismo? Y lo principal: ¿en qué funda nuestro autor su juicio de que incluso "los más declarados bernsteinianos" sustentan la posición de la lucha de clases por la emancipación política y económica del proletariado? Nadie lo sabe. Esta enérgica defensa de los más declarados bernsteinianos no se apoya en ningún argumento, en ninguna razón. El autor cree, por lo visto, que con repetir cuanto dicen de sí mismos los más declarados bernsteinianos huelgan las pruebas de su afirmación. Pero, ¿es posible imaginarse algo más "superficial" que este juicio acerca de toda una tendencia fundado en lo que dicen de sí mismos los representantes de la tal tendencia? ¿Es posible imaginarse algo más superficial que la "moraleja" subsiguiente sobre los dos tipos o cauces distintos e incluso diametralmente opuestos de desarrollo del partido (*Rabócheie Dielo*, pág. 34-35)? Los socialdemócratas alemanes, se dice, reconocen la completa libertad de crítica; pero los franceses no, y precisamente su ejemplo demuestra todo lo "nociva que es la intolerancia".

Precisamente, el ejemplo de B. Krichevski —responderemos a eso— demuestra que a veces se llaman marxistas gentes que ven la historia sólo "a lo Ilovaiski".[19] Para explicar la unidad del Partido Socialista Alemán y la desunión del francés no hace falta en absoluto escarbar en las peculiaridades de la historia de tal o cual país, comparar las condiciones del semiabsolutismo militar y el parlamentarismo republicano, analizar las consecuencias de la Comuna y las de la Ley de excepción contra los socialistas,[20] confrontar la situación económica y el desarrollo económico, recordar que "el crecimiento sin par de la socialdemocracia alemana" fue acompañado de una lucha de energía sin igual en la historia del socialismo, no sólo contra los extravíos teóricos (Mülberger, Dühring),[21] los socialistas de cátedra,[22] sino también contra las equivocaciones en el terreno de la táctica (Lassalle), etc. ¡Todo esto está de más! Los franceses riñen porque son intolerantes; los alemanes están unidos porque son buenos chicos.

Y observen que, mediante esta sin par profundidad de pensamiento, se "elimina" un hecho que rebate por completo la defensa de los bernsteinianos. Sólo la experiencia histórica puede dar una respuesta definitiva e irrevocable a la pregunta de si sustentan la posición de la lucha de clase del proletariado. Por tanto, en este sentido, tiene la máxima importancia, precisamente, el ejemplo de Francia, por tratarse del único país donde los bernsteinianos han intentado actuar de manera independiente, con la aprobación calurosa de sus colegas alemanes y, en parte, de los oportunistas rusos (véase *Rabóchei Dielo*, Núm. 2-3, pág. 83-84). La alusión a la "intolerancia" de los franceses —además de su significación "histórica" (en sentido "nozdrioviano"[23])— no es más que una tentativa de disimular con palabras graves hechos muy desagradables.

Tampoco estamos dispuestos, en absoluto, a entregar a los alemanes como regalo a B. Krichevski y demás copiosos defensores de la "libertad de crítica". Si se tolera todavía en las filas del partido alemán "a los más declarados bernsteinianos", es sólo por cuanto acatan la resolución de Hannóver,[24] que rechazó de plano tanto las "enmiendas" de Bernstein como la de Lübeck,[25] contenedora esta última (pese a toda su diplomacia) de una clara advertencia a Bernstein. Se puede discutir, desde el punto de vista de los intereses del partido alemán, si esta diplomacia era oportuna o no, o si, en tal caso, no valía más un mal ajuste que un buen pleito; se puede disentir, en suma, de si conviene tal o cual procedimiento de rechazar el bernsteinianismo; pero lo que no se puede hacer es no ver que el partido alemán ha rechazo dos veces el bernsteinianismo. Por tanto, creer que el ejemplo de los alemanes confirma la tesis de que "los más declarados bernsteinianos sustentan la posición de la lucha de clase del proletariado por su emancipación política y económica" significa no comprender en absoluto lo que está pasando delante de todos nosotros.[26]

Es más, como hemos dicho ya, *Rabóchei Dielo* presenta a la socialdemocracia rusa la reivindicación de "libertad de crítica" y defiende el bernsteinianismo. Por lo visto, ha tenido que convencerse de que se ha agraviado injustamente a nuestros "críticos" y bernsteinianos. ¿A cuáles en concreto? ¿A quién, dónde y cuándo? ¿En qué consistió, ni más ni menos, la injusticia? ¡*Rabóchei Dielo* guarda silencio sobre este punto, no menciona ni una sola vez a ningún crítico o bernsteiniano ruso! Sólo nos resta hacer una de las dos hipótesis posibles. O bien la parte agraviada injustamente no es otra que el mismo *Rabóchei Dielo* (así lo confirma el que en ambos artículos de su número 10 se trate sólo de agravios inferidos por *Zariá* e *Iskra* a *Rabóchei Dielo*). En este caso, ¿cómo explicar el hecho tan extraño de que *Rabóchei Dielo*, que siempre ha negado de manera tan obstinada toda solidaridad con el bernsteinianismo, no haya podido defenderse sin hablar en pro de los "más declarados bernsteinianos" y de la libertad de crítica? O bien han sido agraviadas injustamente unas terceras personas. Entonces, ¿cuáles pueden ser los motivos que impidan mencionarlas?

Vemos, pues, que *Rabóchei Dielo* sigue jugando al escondite lo mismo que venía haciendo (y como demostraremos más adelante) desde que apareció. Además, observen esta primera aplicación práctica de la decantada "libertad de crítica". De hecho, esta libertad se ha reducido en el acto no sólo a la falta de toda crítica, sino a la falta de todo juicio independiente en general. Ese mismo *Rábochei Dielo*, que guarda silencio sobre el bernsteinianismo ruso, como si fuera una enfermedad secreta (según la feliz expresión de Starovier),[27] ¡propone para curarla *copiar lisa y llanamente* la última receta alemana contra la variedad alemana de esta enfermedad! ¡En vez de libertad de crítica, imitación servil... o, peor aún, simiesca! El idéntico contenido social y político del oportunismo internacional contemporáneo se manifiesta en una y otras variantes, según las peculiaridades nacionales. En este país, un grupo de oportunistas viene actuando desde hace tiempo bajo una bandera especial; en ése, los oportunistas han desdeñado la teoría, siguiendo en la práctica la política de los radicales socialistas; en aquél, algunos miembros del partido revolucionario han desertado al campo del oportunismo y pretender alcanzar sus objetivos no con una lucha franca en defensa de los principios y de la nueva táctica, sino mediante una corrupción gradual, imperceptible y, valga la expresión, no punible de su partido; en el de más allá, esos mismos tránsfugas emplean iguales procedimientos a la sombra de la esclavitud política, manteniendo una proporción de lo más original entre la actividad "legal" y la "ilegal", etc., pero decir que la libertad de crítica y el bernsteinianismo son una condición para unir a los socialdemócratas rusos, sin haber analizado en qué se manifiesta precisamente el bernsteinianismo ruso, ni qué frutos singulares ha dado, es hablar por hablar.

Intentemos, pues, decir nosotros, aunque sea en pocas palabras, lo que no ha querido exteriorizar (o quizás ni siquiera ha sabido comprender) *Rabóchei Dielo*.

3. La crítica en Rusia

La peculiaridad fundamental de Rusia en el aspecto que examinamos consiste en que el comienzo mismo del movimiento obrero espontáneo, por una parte, y del viraje de la opinión pública avanzada al marxismo, por otra, se distinguió por la unión de elementos a todas luces heterogéneos bajo una bandera común para combatir a un enemigo común (la concepción sociopolítica anticuada del mundo). Nos referimos a la luna de miel del "marxismo legal". En general fue un fenómeno de extraordinaria originalidad que nadie hubiera podido siquiera creer posible en la década del 80 ó primeros años de la siguiente del siglo pasado. En un país autocrático, donde la prensa estaba sojuzgada por completo, en una época de terrible reacción política, cuando eran perseguidos los mínimos brotes de descontento político y protesta, se abrió de pronto camino en las publicaciones *visadas por la censura* la teoría del marxismo revolucionario expuesta en un lenguaje esópico, pero comprensible para todos los "interesados". El gobierno se había acostumbrado a considerar peligrosa únicamente la teoría del grupo (revolucionario) Libertad del Pueblo, sin ver, como suele ocurrir, su evolución interna y regocijándose de *toda crítica* que fuera contra ella. Pasó mucho tiempo (mucho según contamos los rusos) hasta que el gobierno se despertó y hasta que el aparatoso ejército de censores y gendarmes pudo descubrir al nuevo enemigo y caer sobre él. Mientras tanto, iba apareciendo un libro marxista tras otro; empezaban a publicarse revistas y periódicos marxistas; todo el mundo se hacía marxista; se halagaba y lisonjeaba a los marxistas; los editores estaban entusiasmados por la extraordinaria venta que tenían los libros marxistas. Se comprende perfectamente que entre los marxistas principiantes envueltos por esa humareda de éxito hubiera algún que otro "escritor envanecido"...[28]

Hoy puede hablarse de ese periodo con calma, como de algo ya pasado. Para nadie es un secreto que la efímera prosperidad alcanzada por el marxismo en la superficie de nuestras publicaciones fue debida a la alianza de elementos extremistas con otros muy moderados. En el fondo, estos últimos eran demócratas burgueses, y esa deducción (confirmada con evidencia por el desarrollo "crítico" posterior de dichos hombres) no podían menos que hacerla ya ciertas personas en los tiempos de mantenimiento de la "alianza".[29]

Pero si eso es así, ¿no recae la mayor responsabilidad por la "confusión" ulterior precisamente en los socialdemócratas revolucionarios, que pactaron esa alianza con los futuros "críticos"? Esta pregunta, seguida de una respuesta afirmativa, se oye a veces en boca de gente que enfoca el problema de una manera demasiado simple. Pero esa gente no tiene la menor razón. Puede temer alianzas temporales, aunque sea con personas poco seguras, sólo quien desconfía de sí mismo, y sin esas alianzas no podría existir ningún partido político. Ahora bien, la unión con los marxistas legales fue una especie de primera alianza verdaderamente política concertada por la socialdemocracia rusa. Gracias a esta alianza se ha logrado el triunfo, de asombrosa rapidez, sobre el populismo, así como la grandiosa difusión de las ideas del marxismo (si bien en forma vulgarizada). Además, la alianza no fue pactada sin "condición" alguna, ni mucho menos. Pruebas al canto: la recopilación marxista *Datos sobre el desarrollo económico de Rusia,*[30] quemada por la censura de 1895. Si el acuerdo literario con los marxistas legales puede ser comparado con una alianza política, este libro puede compararse con un pacto político.

La ruptura no se debió, desde luego, al hecho de que los "aliados" resultaran ser demócratas burgueses. Por el contrario, los adeptos de semejantes tendencias son aliados naturales y deseables de la socialdemocracia, siempre que se trate de las tareas democráticas de esta última, planteadas en primer plano por la situación actual de Rusia. Mas, para esta alianza, es condición indispensable que los socialistas tengan plena posibilidad de revelar a la clase obrera la oposición antagónica existente entre sus intereses y los de la burguesía. Ahora bien, el bernsteinianismo y la tendencia "crítica", hacia las cuales evolucionaron totalmente la mayoría de los marxistas legales, descartaban esa posibilidad y corrompían la conciencia socialista, envileciendo el marxismo, predicando la teoría de la atenuación de las contradicciones sociales, declarando absurda la idea de la revolución social y de la dictadura del proletariado, reduciendo el movimiento obrero y la lucha de clases a un tradeunionismo estrecho y a la lucha "realista" por reformas pequeñas y graduales. Era exactamente lo mismo que si la democracia burguesa negara al socialismo el derecho a la independencia, y, por tanto, su derecho a la existencia; en la práctica, eso significaba tratar de convertir el incipiente movimiento obrero en un apéndice de los liberales.

En tales condiciones, como es natural, la ruptura se hizo imprescindible. Pero la particularidad "original" de Rusia se manifestó en que esa ruptura sólo significaba que los socialdemócratas se apartaban de las publicaciones "legales", más accesibles para todos y muy difundidas. Los "ex marxistas" se hicieron fuetes en ellas, colocándose "bajo el signo de la crítica" y obteniendo casi el monopolio de "demoler el marxismo". Los gritos: "¡Contra la ortodoxia!" y "¡Viva la libertad de crítica!" (repetidos ahora por *Rabóchei Dielo*) se pusieron en el acto muy en boga. Ni siquiera los censores ni los gendarmes pudieron resistir a esa moda, como lo prueba la aparición de tres ediciones rusas del libro del famoso (famoso a lo Eróstrato) Bernstein[31] o la recomendación por Zubátov[32] de los libros de Bernstein, del señor Prokopóvich y otros (*Iskra*, número 10). Los socialdemócratas tienen planteada ahora una tarea difícil de por sí y, además, complicada en grado increíble por obstáculos puramente externos: la tarea de combatir la nueva corriente. Y esta corriente no se ha limitado al terreno de las publicaciones. El viraje hacia la "crítica" ha ido acompañado de un movimiento opuesto: la inclinación hacia el "economismo" por parte de los socialdemócratas dedicados a la labor práctica.

Podría servir de tema para un artículo especial esta interesante cuestión: cómo han surgido y han aumentado el nexo y la interdependencia entre la crítica legal y el "economismo" ilegal. A nosotros nos basta con señalar aquí la existencia incuestionable de este nexo. El famoso *Credo* ha adquirido tan merecida celebridad precisamente por haber formulado con toda franqueza ese nexo y haber revelado, sin proponérselo, la tendencia política fundamental del "economismo": que los obreros se encarguen de la lucha económica (más exacto sería decir: de la lucha tradeunionista, pues esta última comprende también la política específicamente obrera), y que la intelectualidad marxista se fusione con los liberales para la "lucha" política. La labor tradeunionista "entre el pueblo" resultó ser la realización de la primera mitad de dicha tara, y la crítica legal, la realización de la segunda mitad. Esta declaración fue un arma tan excelente en contra del "economismo" que, si no hubiese aparecido el *Credo*, valdría la pena hacerlo inventado.

El *Credo* no fue inventado, pero sí publicado sin el consentimiento y hasta en contra, quizás, de la voluntad de sus autores. Al menos, el autor de estas líneas, que participó en sacar a la luz del día el nuevo "programa",[33] tuvo que escuchar lamentos y reproches porque el resumen de las opiniones de los oradores se difundió en copias, recibió el mote de *Credo* y ¡apareció incluso en la prensa junto con la protesta! Referimos este episodio porque revela un rasgo muy curioso de nuestro "economismo": el miedo a la publicidad. Un rasgo precisamente del "economismo" en general —y no sólo de los autores del *Credo*— que se ha manifestado en *Rabóchaya Mysl*,[34] el adepto más franco y más honrado del "economismo", en *Rabóchei Dielo* (al indignarse contra la publicación de documentos "economistas" en el Vademécum;[35] en el comité de Kiev, que hace cosa de dos años no quiso autorizar la publicación de su *Professión de foi*[36] junto con la refutación[37] escrita contra ella, y en muchos, muchísimos partidarios del "economismo".

Este miedo que tienen a la crítica los adeptos de la libertad de crítica no puede explicarse sólo por astucia (si bien algunas veces las cosas no ocurren, indudablemente, sin astucia, ¡no es prudente dejar al descubierto ante el embate del enemigo los brotes, débiles aún, de la nueva tendencia!); no, la mayoría de los "economistas" desaprueba con absoluta sinceridad (y, por la propia esencia del "economismo", tiene que desaprobar) toda clase de controversias teóricas, disensiones fraccionales, grandes problemas políticos, proyectos de organizar a revolucionarios, etc. "¡Sería mejor dejar todo eso a la gente del extranjero!", me dijo en cierta ocasión un "economista", bastante consecuente, expresando con ello la siguiente idea, muy difundida (y también puramente tradeunionista): lo que a nosotros nos incumbe es el movimiento obrero, las organizaciones obreras que tenemos aquí, en nuestra localidad, y el resto no son más que invenciones de los doctrinarios, "sobrestimación de la ideología", como decían los autores de la carta publicada en el número 13 de *Iskra*, haciendo coro al número 10 de *Rabóchei Dielo*.

Ahora cabe preguntar: en vista de estas peculiaridades de la "crítica" rusa y del bernsteinianismo ruso, ¿en qué debía consistir la tarea de los que de hecho, y no sólo de palabra, querían ser adversarios del oportunismo? Primero, era necesario preocuparse de reanudar la labor teórica, apenas iniciada en la época del marxismo legal y que había vuelto a recaer sobre los militantes clandestinos; sin esta labor era imposible un incremento eficaz del movimiento. Segundo, era preciso emprender una lucha activa contra la "crítica" legal, que corrompía a fondo los espíritus. Tercero, había que combatir con energía la dispersión y las vacilaciones en el movimiento práctico, denunciando y refutando toda tentativa de subestimar, consciente o inconscientemente, nuestro programa y nuestra táctica.

Es sabido que *Rabóchei Dielo* no hizo ni lo primero, ni lo segundo, ni lo tercero; y más adelante tendremos que aclarar detalladamente esta conocida verdad en sus más diversos aspectos. Por ahora, sólo queremos mostrar la flagrante contradicción en que se halla la reivindicación de "libertad de crítica" con las peculiaridades de nuestra crítica patria y del "economismo" ruso. En efecto, echen un vistazo al texto de la resolución con que la Unión de Socialdemócratas Rusos en el Extranjero ha confirmado el punto de vista de *Rabóchei Dielo*:

En beneficio del ulterior desarrollo ideológico de la socialdemocracia, consideramos absolutamente necesaria la libertad de criticar la teoría socialdemócrata, en las publicaciones del partido, es el grado en que dicha crítica no esté en pugna con el carácter clasista y revolucionario de esta teoría.[38]

Y se exponen los motivos: la resolución "coincide en su primera parte con la resolución del Congreso de Lübeck del partido acerca de Bernstein"... ¡En su simplicidad, los "aliados" ni siquiera notan qué *testimonium paupertais* (certificado de pobreza) se firma a sí mismo con esta manera de copiar! "Pero... en su segunda parte, restringe más la libertad de crítica que el Congreso de Lübeck".

¿De modo que la resolución de la Unión está dirigida contra los bernsteinianos rusos? ¡Porque, de otro modo sería un absurdo completo referirse a Lübeck! Pero no es cierto que "restrinja la libertad de crítica de un modo estricto". En su resolución de Hannóver, los alemanes rechazaron punto por punto precisamente las enmiendas que presentó Bernstein, y en la de Lübeck hicieron una advertencia personal a Bernstein, mencionando su nombre en el texto. En cambio, nuestros imitadores "libres" no hacen la menor alusión a una sola de las manifestaciones de la "crítica" y del "economismo", especialmente rusos; si se guarda silencio de esa forma, la mera alusión al carácter clasista y revolucionario de la teoría deja mucha más libertad para falsas interpretaciones, sobre todo si la Unión se niega a calificar de oportunismo "el llamado economismo". Pero esto lo decimos de pasada. Lo principal consiste en que la posición de los oportunistas frente a los socialdemócratas revolucionarios es diametralmente opuesta en Alemania y en Rusia.

En Alemania, los socialdemócratas revolucionarios, como es sabido, están a favor de mantener lo que existe: el viejo programa y la vieja táctica, que todo el mundo conoce y que han sido explicados en todos sus detalles a través de la experiencia de muchos decenios. Los "críticos", en cambio, quieren introducir modificaciones; y como estos "críticos" representan una ínfima minoría, y sus aspiraciones revisionistas son muy tímidas, es fácil comprender los motivos por los cuales la mayoría se limita a rechazar lisa y llanamente las "innovaciones". En Rusia, en cambio, son los críticos y los "economistas" quienes desean mantener lo que existe: los "críticos" quieren que se siga considerándolos marxistas y que se les asegure la "libertad de crítica" que disfrutaban en todos los sentidos (pues, en el fondo, jamás han reconocido ningún vínculo de partido;[40] además, entre nosotros no había un órgano de partido reconocido por todos que pudiera "restringir" la libertad de crítica, aunque sólo fuera por medio de un consejo). Los "economistas" quieren que los revolucionarios reconozcan "la plenitud de derechos del movimiento en el presente" (*Rabóchei Dielo*, número 10, pág. 25), es decir la "legitimidad" de la existencia de lo que existe; que los "ideólogos" no traten de "desviar" el movimiento del camino "determinado por la acción recíproca entre los elementos materiales y el medio material" (*Carta*, en el número 12 de *Iskra*); que se considere deseable sostener la lucha "que es posible para los obreros en las circunstancias presentes", y se considere posible la lucha "que mantienen realmente en el momento actual" (*Suplemento especial* de *Rabóchaya Mysl,*[41] pág. 14).

En cambio, a nosotros, los socialdemócratas revolucionarios, nos disgusta ese culto a la espontaneidad, es decir, a lo que existe "en el momento actual"; reclamamos que se modifique la táctica que ha prevalecido durante los últimos años, declaramos que "antes de unificarse y para unificarse es necesario empezar por deslindar los campos de un modo resuelto y definido".[42] En pocas palabras, los alemanes se conforman con lo que existe, rechazando las modificaciones; nosotros reclamamos que se modifique lo existente, rechazando el culto a ello y la resignación con ello.

¡Precisamente esta "pequeña" diferencia es la que no han advertido nuestros "libres" copiadores de resoluciones alemanas!

4. Engels sobre la importancia de la lucha teórica

"Dogmatismo, doctrinarismo", "anquilosamiento del partido, castigo ineludible por las trabas impuestas al pensamiento", tales son los enemigos contra los cuales arremeten caballerescamente en *Rabóchei Dielo* los paladines de la "libertad de crítica". Nos alegra mucho que se haya suscitado esta cuestión, y sólo propondríamos completarla con otra: ¿Y quiénes serán los árbitros?

Tenemos a la vista los anuncios de dos publicaciones. Uno es el programa de *Rabócheie Dielo*, órgano de prensa de la Unión de Socialdemócratas Rusos (separata del Núm. 1, de *Rabóchei Dielo.*). El otro es el *Anuncio sobre la reanudación de las publicaciones del grupo Emancipación del Trabajo.*[43] Ambos están fechados en 1899, cuando la "crisis del marxismo" estaba planteada a la orden del día desde hacía ya mucho tiempo. ¿Y bien? En vano buscaríamos en el primero de dichos documentos una alusión a este fenómeno y una exposición definida de la actitud que el nuevo órgano piensa adoptar ante él. Ni en este programa ni en los suplementos del mismo, aprobados por el III Congreso de la Unión en 1901.

(*Dos congresos*, pág. 15-18), se dice una sola palabra de la labor teórica ni de sus tareas inmediatas en el momento actual. Durante todo este tiempo, la redacción de *Rabóchei Dielo* ha dado de lado los problemas teóricos, a pesar de que preocupaban a todos los socialdemócratas del mundo entero.

Por el contrario, el otro anuncio señala, ante todo, que en los últimos años ha decaído el interés por la teoría, reclama con insistencia que se preste una "atención vigilante al aspecto teórico del movimiento revolucionario del proletariado" y llama a "criticar implacablemente las tendencias bernsteinianas y otras tendencias antirrevolucionarias" en nuestro movimiento. Los números aparecidos de *Zariá* muestran cómo se ha cumplido este programa.

Vemos, pues, que las frases altisonantes contra el anquilosamiento de la idea, etc., encubren la despreocupación y la impotencia en el desarrollo del pensamiento teórico. El ejemplo de los socialdemócratas rusos ilustra con particular evidencia un fenómeno europeo general (señalado también hace ya mucho por los marxistas alemanes): la famosa libertad de crítica no significa sustituir una teoría con otra, sino liberarse de toda teoría íntegra y meditada; significa eclecticismo y falta de principios. Quien conozca, por poco que sea, el estado efectivo de nuestro movimiento verá forzosamente que la vasta difusión del marxismo ha ido acompañada de cierto menosprecio del nivel teórico. Son muchas las personas muy poco preparadas, e incluso sin preparación teórica alguna, que se han adherido al movimiento por su significación práctica y sus éxitos prácticos. Este hecho permite juzgar cuán grande es la falta de tacto de *Rabóchei Dielo* al lanzar con aire triunfal la sentencia de Marx: "cada paso del movimiento efectivo es más importante que una docena de programas". Repetir estas palabras en una época de dispersión teórica es exactamente lo mismo que gritar al paso de un entierro: "¡Ojalá tengáis siempre uno que llevar!". Además, estas palabras de Marx han sido tomadas de su carta sobre el Programa de Gotha,[45] en la cual censura duramente el eclecticismo en que se incurrió al formular los principios: si hace falta unirse —escribía Marx a los dirigentes del partido—, pactad acuerdos para alcanzar los objetivos prácticos del movimiento, pero no trafiquéis con los principios, no hagáis "concesiones" teóricas. Tal era el pensamiento de Marx, ¡pero resulta que entre nosotros hay gente que en nombre de Marx trata de aminorar la importancia de la teoría!

Sin teoría revolucionaria tampoco puede haber movimiento revolucionario. Jamás se insistirá bastante sobre esta idea en unos momentos en que a la prédica de moda del oportunismo se une la afición a las formas más estrechas de la actividad práctica. Y para la socialdemocracia rusa, la importancia de la teoría es mayor aún, debido a tres circunstancias que se olvidan con frecuencia. En primer lugar, nuestro partido sólo empieza a organizarse, sólo comienza a formar su fisonomía y dista mucho de haber ajustado sus cuentas con las otras tendencias del pensamiento revolucionario que amenazan con desviar el movimiento del camino justo. Por el contrario, precisamente los últimos tiempos se han distinguido (como predijo hace ya mucho Axelrod a los "economistas") por una reanimación de las tendencias revolucionarias no socialdemócratas. En estas condiciones, un error "sin importancia" a primera vista puede tener las más tristes consecuencias, y sólo gente miope puede considerar inoportunas o superfluas las discusiones fraccionales y la delimitación rigurosa de los matices. De la consolidación de tal o cual "matiz" puede depender el porvenir de la socialdemocracia rusa durante muchísimos años.

En segundo lugar, el movimiento socialdemócrata es internacional por naturaleza. Esto no significa únicamente que debamos combatir el chovinismo nacional. Significa también que el movimiento incipiente en un país joven sólo puede desarrollarse con éxito a condición de que aplique la experiencia de otros países. Y para ello no basta conocer simplemente esta experiencia o limitarse a copiar las últimas resoluciones adoptadas; para ello es necesario saber enfocar de modo crítico esta experiencia y comprobarla uno mismo. Quienes se imaginen cuán gigantescos son el crecimiento y la ramificación del movimiento obrero contemporáneo comprenderán cuántas fuerzas teóricas y cuánta experiencia política (y revolucionaria) se necesitan para cumplir esta tarea.

En tercer lugar, ningún otro partido socialista del mundo ha tenido que afrontar tareas nacionales como las que tiene planteadas la socialdemocracia rusa. Más adelante deberemos hablar de los deberes de índole política y orgánica que nos impone esta tarea de liberar a todo el pueblo del yugo de la autocracia. Por el momento, queremos señalar únicamente que sólo un partido dirigido por una teoría de vanguardia puede cumplir la misión de combatiente de vanguardia. Y para que el lector tenga una idea concreta, por poco que sea, de lo que esto significa, que recuerde a precursores de la socialdemocracia rusa como Herzen, Belinski, Chernyshevski y a la brillante pléyade de revolucionarios de los años 70; que piense en la importancia universal que está alcanzando ahora la literatura rusa; que ... ¡pero basta con lo dicho!

Aduciremos las observaciones hechas por Engels en 1874 a la significación de la teoría en el movimiento socialdemócrata. Engels reconoce tres formas de la gran lucha de la socialdemocracia, y no dos (la política y la económica) —como es usual entre nosotros—, colocando también a su lado la lucha teórica. Sus recomendaciones al movimiento obrero, alemán, ya robustecido en los aspectos práctico y político, son tan instructivas desde el punto de vista de los problemas y las discusiones actuales que el lector no nos recriminará, así lo esperamos, por reproducir un extenso fragmento del prefacio al folleto *Der deutsche Bauernkrieg*,[46] que desde hace ya mucho es una rareza bibliográfica:

> ...los obreros alemanes tienen dos ventajas esenciales sobre los obreros del resto de Europa. La primera es que pertenecen al pueblo más teórico de Europa y han conservado en sí ese sentido teórico, casi completamente perdido por las clases llamadas "cultas" de Alemania. Sin la filosofía alemana que le ha precedido, sobre todo sin la filosofía de Hegel, jamás se habría creado el socialismo científico alemán, el único socialismo científico que ha existido alguna vez. De haber carecido los obreros de sentido teórico, este socialismo científico nunca hubiera sido, en la medida que lo es hoy, carne de su carne y sangre de su sangre. Y demuestra cuán inmensa es dicha ventaja, de un lado, la indiferencia por toda teoría, que es una de las causas principales de que el movimiento obrero inglés avance con tanta lentitud, a pesar de la excelente organización de algunos oficios, y de otro, el desconcierto y la confusión sembrados por el proudhonismo, en su forma primitiva, entre los franceses y los belgas, y, en la forma caricaturesca que le ha dado Bakunin, entre los españoles y los italianos.

La segunda ventaja consiste en que los alemanes han sido casi los últimos en incorporarse al movimiento obrero. Así como el socialismo teórico alemán jamás olvidará que se sostiene sobre los hombros de Saint-Simon, Fourier y Owen —tres pensadores que, a pesar del carácter fantástico y de todo el utopismo de sus doctrinas, pertenecen a las mentes más grandes de todos los tiempos, habiéndose anticipado genialmente a una infinidad de verdades cuya exactitud estamos demostrando ahora de un modo científico—, así también el movimiento obrero práctico alemán nunca debe olvidar que se ha desarrollado sobre los hombros del movimiento inglés y francés, que ha tenido la posibilidad de sacar simplemente partido de su experiencia costosa, de evitar en el presento los errores que entonces no había sido posible evitar en la mayoría de los casos. ¿Dónde estaríamos ahora sin el precedente de las tradeuniones inglesas y de la lucha política de los obreros franceses, sin ese impulso colosal que ha dado particularmente la Comuna de París?

Hay que hacer justicia a los obreros alemanes por haber aprovechado con rara inteligencia las ventajas de su situación. Por primera vez desde que existe el movimiento obrero, la lucha se desarrolla en forma metódica en sus tres direcciones concertadas y relacionadas entre sí: teórica, política y económico-práctica (resistencia a los capitalistas). En este ataque concéntrico, por decirlo así, reside precisamente la fuerza y la invencibilidad del movimiento alemán.

Esta situación ventajosa, por su parte, y, por otra, las peculiaridades insulares del movimiento inglés y la represión violenta del francés hacen que los obreros alemanes se encuentren ahora a la cabeza de la lucha proletaria. No es posible pronosticar cuánto tiempo les permitirán los acontecimientos ocupar este puesto de honor. Pero, mientras lo sigan ocupando, es de esperar que cumplirán como es debido las obligaciones que les impone. Para esto, tendrán que redoblar sus esfuerzos en todos los aspectos de la lucha y de la agitación. Sobre todo los jefes deberán instruirse cada vez más en todas las cuestiones teóricas, desembarazarse cada vez más de la influencia de la fraseología tradicional, propia de la vieja concepción del mundo, y tener siempre presente que el socialismo, desde que se ha hecho ciencia, exige que se le trate como tal, es decir, que se le estudie. La conciencia así lograda, y cada vez más lúcida, debe ser difundida entre las masas obreras con celo cada vez mayor, y se debe cimentar cada vez más fuertemente la organización del partido, así como la de los sindicatos...

Si los obreros alemanes siguen avanzando de este modo, no es que marcharán al frente del movimiento —y no le conviene al movimiento que los obreros de una nación cualquiera marchen al frente del mismo—, sino que ocuparán un puesto de honor en la línea de combate; y estarán bien pertrechados para ello si, de pronto duras pruebas o grandes acontecimientos reclaman de ellos mayor valor, mayor decisión y energía.[47]

Estas palabras de Engels resultaron proféticas. Algunos años más tarde, al dictarse la Ley de excepción contra los socialistas, los obreros alemanes se vieron de improviso sometidos a duras pruebas. Y, en efecto, estos les hicieron frente bien pertrechados y supieron salir victoriosos de esas pruebas.

Al proletariado ruso le esperan pruebas inconmensurablemente más duras; tendrá que luchar contra un monstruo, en comparación con el cual parece un verdadero pigmeo la Ley de excepción en un país constitucional. La historia nos ha impuesto ahora una tarea inmediata, que es la más revolucionaria de todas las tareas inmediatas del proletariado de cualquier otro país. El cumplimiento de esta tarea, la demolición del más poderoso baluarte no sólo de la reacción europea, sino también (podemos decirlo hoy) de la reacción asiática, convertiría al proletariado ruso en la vanguardia del proletariado revolucionario internacional. Y tenemos derecho a esperar que conquistaremos este título de honor, que se merecieron ya nuestros predecesores, los revolucionarios de los años 70, si sabemos infundir a nuestro movimiento, mil veces más vasto y profundo, la misma decisión abnegada y la misma energía que entonces.

CAPÍTULO 2

LA ESPONTANEIDAD DE LAS MASAS Y LA CONCIENCIA DE LA SOCIALDEMOCRACIA.

Hemos dicho que es preciso infundir a nuestro movimiento, muchísimo más vasto y profundo que el de los años 70, la misma decisión abnegada y la misma energía que entonces. En efecto, parece que nadie ha puesto en duda hasta ahora que la fuerza del movimiento contemporáneo reside en el despertar de las masas (y, principalmente, del proletariado industrial), y su debilidad, en la falta de conciencia y de espíritu de iniciativa de los dirigentes revolucionarios.

Sin embargo, en los últimos tiempos se ha hecho un descubrimiento pasmoso que amenaza con trastrocar todas las opiniones dominantes hasta ahora sobre el particular. Este descubrimiento ha sido hecho por *Rabóchei Dielo*, el cual, polemizando con *Iskra* y *Zariá*, no se ha limitado a objeciones parciales, sino que ha intentado reducir "el desacuerdo general" a su raíz más profunda: a "la distinta apreciación de la importancia comparativa del elemento espontáneo y del elemento 'metódico' consciente". *Rabóchei Dielo* nos acusa de "subestimar la importancia del elemento objetivo o espontáneo del desarrollo". Respondemos a esto: si la polémica de *Iskra* y *Zariá* no hubiera dado ningún otro resultado que el de llevar a *Rabóchei Dielo* a descubrir ese "desacuerdo general", ese solo resultado nos proporcionaría una gran satisfacción: hasta tal punto es significativa esta tesis, hasta tal punto ilustra claramente el fondo de las actuales discrepancias teóricas y políticas entre los socialdemócratas rusos.

Por eso mismo, la relación entre lo consciente y lo espontáneo ofrece un magno interés general y debe ser analizado con todo detalle.

1. Comienzo del ascenso espontáneo

En el capítulo anterior, hemos destacado el apasionamiento general de la juventud instruida de Rusia por la teoría del marxismo, a mediados de los años 90. Las huelgas obreras adquirieron también por aquellos años, después de la famosa guerra industrial de 1896 en San Petersburgo,[48] un carácter general. Su extensión a toda Rusia patentizaba cuán profundo era el movimiento popular que volvía a renacer; y puestos a hablar del "elemento espontáneo", es natural que precisamente ese movimiento huelguístico deba ser calificado, ante todo, de espontáneo. Pero hay diferentes clases de espontaneidad. En Rusia hubo ya huelgas en los años 70 y 60 (y hasta en la primera mitad del siglo XIX), acompañadas de destrucción "espontánea" de máquinas, etc., comparadas con esos "motines", las huelgas de los años 90 pueden incluso llamarse "conscientes": tan grande fue el paso adelante que dio el movimiento obrero en aquel período. Eso nos demuestra que, en el fondo, el "elemento espontáneo" no es sino la *forma embrionaria* de lo consciente. Ahora bien, los motines primitivos reflejaban ya un cierto despertar de la conciencia: los obreros perdían la fe tradicional en la inmutabilidad del orden de cosas que los oprimía; empezaban… no diré que a comprender, pero sí a sentir la necesidad de oponer resistencia colectiva y rompían resueltamente con la sumisión servil a las autoridades. Pero, sin embargo, eso era, más que lucha, una manifestación de desesperación y de venganza. En las huelgas de los años 90 vemos muchos más destellos de conciencia: se presentan reivindicaciones concretas, se calcula de antemano el momento más conveniente, se discuten los casos y ejemplos conocidos de otros lugares, etc.; si bien es verdad que los motines eran simples levantamientos de gente oprimida, no lo es menos que las huelgas sistemáticas representaban ya embriones de lucha de clases, pero embriones nada más. Aquellas huelgas eran en el fondo lucha tradeunionista, aún no eran lucha socialdemócrata; señalaban el despertar del antagonismo entre los obreros y los patronos; sin embargo, los obreros no tenían, ni podían tener, conciencia de la oposición inconciliable entre sus intereses y todo el régimen político y social contemporáneo, es decir, no tenían conciencia socialdemócrata. En este sentido, las huelgas de los años 90, aunque significaban un progreso gigantesco en comparación con los "motines", seguían siendo un movimiento netamente espontáneo.

Hemos dicho que los obreros no podían tener conciencia socialdemócrata. Esta sólo podía ser traída desde fuera. La historia de todos los países demuestra que la clase obrera está en condiciones de elaborar exclusivamente con sus propias fuerzas sólo una conciencia tradeunionista, es decir, la convicción de que es necesario agruparse en sindicatos, luchar contra los patronos, reclamar al gobierno la promulgación de tales o cuales leyes necesarias para los obreros, etc.[49] En cambio, la doctrina del socialismo ha surgido de teorías filosóficas, históricas y económicas elaboradas por intelectuales, por hombres instruidos de las clases poseedoras. Por su posición social, los propios fundadores del socialismo científico moderno, Marx y Engels, pertenecían a la intelectualidad burguesa. De igual modo, la doctrina teórica de la socialdemocracia ha surgido en Rusia independiente por completo del crecimiento espontáneo del movimiento obrero, ha surgido como resultado natural e ineludible del desarrollo del pensamiento entre los intelectuales revolucionarios socialistas. Hacia la época que tratamos, es decir, a mediados de los años 90, esta doctrina no sólo era ya el programa, cristalizado por completo, del grupo Emancipación del Trabajo, sino que incluso se había ganado a la mayoría de la juventud revolucionaria de Rusia.

Así pues, existían tanto el despertar espontáneo de las masas obreras, el despertar a la vida consciente y a la lucha consciente, como una juventud revolucionaria que, pertrechada con la teoría socialdemócrata, pugnaba por acercarse a los obreros. Tiene singular importancia dejar sentado el hecho, olvidado a menudo (y relativamente poco conocido), de que los primeros socialdemócratas de aquel período, al ocuparse con ardor de la agitación económica (y teniendo bien presentes en este sentido las indicaciones realmente útiles del folleto, *Acerca de la agitación*, entonces todavía en manuscrito), lejos de considerarla su única tarea, señalaron también desde el primer momento las más amplias tareas históricas de la socialdemocracia rusa, en general, y la tarea de dar al traste con la autocracia, en particular. Por ejemplo, el grupo de socialdemócratas de San Petersburgo, que fundó la Unión de Lucha por la Emancipación de la Clase Obrera.[50] redactó ya a fines de 1895 el primer número del periódico titulado *Rabóchei Dielo*.

Completamente preparado para la imprenta, fue recogido por los gendarmes, al allanar estos el domicilio de A A Vanéiev,[51] uno de los miembros del grupo, en la noche del 8 de diciembre de 1895. De modo que el *Rabóchei Dielo* del primer período no tuvo la suerte de ver la luz. El editorial de aquel número (que quizás alguna revista como *Rússkaya Starina*[52] exhume de los archivos del Departamento de Policía dentro de unos 30 años) esbozaba las tareas históricas de la clase obrera de Rusia, colocando en primer plano la conquista de la libertad política. Luego seguían el artículo "¿En qué piensan nuestros ministros?",[53] dedicado a la disolución de los comités de primera enseñanza por la fuerza de la policía, y diversas informaciones y comentarios de corresponsales no sólo de San Petersburgo, sino de otras localidades de Rusia (por ejemplo, sobre la matanza de obreros en la provincia de Yaroslavl).[54] Así pues, si no nos equivocamos, este "primer ensayo" de los socialdemócratas rusos de los años 90 no era un periódico de carácter estrechamente local, y mucho menos "económico"; tendía a unir la lucha huelguística con el movimiento revolucionario contra la autocracia y lograr que todos los oprimidos por la política del oscurantismo reaccionario apoyaran la socialdemocracia. Y cuantos conozcan, por poco que sea, el estado del movimiento de aquella época, no dudarán que semejante periódico habría sido acogido con toda simpatía tanto por los obreros de la capital como por los intelectuales revolucionarios y habría alcanzado la mayor difusión. El fracaso de esta empresa demostró únicamente que los socialdemócratas de entonces no estaban en condiciones de satisfacer la demanda vital del momento debido a la falta de experiencia revolucionaria y de preparación práctica. Lo mismo cabe decir de *Sankt-Petersburgski rabochi Listok*[55] y, sobre todo, de *Rabóchaya Gazeta* y del Manifiesto del Partido Obrero Socialdemócrata de Rusia, fundado en la primavera de 1898. Se sobreentiende que no se nos ocurre siquiera imputar esta falta de preparación a los militares de entonces.

Mas, para aprovechar la experiencia del movimiento y sacar de ella enseñanzas prácticas, hay que comprender hasta el fin las causas y la significación de tal o cual defecto. Por eso es de extrema importancia hacer constar que una parte (incluso, quizá, la mayoría) de los socialdemócratas que actuaron de 1895 a 1898 consideraba posible, con sobrada razón ya entonces, en los albores del movimiento "espontáneo", defender el programa y la táctica de combate más amplios.[56] La falta de preparación de la mayoría de los revolucionarios, fenómeno completamente natural, no podía despertar grandes recelos. Dado que el planteamiento de las tareas era justo y que había energías para repetir los intentos de cumplirlas, los reveses temporales eran una desgracia a medias. La experiencia revolucionaria y la habilidad de organización son cosas que se adquieren con el tiempo. ¡Lo que hace falta es querer formar en uno mismo las cualidades necesarias! ¡Lo que hace falta es tener conciencia de los defectos, cosa que en la labor revolucionaria equivale a más de la mitad de su corrección!

Pero la desgracia a medias se convirtió en una verdadera desgracia cuando comenzó a ofuscarse esa conciencia (que era muy viva entre los militantes de los susodichos grupos), cuando aparecieron hombres, y hasta órganos socialdemócratas, dispuestos a erigir los defectos en virtudes y que incluso intentaron argumentar teóricamente su servilismo y su culto a la espontaneidad. Es hora ya de hacer el balance de esta tendencia, muy inexactamente definida con la palabra "economismo", término demasiado estrecho para expresar su contenido.

2. El culto a la espontaneidad.
Rabóchaya Mysl

Antes de pasar a las manifestaciones literarias de este culto, señalaremos el siguiente hecho típico (comunicado en la fuente antes mencionada), que arroja cierta luz sobre la forma en que surgió y se ahondó en el medio de camaradas que actuaban en San Petersburgo la divergencia entre las que serían después dos tendencias de la socialdemocracia rusa. A principios de 1897, AA Vanéiev y algunos de sus camaradas asistieron, antes de ser deportados, a una reunión privada de "viejos" y "jóvenes" miembros de la Unión de Lucha por la Emancipación de la Clase Obrera. Se habló principalmente de la organización y, en particular, del Reglamento de la Caja Obrera, cuyo texto definitivo fue publicado en el número 9-10 de *Listok Rabótnika*[58] (pág. 46). Entre los "viejos" ("decembristas", como los llamaban entonces en broma los socialdemócratas petersburgueses) y algunos de los "jóvenes" (que más tarde colaboraron activamente en *Rabóchaya Mysl*), se manifestó en el acto una divergencia acusada y se desencadenó una acalorada polémica.

Los "jóvenes" defendían las bases principales del reglamento tal y como ha sido publicado. Los "viejos" decían que lo más necesario no era eso, sino fortalecer la Unión de Lucha transformándola en una organización de revolucionarios a la que debían subordinarse las distintas cajas obreras, los círculos de propaganda entre la juventud estudiantil, etc. Por supuesto, los contrincantes estaban lejos de ver en esta divergencia el comienzo de una disensión, un desacuerdo; por el contrario, la consideraban esporádica y casual. Pero este hecho prueba que, también en Rusia, el "economismo" no surgió ni se difundió sin lucha contra los "viejos" socialdemócratas (cosa que los "economistas" de hoy olvidan con frecuencia). Y si esta lucha no ha dejado, en su mayor parte, vestigios "documentales", se debe únicamente a que la composición de los círculos en funcionamiento cambiaba con frecuencia, por lo cual las divergencias tampoco ser registraban en documento alguno.

La aparición de *Rabóchaya Mysl* sacó el "economismo" a la luz del día, pero tampoco lo hizo de golpe. Hay que tener una idea concreta de las condiciones de trabajo y de la vida efímera de numerosos círculos rusos (y sólo puede tenerla quien la ha vivido) para comprender cuánto hubo de casual en el éxito o fracaso de la nueva tendencia en distintas ciudades, así como del largo período en que ni los partidarios ni los adversarios de estas ideas "nuevas" pudieron determinar, ni tuvieron literalmente la menor posibilidad de hacerlo, si era, en efecto, una tendencia especial o un simple reflejo de la falta de preparación de algunas personas. Por ejemplo, los primeros números de *Rabóchaya Mysl*, tirados en hectógrafo, no llegaron en absoluto a la inmensa mayoría de los socialdemócratas. Y si ahora podemos referirnos al editorial de su primer número es sólo gracias a su reproducción en el artículo de VI[59] (*Listok Rabótnika*, Núm. 9-10, pág. 47 y siguientes), que, como es natural, no dejó de elogiar con fervor (un fervor insensato) al nuevo periódico, el cual se distinguía tanto de los periódicos y proyectos de periódicos que hemos mencionado antes.[60] Este editorial expresa con tanto relieve todo el espíritu de *Rabóchaya Mysl* y del "economismo" en general que merece la pena examinarlo.

Después de señalar que el brazo con bocamanga azul[61] no podrá detener el desarrollo del movimiento obrero, el artículo continúa: "El movimiento obrero debe esa vitalidad a que el propio obrero toma, por fin, su destino en sus propias manos, arrancándolo de las manos de los dirigentes", y más adelante se explana en detalle esta tesis fundamental. En realidad, la policía arrancó a los dirigentes (es decir, a los socialdemócratas, a los organizadores de la Unión de Lucha), puede decirse, de las manos de los obreros,[62] ¡pero las cosas son presentadas como si los obreros hubieran luchado contra esos dirigentes y se hubieran emancipado de su yugo!

En vez de exhortar a marchar a volver atrás, a la lucha tradeunionista exclusiva, se proclamó que "la base económica del movimiento es velada por el deseo constante de no olvidar el ideal político", que el lema del movimiento obrero debe ser: "lucha por la situación económica" (!); o mejor aún: "los obreros, para los obreros"; se declaró que las cajas de resistencia "valen más para el movimiento que un centenar de otras organizaciones" (comparen esta afirmación, hecha en octubre de 1897, con la discusión entre los "decembristas" y los "jóvenes" a principios de 1897), etc. Frasecitas como, por ejemplo, la de que no debe colocarse en primer plano la "flor y nata" de los obreros, sino al obrero "medio", al obrero de la masa; que la "política sigue siempre dócilmente a la economía",[63] etc., etc., se pusieron de moda y adquirieron una influencia irresistible sobre la masa de la juventud enrolada en el movimiento, la cual sólo conocía, en la mayoría de los casos, retazos del marxismo tal y como se exponían en las publicaciones legales.

Esto significaba someter por completo la conciencia a la espontaneidad; a la espontaneidad de los "socialdemócratas" que repetían las "ideas del señor VV", a la espontaneidad de los obreros que se dejaban llevar por el argumento de que conseguir aumentos de un kopek por rublo estaba más cerca y valía más que todo socialismo y toda política; de que debían "luchar, sabiendo que lo hacían no para imprecisas generaciones futuras, sino para ellos mismos y para sus hijos"[64]. Las frases de este tipo han sido siempre el arma favorita de los burgueses de Europa Occidental que, en su odio al socialismo, se esforzaban (como el "socialpolítico" alemán Hirsch) por trasplantar el tradeunionismo inglés a su suelo patrio, diciendo a los obreros que la lucha exclusivamente sindical[65] es una lucha para ellos mismos y para sus hijos, y no para imprecisas generaciones futuras con un impreciso socialismo futuro. Y ahora, "los VV de la socialdemocracia rusa"[66] repiten estas frases burguesas. Importa señalar aquí tres circunstancias que nos serán de gran utilidad para seguir examinando las divergencias actuales.[67]

En primer lugar, el sometimiento de la conciencia a la espontaneidad, antes mencionado, se produjo también por vía espontánea. Parece un juego de palabras, pero, ¡ay!, es una amarga verdad. Este hecho no fue resultado de una lucha abierta entre dos concepciones diametralmente opuestas y del triunfo de una sobre otra; sino que se debió a que los gendarmes "arrancaron" un número cada vez mayor de revolucionarios "viejos" y además aparecieron en escena, también en número cada vez mayor, los "jóvenes", "VV de la socialdemocracia rusa". Todo el que haya, no ya participado en el movimiento ruso contemporáneo, sino simplemente respirado sus aires, sabe de sobra que la situación es como acabamos de describir. Y si, no obstante, insistimos de manera especial en que el lector se explique del todo este hecho notorio; si, para mayor claridad, por decirlo así, aducimos datos sobre *Rabócheie Dielo* del primer período y sobre las discusiones entre los "viejos" y los "jóvenes" de principios de 1897 es porque hombres que presumen de "demócratas" especulan con el hecho de que el gran público (o los jóvenes) lo ignora. Aún insistiremos sobre este punto más adelante.

En segundo lugar, ya en la primera manifestación literaria del "economismo" podemos observar un fenómeno sumamente original, y peculiar en extremo, que permite comprender todas las discrepancias existentes entre los socialdemócratas y contemporáneos. El fenómeno consistente en que los partidarios del "movimiento puramente obrero", los admiradores del contacto más estrecho y más "orgánico" (expresión de *Rabóchei Dielo*) con la lucha proletaria, los adversarios de todos los intelectuales no obreros (aunque sean intelectuales socialistas) se ven obligados a recurrir, para defender su posición, a los argumentos de los "exclusivamente tradeunionistas" burgueses. Esto nos prueba que *Rabóchaya Mysl* comenzó a llevar a la práctica desde su aparición —y sin darse cuenta de ello— el programa del *Credo*. Esto prueba (cosa que *Rabóchei Dielo* en modo alguno puede comprender) que todo lo que sea rendir culto a la espontaneidad del movimiento obrero, todo lo que sea aminorar el papel del elemento consciente, el papel de la socialdemocracia, significa —de manera independiente por completo de la voluntad de quien lo hace— acrecentar la influencia de la ideología burguesa entre los obreros. Cuantos hablan de "sobrestimación de la ideología",[68] de exageración del papel del elemento consciente,[69] etc., se imaginan que el movimiento puramente obrero puede elaborar por sí solo, y elaborará, una ideología independiente con tal de que los obreros "arranquen su destino de manos de los dirigentes". Pero eso es un craso error. Para completar lo que acabamos de exponer, añadiremos las siguientes palabras, profundamente justas e importantes, dichas por C. Kautsky con motivo del proyecto de nuevo programa del Partido Socialdemócrata Austríaco:[70]

Muchos de nuestros críticos revisionistas consideran que Marx ha afirmado que el desarrollo económico y la lucha de clases, además de crear las condiciones necesarias para la producción socialista, engendran directamente la conciencia (subrayado por CK) de su necesidad. Y esos críticos objetan que el país de mayor desarrollo capitalista, Inglaterra, es el que más lejos está de esa conciencia. A juzgar por el proyecto, podría creerse que esta sedicente concepción marxista ortodoxa, refutada de la manera indicada, es compartida por la comisión que redactó el programa austríaco. El proyecto dice: "Cuanto más crece el proletariado con el desarrollo capitalista, tanto más obligado se ve a emprender la lucha contra el capitalismo y tanto más capacitado está para emprenderla. El proletariado llega a adquirir conciencia" de que el socialismo es posible y necesario. En este orden de ideas, la conciencia socialista aparece como el resultado necesario e inmediato de la lucha de clase del proletariado. Eso es falso a todas luces. Por supuesto, el socialismo, como doctrina, tiene sus raíces en las relaciones económicas actuales, exactamente igual que la lucha de clase del proletariado; y lo mismo que esta última, dimana de la lucha contra la pobreza y la miseria de las masas, pobreza y miseria que el capitalismo engendra. Pero el socialismo y la lucha de clases surgen juntos, aunque de premisas diferentes; no se derivan el uno de la otra. La conciencia socialista moderna sólo puede surgir de profundos conocimientos científicos. En efecto, la ciencia económica contemporánea es premisa de la producción socialista en el mismo grado que, pongamos por caso, la técnica moderna; y el proletariado, por mucho que lo desee, no puede crear ni la una ni la otra; de la ciencia no es el proletariado, sino la *intelectualidad burguesa* (subrayado por CK): es del cerebro de algunos miembros de este sector de donde ha surgido el socialismo moderno, y han sido ellos quienes lo han transmitido a los proletarios destacados por su desarrollo intelectual, los cuales lo introducen luego en la lucha de clase del proletariado, allí donde las condiciones lo permiten. De modo que la conciencia socialista es algo introducido desde fuera (*von außen Hineingetragenes*) en la lucha de clase del proletariado, y no algo que ha surgido espontáneamente (*urwüchsig*) dentro de ella. De acuerdo con esto, ya el viejo programa de Heinfeld decía, con toda razón, que es tarea de la socialdemocracia introducir en el proletariado *la conciencia* (literalmente: llenar al proletariado de ella) de su situación y de su misión. No habría necesidad de hacerlo si esta conciencia derivara automáticamente de la lucha de clases. El nuevo proyecto, en cambio, ha transcrito esta tesis del viejo programa y la ha prendido a la tesis arriba citada. Pero esto ha interrumpido por completo el curso del pensamiento...

Puesto que ni hablar se puede de una ideología independiente, elaborada por las propias masas obreras en el curso mismo de su movimiento,[71] el problema se plantea *solamente así*: ideología burguesa o ideología socialista. No hay término medio (pues la humanidad no ha elaborado ninguna "tercera" ideología, además, en general, en la sociedad desgarrada por las contradicciones de clase nunca puede existir una ideología al margen de las clases ni por encima de las clases). Por eso, todo lo que sea rebajar la ideología socialista, todo lo que sea separarse de ella significa fortalecer la ideología burguesa. Se habla de espontaneidad. Pero el desarrollo espontáneo del movimiento obrero marcha precisamente hacia la subordinación suya a la ideología burguesa, sigue precisamente el camino trazado en el programa del *Credo*, pues el movimiento obrero espontáneo es tradeunionismo, es *Nur-Gewerkschaftlerei*, y el tradeunionismo no es otra cosa que el sojuzgamiento ideológico de los obreros por la burguesía. De ahí que nuestra tarea, la tarea de la socialdemocracia, consista en combatir la espontaneidad, en apartar el movimiento obrero de este afán espontáneo del tradeunionismo, que tiende a cobijarse bajo el ala de la burguesía, y enrolarlo bajo el ala de la socialdemocracia revolucionaria. La frase de los autores de la carta "economista", publicada en el Núm. 12 de *Iskra*, de que ningún esfuerzo de los ideólogos más inspirados podrá desviar el movimiento obrero del camino determinado por la interacción de los elementos materiales y el medio material equivale plenamente, por tanto, a renunciar al socialismo. Y si esos autores fuesen capaces de pensar en lo que dicen, de pensar hasta el fin con valentía y coherencia —como debe meditar sus ideas toda persona que actúa en la palestra literaria y social—, no les quedaría más remedio que "cruzar sobre el pecho vacío los brazos innecesarios" y... y ceder el terreno a los señores Struve y Prokopóvich, que llevan el movimiento obrero "por la línea de la menor resistencia", es decir, por la línea del tradeunionismo burgués, o a los señores Zubátov, que lo llevan por la línea de la "ideología" clerical-policíaca.

Recuerden el ejemplo de Alemania. ¿En qué consistió el mérito histórico de Lassalle ante el movimiento obrero alemán? En haber apartado ese movimiento del camino del tradeunionismo progresista y del cooperativismo, por el cual se encauzaba espontáneamente (con la participación benévola de los Schulze-Delitzsch y sus semejantes). Para cumplir esta tarea fue necesario algo muy distinto de la charlatanería sobre la subestimación del elemento espontáneo, sobre la táctica-proceso, la interacción de los elementos y del medio, etc.; para ello fue necesario desplegar una lucha encarnizada contra la espontaneidad, y sólo como resultado de esa lucha, que ha durado largos años, se ha logrado, por ejemplo, que la población obrera de Berlín haya dejado de ser un puntal del Partido Progresista para convertirse en uno de los mejores baluartes de la socialdemocracia. Y esta lucha no ha terminado aún, ni mucho menos (como podrían creer quienes estudian la historia del movimiento alemán en los escritos de Prokopóvich, y su filosofía, en los de Struve). También hoy está fraccionada la clase obrera alemana, si es lícita la expresión, en varias ideologías: una parte de los obreros está agrupada en los sindicatos obreros católicos y monárquicos; otra, en los sindicatos de Hirsch-Duncker,[72] fundados por los admiradores burgueses del tradeunionismo inglés, y una tercera, en los sindicatos socialdemócratas. Esta última es incomparablemente mayor que las demás, pero la ideología socialdemócrata ha podido conquistar esta supremacía y podrá mantenerla sólo en lucha tenaz contra todas las demás ideologías.

Pero, preguntará el lector: ¿por qué el movimiento espontáneo, el movimiento por la línea de la menor resistencia, conduce precisamente al predominio de la ideología burguesa? Por la sencilla razón de que la ideología burguesa es, por su origen, mucho más antigua que la ideología socialista, porque su elaboración es más completa y porque posee medios de difusión incomparablemente mayores.[73] Y cuanto más joven sea el movimiento socialista en un país, tanto más enérgica deberá ser, por ello, la lucha contra toda tentativa de afianzar la ideología no socialista, con tanta mayor decisión se habrá de prevenir a los obreros contra los malos consejeros que protestan de "la exageración del elemento consciente", etc. Los autores de la carta "economista", al unísono con *Rabóchei Dielo*, fulminan la intolerancia, propia del período infantil del movimiento.

Respondemos a eso: sí, nuestro movimiento se encuentra, en efecto, en la infancia; y para que llegue con mayor rapidez a la edad viril debe contagiarse precisamente de intolerancia con quienes frenan su desarrollo prosternándose ante la espontaneidad. ¡Nada hay más ridículo y nocivo que dárselas de viejos militantes que han pasado hace ya mucho por todos los episodios decisivos de la lucha!

En tercer lugar, el primer número de *Rabóchaya Mysl* nos muestra que la denominación de "economismo" (a la cual, por supuesto, no pensamos renunciar, pues, de uno u otro modo, es un sobrenombre que ha arraigado ya) no expresa con suficiente exactitud la esencia de la nueva corriente. *Rabóchaya Mysl* no niega por completo la lucha política: en el Reglamento de las cajas, publicado en su primer número, se habla de la lucha contra el gobierno. *Rabóchaya Mysl* entiende sólo que "la política sigue siempre dócilmente a la economía" (en tanto que *Rabócheie Dielo* varía esta tesis, asegurando en su programa que "en Rusia, más que en ningún otro país, la lucha económica está ligada de modo inseparable a la lucha política"). Estas tesis de *Rabóchaya Mysl* y de *Rabócheie Dielo* son falsas desde el comienzo hasta el fin si entendemos por política la política socialdemócrata. Como hemos visto ya, es muy frecuente que la lucha económica de los obreros esté ligada (si bien no de modo inseparable) a la política burguesa, clerical, etc.

Las tesis de *Rabóchei Dielo* son justas si entendemos por política la política tradeunionista, es decir, la aspiración común de todos los obreros de arrancar al Estado tales o cuales medidas contra las calamidades propias de su situación, pero que no acaban aún con esa situación, o sea, que no suprimen el sometimiento del trabajo al capital. Esta aspiración es en verdad común tanto a los tradeunionistas ingleses, enemigos del socialismo, como a los obreros católicos, a los obreros "zubatovistas", etc. Hay diferentes tipos de política. Vemos, pues, que *Rabóchaya Mysl*, también en lo que respecta a la lucha política, lejos de negarla, rinde culto a su espontaneidad, a su falta de conciencia. Al reconocer plenamente la lucha política que surge en forma espontánea del propio movimiento obrero (o dicho con más exactitud: los anhelos y las reivindicaciones políticas de los obreros), renuncia por completo a elaborar independientemente una política socialdemócrata específica que corresponda a los objetivos generales del socialismo y a las condiciones actuales de Rusia. Más adelante, demostraremos que *Rabóchei Dielo* incurre en el mismo error.

3. El Grupo de Autoemancipación[74] y *Rabóchei Dielo*

Hemos examinado con tanto detalle el editorial, poco conocido y casi olvidado hoy, del primer número de *Rabóchaya Mysl* porque expresó antes y con mayor relieve que nadie esa corriente general que saldría después a la superficie por innumerables arroyuelos. VI tenía plena razón cuando, al elogiar el primer número y el editorial de *Rabóchaya Mysl*, dijo que había sido escrito "con fogosidad y vigor" (*Listok "Rabótnika"*, Núm. 9-10, pág. 49). Toda persona de convicciones firmes y que cree decir algo nuevo escribe "con vigor" y de manera que pone de relieve sus puntos de vista. Sólo quienes están acostumbrados a nadar entre dos aguas carecen de todo "vigor"; sólo esa gente es capaz, después de haber elogiado ayer el vigor de *Rab. Mysl*, de atacar hoy a sus adversarios porque den muestras de "vigor polémico".

Sin detenernos en el *Suplemento especial* de *Rabóchaya Mysl* (distintos motivos nos obligarán más adelante a referirnos a esta obra, que expresa con la mayor coherencia las ideas de los "economistas"), comentaremos sólo brevemente el Llamamiento del Grupo de Autoemancipación de los Obreros (marzo de 1899, reproducido en *Nakanunie*[74] de Londres, Núm. 7, julio del mismo año). Los autores de este llamamiento dicen con toda razón que "la Rusia obrera sólo empieza a despertar, a mirar en torno suyo y se aferra instintivamente a los medios de lucha que tiene a mano". Pero deducen de ahí la misma conclusión falsa de que *Rabóchaya Mysl*, olvidando que lo instintivo es precisamente lo inconsciente (lo espontáneo), en cuya ayuda deben acudir los socialistas; que los medios de lucha "que se tienen a mano" serán siempre, en la sociedad actual, medios tradeunionistas de lucha, y que la primera ideología "que se tiene a mano" será la ideología burguesa (tradeunionista). Esos autores tampoco "niegan" la política, sino que, siguiendo al señor VV, dicen solamente (¡solamente!) que la política es una superestructura y que, por ello, "la agitación política debe ser una superestructura de la agitación en pro de la lucha económica, debe nacer de ella y seguirla".

En cuanto a *Rabóchei Dielo*, comenzó su actividad precisamente por la "defensa" de los "economistas". Después de haber afirmado con evidente falsedad, ya en su primer número (pág. 141-142), que "ignoraba a qué camaradas jóvenes se había referido Axelrod" en su conocido folleto,[75] al hacer una advertencia a los "economistas", *Rabóchei Dielo* tuvo que reconocer, en la polémica con Axelrod y Plejánov a propósito de esa falsedad, que, "fingiendo no saber de quién se trataba, quiso defender de esa acusación injusta a todos los emigrados socialdemócratas más jóvenes" (Axelrod acusaba de estrechez de miras a los "economistas").[76] En realidad, dicha acusación era completamente justa, y *Rabóchei Dielo* sabía muy bien que se aludía, entre otros, a VI, miembro de su redacción.

Señalaré de paso que en la polémica mencionada, Axelrod tenía completa razón, y *Rabóchei Dielo* se equivocaba de medio a medio en la interpretación de mi folleto *Las tareas de los socialdemócratas rusos*.[77] Este folleto fue escrito en 1897, antes de que apareciera *Rabóchaya Mysl*, cuando yo consideraba con todo fundamento que la tendencia inicial de la Unión de Lucha de San Petersburgo, que he definido más arriba, era la predominante. Y por lo menos hasta mediados de 1898, esa tendencia predominó, en efecto. Por eso, *Rabóchei Dielo* no tenía ningún derecho a remitirse, para refutar la existencia y el peligro del "economismo", a un folleto que exponía concepciones desplazadas en San Petersburgo en 1897-1898 por las concepciones "economistas".[78]

Pero Rabóchei Dielo no sólo "defendía" a los "economistas", sino que él mismo caía continuamente en sus equivocaciones principales. Esto se debía al modo ambiguo de interpretar la siguiente tesis de su propio programa:

El movimiento obrero de masas[79] surgido en los últimos años es, a juicio nuestro, un fenómeno de la mayor importancia de la vida rusa y está llamado principalmente a determinar las tareas[80] y el carácter de la actividad literaria de la Unión". Es indiscutible que el movimiento de masas representa un fenómeno de la mayor importancia. Pero la cuestión estriba en la manera de concebir "cómo determina las tareas" este movimiento de masas. Puede concebirse de dos maneras: o bien en el sentido del culto a la espontaneidad de ese movimiento, es decir, reduciendo el papel de la socialdemocracia al de simple servidor del movimiento obrero como tal (así la conciben Rabóchaya Mysl, el Grupo de Autoemancipación y los demás "economistas"); o bien en el sentido de que el movimiento de masas nos plantea nuevas tareas teóricas, políticas y orgánicas, mucho más complejas que las tareas con que podíamos contentarnos antes de que apareciera el movimiento de masas.

Rabóchei Dielo tendía y tiende a concebirla precisamente en el primer sentido, pues no ha dicho nada concreto acerca de las nuevas tareas y ha razonado todo el tiempo como si el "movimiento de masas" nos eximiera de la necesidad de comprender con claridad y cumplir las tareas que éste plantea. Será suficiente recordar que *Rabóchei Dielo* consideraba imposible señalar al movimiento obrero de masas como primera tarea el derrocamiento de la autocracia, rebajando esta tarea (en nombre del movimiento de masas) al nivel de la lucha por reivindicaciones políticas inmediatas (*Respuestas*, pág. 25).

Dejemos a un lado el artículo "La lucha económica y política en el movimiento ruso", publicado por B. Krichevski, director de *Rabóchei Dielo*, en el Núm. 7 —artículo en que se repiten esos mismos errores—,[81] y pasemos directamente al número 10 de dicho periódico. Por supuesto, no nos detendremos a analizar objeciones aisladas de B. Krichevski y Martínov contra *Zariá* e *Iskra*. Lo único que nos interesa aquí es la posición de principios que ha adoptado *Rabócheie Dielo* en su número 10. No nos detendremos, por ejemplo, a examinar el caso curioso de que *Rabóchei Dielo* vea una "contradicción flagrante" entre la tesis:

> La socialdemocracia no se ata las manos, no circunscribe sus actividades a un plano o procedimiento cualesquiera de lucha política concebidos de antemano: admite todos los medios de lucha con tal de que correspondan a las fuerzas efectivas del partido, etc. (Núm. 1 de *Iskra*)[82]

y la tesis:

> Sin no existe una organización fuerte con expe-
> riencia de lucha política en cualquier situación y
> en cualquier período no se puede ni hablar de un
> plan sistemático de actividad, basado en princi-
> pios firmes y aplicado rigurosamente, del único
> plan que merece el nombre de táctica (Núm. 4
> de *Iskra*).[83]

Cuando se quiere hablar de táctica, confundir la admi-
sión en *principio* de todos los medios de lucha, de todos los
planes y procedimientos con tal de que sirvan para lograr el
fin propuesto, con la exigencia de guiarse en un momento
político concreto por un plan aplicado a rajatabla equivale
a confundir que la medicina admite todos los sistemas tera-
péuticos con la exigencia de que en el tratamiento de una
enfermedad concreta se siga siempre un sistema determinado. Pero de lo que se trata, precisamente, es de que *Rabóchei
Dielo,* que padece de una enfermedad que hemos llamado
culto a la espontaneidad, no quiere admitir ningún "sistema
terapéutico" para curar esta enfermedad. Por eso ha hecho
el notable descubrimiento de que "la táctica-plan está en
contradicción con el espíritu fundamental del marxismo",[84]
de que la táctica es "un proceso de crecimiento de las tareas
del partido, las cuales crecen junto con éste".[85]

Esta segunda máxima tiene todas las probabilidades de
hacerse célebre, de convertirse en un monumento impe-
recedero a la "tendencia" de *Rabóchei Dielo*. A la pregunta

de "*¿A dónde ir?*", este órgano dirigente responde: El movimiento es un proceso de cambio de la distancia entre el punto de partida y el punto subsiguiente del movimiento. Esta incomparable profundidad de pensamiento no sólo es curiosa (si sólo fuera curiosa no valdría la pena detenerse especialmente en ella), sino que representa, además, el programa de toda una tendencia, a saber: el mismo programa que R. M. expuso (en el *Suplemento especial* suyo) con las siguientes palabras: es deseable la lucha que es posible, y es posible la lucha que se sostiene en un momento dado. Ésta es precisamente la tendencia del oportunismo ilimitado, que se adapta en forma pasiva a la espontaneidad.

"¡La táctica-plan está en contradicción con el espíritu fundamental del marxismo!". Eso es una calumnia contra el marxismo, eso equivale a convertirlo en la caricatura que nos oponían los populistas en su guerra contra nosotros. ¡Eso es precisamente aminorar la iniciativa y la energía de los militantes conscientes, mientras que el marxismo, por el contrario, da un impulso gigantesco a la iniciativa y a la energía de los socialdemócratas, abriendo ante ellos las perspectivas más vastas, poniendo a su disposición (si podemos expresarnos así) las fuerzas poderosas de los millones y millones que constituyen la clase obrera, la cual se alza a la lucha "espontáneamente!". Toda la historia de la socialdemocracia internacional abunda en planes, propuestos ora por uno, ora por otro líder político, que demuestran la perspicacia y la justedad de las concepciones que uno tiene de política y organización o revelan la miopía y los errores políticos de otro. Cuando Alemania dio uno de los mayores virajes históricos —la formación del Imperio, la apertura del Reichstag, la concesión del sufragio universal—, Liebknecht tenía un plan de la política y la acción en general de la socialdemocracia, y Schweitzer tenía otro. Cuando sobre los socialistas alemanes cayó la Ley de excepción, Most y Hasselman, dispuestos a exhortar pura y simplemente a la violencia y al terrorismo, tenían un plan; Höchberg, Schramm y (en parte) Bernstein tenían otro plan, y empezaron a predicar a los socialdemócratas que, con su insensata brusquedad y su revolucionarismo, habían provocado esa ley y debían ganarse el perdón con una conducta ejemplar; tenían un tercer plan quienes prepararon y llevaron a la práctica la publicación de un órgano de prensa clandestino.[86]

Al mirar al pasado, muchos años después de terminar la lucha por la elección del camino y de haber pronunciado la historia su veredicto sobre el acierto del camino elegido, no es difícil, claro está, revelar profundidad de pensamiento, proclamando la máxima de que las tareas del partido crecen con éste. Pero limitarse en un momento de confusión,[87] cuando los "críticos" y los "economistas" rusos hacen descender a la socialdemocracia al nivel del tradeuninismo, y los terroristas propugnan con empeño la adopción de una "táctica-plan" que repite los viejos errores, a semejante profundidad de pensamiento significa extenderse a sí mismo un "certificado de pobreza". Decir en un momento en que muchos socialdemócratas rusos padecen precisamente de falta de iniciativa y energía, de falta de "amplitud en la propaganda, agitación y organización políticas",[88] de falta de "planes" para organizar a mayor escala la labor revolucionaria, decir en un momento así, que cuando "la táctica-plan está en contradicción con el espíritu fundamental del marxismo" no sólo significa envilecer el marxismo en el sentido teórico, sino, en la práctica, *tirar del partido hacia atrás.*

> El socialdemócrata revolucionario[89] —nos alecciona más adelante *Rabóchei Dielo*— se plantea la única tarea de acelerar con su labor consciente el desarrollo objetivo, y no suprimirlo o sustituirlo con planes subjetivos. *Iskra* sabe todo esto en teoría. Pero la magna importancia que el marxismo atribuye justamente a la labor revolucionaria consciente la lleva, en la práctica, debido a su concepción doctrinaria de la táctica, a aminorar la importancia del elemento objetivo o espontáneo del desarrollo.[90]

Otra vez la mayor confusión teórica, digna del señor VV y cofradía. Pero desearíamos preguntar a nuestro filósofo: ¿en qué puede manifestarse la "aminoración" del desarrollo objetivo por parte de un autor de planes subjetivos? Evidentemente, en perder de vista que este desarrollo objetivo crea o afianza, hunde o debilita a estas o las otras clases, sectores y grupos, a tales o cuales naciones, grupos de naciones, etc., condicionando así una u otra agrupación política internacional de fuerzas, una u otra posición de los partidos revolucionarios, etc.; pero el pecado de tal autor no consistirá entonces en aminorar el elemento espontáneo, sino en aminorar, por el contrario, el elemento consciente, pues le faltará "conciencia" para comprender con acierto el desarrollo objetivo.

Por eso, el mero hecho de hablar de "apreciación de la importancia *relativa*"[91] de lo espontáneo y lo consciente revela una falta absoluta de "conciencia". Si ciertos "elementos espontáneos del desarrollo" son accesibles en general a la conciencia humana, su apreciación errónea equivaldrá a "aminorar el elemento consciente". Y si son inaccesibles a la conciencia, no los conocemos ni podemos hablar de ellos. ¿De qué habla, pues, B. Krichevski? Si considera erróneos los "planes subjetivos" de *Iskra* (y él los declara erróneos), debería probar qué hechos objetivos no son tenidos en cuenta en esos planes y acusar a *Iskra*, por ello, de falta de conciencia, de "aminoración del elemento consciente", usando su lenguaje. Pero si, descontento con los planes subjetivos, no tiene más argumento que el de invocar la "aminoración del elemento espontáneo", lo único que demuestra es:

1) En teoría, comprende el marxismo a lo Karéiev y a lo Mijailovski, suficientemente ridiculizados por Béltov;[92]

2) En la práctica, se da por satisfecho en absoluto con los "elementos espontáneos del desarrollo", que arrastraron a nuestros marxistas legales al bernteinianismo, y a nuestros socialdemócratas, al "economismo", y muestra "gran indignación" con quienes han decidido apartar contra viento y marea a la socialdemocracia rusa del camino del desarrollo "espontáneo".

Y más adelante, siguen ya cosas divertidísimas:

De la misma manera que los hombres, pese a todos los éxitos de las ciencias naturales, seguirán multiplicándose por el método antediluviano, el nacimiento de un nuevo régimen, pese a todos los éxitos de las ciencias sociales y el aumento del número de luchadores conscientes, seguirá siendo asimismo *principalmente* resultado de explosiones espontáneas.[93]

De la misma manera que la sabiduría antediluviana dice que no hace falta mucha inteligencia para tener hijos, la sabiduría de los "socialistas modernos" (a lo Narciso Tuporílov)[94] proclama: cualquiera tendrá inteligencia suficiente para participar en el nacimiento espontáneo de un nuevo régimen social. Nosotros también creemos que cualquiera tendrá inteligencia suficiente. Para participar de ese modo, basta dejarse arrastrar por el "economismo" cuando reina el "economismo", y por el terrorismo, cuando ha surgido el terrorismo. Así, en la primavera de este año, cuando tanta importancia tenía prevenir contra la inclinación al terrorismo, *Rabócheie Dielo* estaba perplejo ante este problema "nuevo" para él. Y seis meses más tarde, cuando el problema ha dejado de ser actual, nos ofrece a un mismo tiempo la declaración de que "creemos que la tarea de la socialdemocracia no puede ni debe consistir en contrarrestar el auge del espíritu terrorista"[95] y la resolución del congreso: "El congreso considera inoportuno el terrorismo ofensivo sistemático".[96] ¡Con qué magnífica claridad e ilación está dicho! No nos oponemos, pero lo declaramos inoportuno; y lo declaramos de tal manera, que el terror no sistemático y defensivo no va incluido en la "resolución". ¡Es forzoso reconocer que semejante resolución está a cubierto de todo peligro y queda garantizada por completo contra los errores, como lo está un hombre que habla por hablar!

Y para redactar semejante resolución sólo hacía falta una cosa: saber mantenerse a la zaga del movimiento. Cuando *Iskra* se burló de *Rabóchei Dielo* por haber declarado que el programa del terrorismo era nuevo,[97] *Rabóchei Dielo*, enfadado, acusó a *Iskra* de tener "la pretensión verdaderamente increíble, de imponer a la organización del partido la solución que ha dado a los problemas de táctica hace más de 15 años un grupo de escritores emigrados".[98] En efecto, ¡qué pretensión y qué exageración del elemento consciente: resolver de antemano los problemas en teoría, para luego convencer de la justedad de esa solución tanto a la organización como al partido y a las masas![99] ¡Otra cosa es repetir simplemente cosas trilladas y, sin "imponer" nada a nadie, someterse a cada "viraje", ya sea hacia el "economismo", ya sea hacia el terrorismo! *Rabóchei Dielo* llega incluso a generalizar este gran precepto de la sabiduría de la vida, acusando a *Iskra* y *Zariá* de "oponer su programa al movimiento, como un espíritu que se cierne sobre un caos amorfo".[100]

Pero, ¿en qué consiste el papel de la socialdemocracia sino en ser el "espíritu" que no sólo se cierne sobre el movimiento espontáneo, sino que eleva a este último al nivel de "su programa"? Porque no ha de consistir en seguir arrastrándose a la zaga del movimiento, lo que, en el mejor de los casos, sería inútil para el propio movimiento y, en el peor de los casos, nocivo en extremo. Pero *Rabócheie Dielo* no sólo sigue esta "táctica-proceso", sino que la erige en principio, de modo que sería más justo llamar a esta tendencia *seguidismo* (de la palabra "seguir a la zaga"), en vez de oportunismo. Y es obligado reconocer que quienes han decidido firmemente seguir siempre a la zaga del movimiento están asegurados, en absoluto y para siempre, contra la "aminoración del elemento espontáneo del desarrollo".

Así pues, hemos podido convencernos de que el error fundamental de la "nueva tendencia" en la socialdemocracia rusa consiste en rendir culto a la espontaneidad, en no comprender que la espontaneidad de las masas exige de nosotros, los socialdemócratas, una elevada conciencia. Cuanto más crece la lucha espontánea de las masas, cuanto más amplio se hace el movimiento, tanto mayor, incomparablemente mayor, es el imperativo de elevar con rapidez la conciencia en la labor teórica, política y orgánica de la socialdemocracia.

La activación espontánea de las masas en Rusia ha sido (y sigue siendo) tan rápida que la juventud socialdemócrata ha resultado poco preparada para cumplir estas tareas gigantescas. Esta falta de preparación es nuestra desgracia común, una desgracia de todos los socialdemócratas rusos. La activación de las masas se ha producido y aumentado de manera continua y sucesiva, y lejos de cesar donde había comenzado, se ha extendido a nuevas localidades y nuevos sectores de la población (bajo la influencia del movimiento obrero se ha reanimado la efervescencia entre la juventud estudiantil, entre los intelectuales en general e incluso entre los campesinos). Pero los revolucionarios se han rezagado de la creciente actividad de las masas, tanto en sus "teorías" como en su labor, no han logrado crear una organización permanente que funcione sin interrupciones y sea capaz de dirigir todo el movimiento.

En el primer capítulo hemos consignado que *Rabóchei Dielo* rebaja nuestras tareas teóricas y repite "espontáneamente" el grito de moda: "libertad de crítica"; quienes lo repiten no han tenido "conciencia" suficiente para comprender que las posiciones de los "críticos" oportunistas y las de los revolucionarios en Alemania y en Rusia son diametralmente opuestas.

En los capítulos siguientes examinaremos cómo se ha manifestado este culto a la espontaneidad en el terreno de las tareas políticas y en la labor de organización de la socialdemocracia.

CAPÍTULO 3

POLÍTICA TRADEUNIONISTA Y POLÍTICA SOCIAL DEMÓCRATA

Comenzaremos una vez más haciendo un elogio a *Rabócheie Dielo*. En su número 10 publica un artículo de Martínov sobre las discrepancias con *Iskra*, titulado "Las publicaciones de denuncias y la lucha proletaria". "No podemos limitarnos a denunciar el estado de cosas que entorpece su desarrollo (el del partido obrero). Debemos también hacernos eco de los intereses inmediatos y cotidianos del proletariado".[101] Así formula Martínov la esencia de esas discrepancias.

> *Iskra*... es de hecho el órgano de la oposición revolucionaria, que denuncia el estado de cosas reinante en nuestro país y, principalmente, el régimen político... Nosotros, en cambio, trabajamos y seguiremos trabajando por la causa obrera en estrecha conexión orgánica con la lucha proletaria.[102]

Es forzoso agradecer a Martínov esta fórmula. Adquiere un notable interés general, porque, en el fondo, no abarca sólo, ni mucho menos, nuestras discrepancias con *Rabóchei Dielo*: abarca también, en general, todas las discrepancias existentes entre nosotros y los "economistas" respecto a la lucha política. Hemos demostrado ya que los "economistas" no niegan en absoluto la "política", sino que únicamente se desvían a cada paso de la concepción socialdemócrata de la política hacia la concepción tradeunionista. De la misma manera se desvía Martínov, y por eso estaremos dispuestos a tomarlo por modelo de las aberraciones economistas en esta cuestión. Trataremos de demostrar que nadie podrá ofenderse con nosotros por esta elección: ni los autores del *Suplemento especial* de *Rabóchaya Mysl*, ni los autores del Llamamiento del Grupo de Autoemancipación, ni los autores de la carta economista" publicada en el Núm. 12 de *Iskra*.

1. La agitación política y su restricción por los economistas

Todo el mundo sabe que la lucha económica[103] de los obreros rusos alcanzó gran extensión y se consolidó a la par con la aparición de "publicaciones" de denuncias económicas (concernientes a las fábricas y los oficios). El contenido principal de las "octavillas" consistía en denunciar la situación existente en las fábricas, y entre los obreros se desencadenó pronto una verdadera pasión por estas denuncias. En cuanto los obreros vieron que los círculos socialdemócratas querían y podían proporcionarles hojas de nuevo tipo —que les decían toda la verdad sobre su vida miserable, su trabajo increíblemente penoso y su situación de parias—, comenzaron a inundarlos, por decirlo así, de cartas de las fábricas y los talleres.

Estas "publicaciones de denuncias" causaban inmensa sensación tanto en las fábricas cuyo estado de cosas fustigaban como en todas las demás a las que llegaban noticias de los hechos denunciados. Y puesto que las necesidades y las desgracias de los obreros de distintas empresas y de diferentes oficios tienen mucho de común, la "verdad sobre la vida obrera" entusiasmaba a todos. Entre los obreros más atrasados se propagó una verdadera pasión por "ser publicado", pasión noble por esta forma embrionaria de guerra contra todo el sistema social moderno, basado en el pillaje y la opresión. Y las "octavillas", en la inmensa mayoría de los casos, eran de hecho una declaración de guerra, pues la denuncia producía un efecto terriblemente excitante, movía a todos los obreros a reclamar que se pusiera fin a los escándalos más flagrantes y los disponía a defender sus reivindicaciones por medio de huelgas. Los propios fabricantes tuvieron, en fin de cuentas, que reconocer hasta tal punto la importancia de estas octavillas como declaración de guerra, que, muy a menudo, ni siquiera querían esperar a que empezase la guerra.

Las denuncias, como ocurre siempre, tenían fuerza por el mero hecho de su aparición y adquirían el valor de una poderosa presión moral. Más de una vez bastó con que apareciera una octavilla para que las reivindicaciones fuesen satisfechas total o parcialmente. En una palabra, las denuncias económicas (fabriles) han sido y son un resorte importante de la lucha económica. Y seguirán conservando esta importancia mientras exista el capitalismo, que origina necesariamente la autodefensa de los obreros. En los países europeos más adelantados se puede observar, incluso hoy, que las denuncias de escándalos en alguna "industria de oficio" de un rincón perdido o en alguna rama del trabajo a domicilio, olvidada de todas, se convierten en punto de partida para despertar la conciencia de clase, para iniciar la lucha sindical y la difusión del socialismo.[104]

Durante los últimos tiempos, la inmensa mayoría de los socialdemócratas rusos han estado absorbidos casi enteramente por esta labor de organización de las denuncias de los abusos cometidos en las fábricas. Basta con recordar *Rabóchaya Mysl* para ver a qué extremo había llegado esa absorción y cómo se olvidaba que semejante actividad, por sí sola, no era aún, en el fondo, socialdemócrata, sino sólo tradeunionista. En realidad, las denuncias no se referían más que a las relaciones de los obreros de un oficio determinado con sus patronos respectivos, y lo único que lograban era que los vendedores de la fuerza de trabajo aprendieran a vender a mejor precio esta "mercancía" y a luchar contra los compradores en el terreno de las transacciones puramente comerciales.

Estas denuncias podían convertirse (siempre que las aprovechara en cierto grado la organización de los revolucionarios) en punto de partida y elemento integrante de la actividad socialdemócrata, pero podían conducir también (y, con el culto a la espontaneidad, debían conducir) a la lucha "exclusivamente sindical" y a un movimiento obrero no socialdemócrata. La socialdemocracia dirige la lucha de la clase obrera no sólo para conseguir ventajosas condiciones de venta de la fuerza de trabajo, sino para destruir el régimen social que obliga a los desposeídos a venderse a los ricos.

La socialdemocracia representa a la clase obrera en sus relaciones no sólo con un grupo determinado de patronos, sino con todas las clases de la sociedad contemporánea, con el Estado como fuerza política organizada. Se comprende, por tanto, que, lejos de poder limitarse a la lucha económica, los socialdemócratas no pueden ni admitir que la organización de denuncias económicas constituya su actividad predominante. Debemos emprender una intensa labor de educación política de la clase obrera, de desarrollo de su conciencia política. Ahora, después del primer embate de *Zariá* e *Iskra* contra el "economismo", "todos están de acuerdo" con eso (aunque algunos lo están sólo de palabra, como veremos enseguida).

Cabe preguntar: ¿en qué debe consistir la educación política? ¿Podemos limitarnos a propagar la idea de que la clase obrera es hostil a la autocracia? Está claro que no. No basta con explicar la opresión política de que son objeto los obreros (de la misma manera que era insuficiente explicarles el antagonismo entre sus intereses y los de los patronos). Hay que hacer agitación con motivo de cada hecho concreto de esa opresión (como hemos empezado a hacerla con motivo de las manifestaciones concretas de opresión económica). Y puesto que las más diversas clases de la sociedad son víctimas de esta opresión, puesto que se manifiesta en los más diferentes ámbitos de la vida y de la actividad sindical, cívica, personal, familiar, religiosa, científica, etc., ¿no es evidente que incumpliríamos nuestra misión de desarrollar la conciencia política de los obreros si no asumiéramos la tarea de organizar una campaña de denuncias políticas de la autocracia en todos los aspectos? Porque para hacer agitación con motivo de las manifestaciones concretas de la opresión, es preciso denunciar esas manifestaciones (lo mismo que para hacer agitación económica era necesario denunciar los abusos cometidos en las fábricas).

Podría creerse que esto está claro. Pero aquí precisamente resulta que sólo de palabra están "todos" de acuerdo con que es necesario desarrollar la conciencia política en todos sus aspectos. Aquí precisamente resulta que *Rabóchei Dielo*, por ejemplo, lejos de asumir la tarea de organizar denuncias políticas en todos los aspectos (o comenzar su organización), se ha puesto a arrastrar hacia atrás también a *Iskra*, que había iniciado esa labor. Escuchen: "La lucha política de la clase obrera es sólo" (precisamente no es sólo) "la forma más desarrollada, amplia y eficaz de la lucha económica".[105] "En la actualidad, los socialdemócratas tienen planteada la tarea de dar a la lucha económica misma, en la medida de lo posible, un carácter político".[106] "La lucha económica es el medio que se puede aplicar con la mayor amplitud para incorporar a las masas a la lucha política activa":[107] como ve el lector, *Rabóchei Dielo* está impregnado de todas estas tesis desde su aparición hasta las últimas "instrucciones a la redacción", y todas ellas expresan, evidentemente, un mismo parecer de la agitación y la lucha políticas.

Analicen, pues, este parecer desde el punto de vista de la opinión, dominante entre todos los "economistas", de que la agitación política debe seguir a la económica. ¿Será cierto que la lucha económica es, en general,[108] "el medio que se puede aplicar con la mayor amplitud" para incorporar a las masas a la lucha política? Es falso por completo. Medios "que se pueden aplicar" con no menos "amplitud" para tal "incorporación" son todas y cada una de las manifestaciones de la opresión policíaca y de la arbitrariedad autocrática, pero en modo alguno sólo las manifestaciones ligadas a la lucha económica. ¿Por qué los jefes de los zemstvos[109] y los castigos corporales de los campesinos, las concusiones de los funcionarios y el trato que da la policía a la "plebe" de las ciudades, la lucha con los hambrientos y la persecución de los deseos de instrucción y de saber qué siente el pueblo, la exacción de tributos y la persecución de las sectas religiosas, el adiestramiento de los soldados a baquetazos y el trato cuartelero que se da a los estudiantes y los intelectuales liberales?, ¿por qué todas estas manifestaciones de opresión, y miles de otras análogas, que no tienen relación directa con la lucha "económica", han de ser en general medios y motivos "que se pueden aplicar" con menos "amplitud" para hacer agitación política, para incorporar a las masas a la lucha política?

Todo lo contrario: es indudable que, en la suma total de casos cotidianos en que el obrero (él mismo o sus allegados) está falto de derechos o sufre de la arbitrariedad y la violencia, sólo una pequeña minoría son casos de opresión policíaca en la lucha sindical. ¿Para qué restringir de antemano la envergadura de la agitación política y declarar que se "puede aplicar con más amplitud" sólo uno de los medios, al lado del cual, deben hallarse, para un socialdemócrata, otros que, hablando en general, "pueden aplicarse" con no menos "amplitud"?

En tiempos muy, muy remotos (¡hace un año!...), *Rabóchei Dielo* decía: "Las reivindicaciones políticas inmediatas se hacen asequibles a las masas después de una huelga o, a lo sumo, de varias huelgas", "en cuanto el gobierno emplea la policía y la gendarmería".[110] Ahora, esta teoría oportunista de las fases ha sido ya rechazada por la Unión, la cual nos hace una concesión al declarar que "no hay ninguna necesidad de desarrollar desde el comienzo mismo la agitación política exclusivamente sobre el terreno económico".[111] ¡Por este solo hecho el futuro historiador de la socialdemocracia rusa verá mejor que por los más largos razonamientos hasta qué punto han envilecido el socialismo nuestros "economistas"! Pero, ¡qué ingenuidad la de la Unión imaginarse que, a cambio de esta renuncia a una forma de restricción de la política, podía llevársenos a aceptar otra forma de restricción! ¿No hubiera sido más lógico decir, también en este caso, que se debe desarrollar con la mayor amplitud posible la lucha económica, que es preciso utilizarla siempre para la agitación política, pero que "no hay ninguna necesidad" de ver en la lucha económica el medio que se puede aplicar con más amplitud para incorporar a las masas a la lucha política activa?

La Unión atribuye importancia al hecho de haber sustituido con las palabras "el medio que se puede aplicar con la mayor amplitud" la expresión "el mejor medio", que figura en la resolución correspondiente del IV Congreso de la Unión Obrera Hebrea (Bund).[112] Nos veríamos, efectivamente, en un aprieto si tuviésemos que decir cuál de estas dos resoluciones es mejor: a nuestro juicio, las dos son peores. Tanto la Unión como el Bund se desvían en este caso (en parte, quizá, hasta inconscientemente, bajo la influencia de la tradición) hacia una interpretación economista, tradeunionista, de la política. En el fondo, las cosas no cambian en nada con que esta interpretación se haga empleando la palabreja "el mejor" o la expresión "el que se puede aplicar con la mayor amplitud". Si la Unión dijera que "la agitación política sobre el terreno económico" es el medio aplicado con la mayor amplitud (y no "aplicable"), tendría razón respecto a cierto período de desarrollo de nuestro movimiento socialdemócrata.

Tendría razón precisamente respecto a los "economistas", respecto a muchos militantes prácticos (si no a la mayoría de ellos) de 1898 a 1901, pues esos prácticos-"economistas" *aplicaron*, en efecto, la agitación política (¡en el grado en que, en general, la aplicaban!) casi exclusivamente en el terreno económico. ¡Semejante agitación política era aceptada y hasta recomendada, como hemos visto, tanto por *Rabóchaya Mysl* como por el Grupo de Autoemancipación! *Rabóchei Dielo* debería haber condenado resueltamente el hecho de que la obra útil de la agitación económica fuera acompañada de una restricción nociva de la lucha política; pero, en vez de hacer eso, declara que ¡el medio más aplicado (por los "economistas") es el medio más aplicable! No es de extrañar que estos hombres, cuando los tildamos de "economistas", no encuentren otra salida que ponernos de vuelta y media, llamándonos "embaucadores", "desorganizadores", "nuncios del papa" y "calumniadores";[113] no encuentren otra salida que llorar ante todo el mundo, diciendo que les hemos inferido una atroz afrenta, y declarar casi bajo juramento que "ni una sola organización socialdemócrata peca hoy de economismo".[114] ¡Ah, esos calumniadores, esos malignos políticos! ¿No habrán inventado adrede todo el "economismo" para inferir a la gente, por simple odio a la humanidad, atroces afrentas?

¿Qué sentido concreto, real, tiene en labios de Martínov plantear ante la socialdemocracia la tarea de "dar a la lucha económica misma un carácter político"? La lucha económica es una lucha colectiva de los obreros contra los patronos por conseguir ventajosas condiciones de venta de la fuerza del trabajo, por mejorar las condiciones de trabajo y de vida de los obreros. Esta lucha es, por necesidad, una lucha sindical, porque las condiciones de trabajo son muy diferentes en los distintos oficios y, en consecuencia, la lucha orientada a mejorar estas condiciones tiene que sostenerse forzosamente por oficios (por los sindicatos de Occidente, por asociaciones sindicales de carácter provisional y por medio de octavillas en Rusia, etc.). Dar a la "lucha económica misma un carácter político" significa, pues, conquistar esas reivindicaciones profesionales, ese mejoramiento de las condiciones de trabajo en los oficios con "medidas legislativas y administrativas" (como se expresa Martínov en la página siguiente de su artículo). Y eso es precisamente lo que hacen y han hecho siempre todos los sindicatos obreros.

Repasen la obra de los esposos Webb, serios eruditos (y "serios" oportunistas), y verán que los sindicatos obreros ingleses han comprendido y cumplen desde hace ya mucho la tarea de "dar a la lucha económica misma un carácter político"; luchan desde hace mucho por el derecho de huelga, por la supresión de todos los obstáculos jurídicos que se oponen al movimiento cooperativista y sindical, por la promulgación de leyes de protección de la mujer y del niño, por el mejoramiento de las condiciones de trabajo mediante una legislación sanitaria y fabril, etc.

¡Así pues, tras la pomposa frase de "dar a la lucha económica misma un carácter político", que suena con "terribles" hondura de pensamiento y espíritu revolucionario, se oculta, en realidad, la tendencia tradicional a rebajar la política socialdemócrata al nivel de política tradeunionista! So pretexto de rectificar la unilateralidad de *Iskra*, que considera más importante —fíjense en esto— "revolucionar el dogma que revolucionar la vida",[115] nos ofrecen como algo nuevo la lucha por reformas económicas. En efecto, el único contenido, absolutamente el único, de la frase "dar a la lucha económica misma un carácter político" es la lucha por reformas económicas. Y el mismo Martínov habría podido llegar a esta simple conclusión si hubiese profundizado como es debido en la significación de sus propias palabras. "Nuestro partido —dice, enfilando su artillería más pesada contra *Iskra*— podría y debería presentar al gobierno reivindicaciones concretas de medidas legislativas y administrativas contra la explotación económica, contra el desempleo, contra el hambre, etc.".[116] Reivindicar medidas concretas,

¿no es, acaso, reclamar reformas sociales? Y preguntamos una vez más a los lectores imparciales: ¿calumniamos a los rabochediélentsi[117] (¡que me perdonen esta palabreja poco feliz hoy en boga!) al calificarlos de bernsteinianos velados cuando presentan, como discrepancia suya con *Iskra*, la tesis de que es necesaria la lucha por reformas económicas?

La socialdemocracia revolucionaria siempre ha incluido e incluye en sus actividades la lucha por las reformas. Pero no utiliza la agitación "económica" exclusivamente para reclamar del gobierno toda clase de medidas: la utiliza también (y en primer término) para exigir que deje de ser un gobierno autocrático. Además, considera su deber presentar al gobierno esta exigencia no sólo en el terreno de la lucha económica, sino asimismo en el terreno de todas las manifestaciones en general de la vida sociopolítica. En una palabra, subordina la lucha por las reformas como la parte al todo, a la lucha revolucionaria por la libertad y el socialismo. En cambio, Martínov resucita en una forma distinta la teoría de las fases, tratando de prescribir infaliblemente la vía económica, por decirlo así, del desarrollo de la lucha política. Al propugnar en un momento de efervescencia revolucionaria que la lucha por reformas es una "tarea" especial, arrastra al partido hacia atrás y hace el juego al oportunismo "economista" y liberal.

Prosigamos. Después de ocultar púdicamente la lucha por las reformas tras la pomposa tesis de "dar a la lucha económica misma un carácter político", Martínov presenta como algo especial únicamente las reformas económicas (e incluso sólo las reformas fabriles). Ignoramos por qué lo ha hecho. ¿Quizá por descuido? Pero si hubiera tenido en cuenta no sólo las reformas "fabriles", perdería todo sentido la tesis entera suya que acabamos de exponer. ¿Tal vez porque estima posible y probable que el gobierno haga "concesiones" únicamente en el terreno económico?[118] De ser así, resultaría un error extraño. Las concesiones son posibles, y se hacen a veces también en el ámbito de la legislación sobre castigos corporales, pasaportes, pagos de rescate,[119] sectas religiosas, censura, etc., etc. Las concesiones "económicas" (o seudoconcesiones) son sin duda las más baratas y las más ventajosas para el gobierno, pues espera ganarse con ellas la confianza de las masas obreras. Mas por eso mismo, nosotros, los socialdemócratas, en modo alguno debemos dar lugar, ni absolutamente con nada, a la opinión (o a la equivocación) de que apreciamos más las reformas económicas, de que les concedemos una importancia singular, etc. "Estas reivindicaciones —dice Martínov, refiriéndose a las reivindicaciones concretas de medidas legislativas y administrativas formuladas por él antes— no serían palabras vanas, puesto que, al prometer ciertos resultados palpables, podrían ser apoyadas activamente por la masa obrera". No somos "economistas", ¡oh, no! ¡Únicamente nos humillamos a los pies de la "palpabilidad" de resultados concretos con tanto servilismo como lo hacen los señores Bernstein, Prokopóvich, Struve, R. M. y *tutti quanti*! ¡Únicamente damos a entender (con Narciso Tuporílov) que cuanto no "promete resultados palpables" son "palabras vanas"! ¡No hacemos sino expresarnos como si la masa obrera fuera incapaz (y no hubiese demostrado su capacidad, pese a los que le imputan su propio filisteísmo) de apoyar activamente toda protesta contra la autocracia, incluso la que no le promete absolutamente ningún resultado palpable!

Tomemos aunque sólo sean los mismos ejemplos citados por el propio Martínov acerca de las "medidas" contra el desempleo y el hambre. Mientras *Rabóchei Dielo* se ocupa, según promete, de estudiar y elabora "reivindicaciones concretas (¿en forma de proyectos de ley?) de medidas legislativas y administrativas" que "prometan resultados palpables", *Iskra*, "que considera siempre más importante revolucionar el dogma que revolucionar la vida", ha tratado de explicar el nexo indisoluble que une el desempleo con todo el régimen capitalista, advirtiendo que "el hambre es inminente", denunciando "la lucha de la policía contra los hambrientos", así como el indignante Reglamento provisional de trabajos forzados, y *Zariá* ha publicado en separata, como folleto de agitación, la parte de su *Crónica de la vida interior*[120] dedicada al hambre. Pero, Dios mío, ¡qué "unilaterales" han sido esos ortodoxos de incorregible estrechez, esos dogmáticos sordos a los imperativos de la "vida misma"! ¡Ni uno solo de sus artículos ha contenido —¡qué horror!— ni una sola, ¡imagínense ustedes!, ni siquiera una sola "reivindicación concreta" que "prometa resultados palpables"! ¡Desgraciados dogmáticos! ¡Hay que llevarlos a aprender de los Krichevski y los Martínov para que se convenzan de que la táctica es el proceso del crecimiento, de lo que crece, etc., de que es necesario dar a la lucha económica misma un carácter político!

"La lucha económica de los obreros contra los patronos y el gobierno ("¡lucha económica contra el gobierno!"), además de su significado revolucionario directo, tiene también otro: incita constantemente a los obreros a pensar en su falta de derechos políticos".[121] Si hemos reproducido este pasaje, no es para repetir por centésima o milésima vez lo que hemos dicho ya antes, sino para agradecer de manera especial a Martínov esta nueva y excelente fórmula "La lucha económica de los obreros contra los patronos y el gobierno". ¡Qué maravilla! Con qué inimitable talento, con qué magistral eliminación de todas las discrepancias parciales y diferencia de matices entre los "economistas" tenemos expresada aquí, en su postulado conciso y claro, toda la esencia del "economismo", comenzando por el llamamiento a los obreros a sostener "la lucha política en aras del interés general, para mejorar la situación de todos los obreros",[122] siguiendo luego con la teoría de las fases y terminando con la resolución del congreso sobre el medio "aplicable con la mayor amplitud", etc. "La lucha económica contra el gobierno" es precisamente política tradeunionista, que está muy lejos, lejísimo, de la política socialdemócrata.

2. De cómo Martínov ha profundizado a Plejánov

"¡Cuántos sénecas socialdemócratas han aparecido últimamente en nuestro país!", observó cierto día un camarada, refiriéndose a la asombrosa inclinación de mucha gente propensa al "economismo" a alcanzar indefectiblemente con "su propia inteligencia" las grandes verdades (por ejemplo, que la lucha económica incita a los obreros a pensar en su falta de derechos), desconociendo con magnífico desdén de genios innatos cuánto ha proporcionado ya el desarrollo anterior del pensamiento revolucionario y del movimiento revolucionario. Un genio innato de esta índole es precisamente Séneca-Martínov. Den un vistazo a su artículo "Problemas inmediatos" y verán cómo llega con "su propio entendimiento" a cosas dichas hace ya mucho por Axelrod (al que nuestro Séneca, como es natural, silencia por completo); cómo empieza, por ejemplo, a comprender que no podemos pasar por alto la oposición de tales o cuales sectores de la burguesía (*Rabócheie Dielo*, Núm. 9, pág. 61, 62, 71; compárese con la *Respuesta de la redacción de Rabóchei Dielo a Axelrod*, pág. 22, 23-24), etc., pero, ¡ay! —sólo "llega" y no pasa de "empezar", ya que, a pesar de todo, no ha comprendido aún las ideas de Axelrod hasta el punto de que habla de "lucha económica contra los patronos y el gobierno". *Rabóchei Dielo* ha venido acumulando fuerzas durante tres años (de 1898 a 1901) para comprender a Axelrod y, pese a ello, ¡no lo ha comprendido! ¿Quizás también se deba esto a que la socialdemocracia, "a semejanza de la humanidad", se plantea siempre únicamente tareas realizables?

Pero los sénecas no se distinguen sólo porque ignoran muchas cosas (¡eso sería una desgracia a medias!), sino también porque no ven su ignorancia. Eso es ya una verdadera desgracia, y esta desgracia los mueve a emprender en el acto la labor de "profundizar" a Plejánov.

Desde que Plejánov escribió el folleto citado (*Las tareas de los socialistas en la lucha contra el hambre en Rusia*), ha corrido mucha agua bajo los puentes —cuenta Séneca-Martínov—. Los socialdemócratas, que en el transcurso de diez años han dirigido la lucha económica de la clase obrera…, no han tenido aún tiempo de ofrecer una amplia argumentación teórica de la táctica del partido. Hoy esta cuestión ha madurado, y si quisiéramos ofrecer esa argumentación teórica, tendríamos, sin duda, que profundizar considerablemente los principios tácticos desarrollados en su tiempo por Plejánov… Ahora tendríamos que definir la diferencia entre la propaganda y la agitación de una manera distinta a como lo hizo Plejánov" (Martínov acaba de citar las palabras de Plejánov: "El propagandista comunica muchas ideas a una sola o a varias personas, mientras que el agitador comunica una sola idea o un pequeño número de ideas, pero, en cambio, a toda una multitud"). Nosotros entenderíamos por propaganda la explicación revolucionaria de todo el régimen actual o de sus manifestaciones parciales, indiferentemente de que se haga en una forma accesible sólo para algunas personas o para la multitud. Por agitación, en el sentido estricto de la palabra (*sic*), entenderíamos el llamamiento dirigido a las masas para ciertas acciones concretas, la ayuda a la intervención revolucionaria directa del proletariado en la vida social.

Felicitamos a la socialdemocracia rusa —e internacional— por esta nueva terminología martinoviana, más estricta y más profunda. Hasta ahora creíamos (con Plejánov y con todos los líderes del movimiento obrero internacional) que si un propagandista trata, por ejemplo, el problema del desempleo, debe explicar la naturaleza capitalista de las crisis, mostrar la causa que las hace inevitables en la sociedad actual, exponer la necesidad de transformar la sociedad capitalista en socialista, etc., en una palabra, debe comunicar "muchas ideas", tantas, que todas ellas en conjunto podrán ser asimiladas en el acto sólo por pocas (relativamente) personas. En cambio, el agitador, al hablar de este mismo problema, tomará un ejemplo, el más destacado y más conocido de su auditorio —pongamos por caso el de una familia de parados muerta de inanición, el aumento de la miseria, etc.— y, aprovechando ese hecho conocido por todos y cada uno, orientará todos sus esfuerzos a inculcar en la "masa" una sola idea: la idea de cuán absurda es la contradicción entre el incremento de la riqueza y el aumento de la miseria; tratará de despertar en la masa el descontento y la indignación contra esta flagrante injusticia, dejando al propagandista la explicación completa de esta contradicción. Por eso, el propagandista actúa principalmente por medio de la palabra impresa, mientras que el agitador lo hace de viva voz. Al propagandista se le exigen cualidades distintas que al agitador. Así, llamaremos propagandistas a Kautsky y a Lafargue; agitadores a Bebel y Guesde. Pero segregar un tercer terreno o tercera función de actividad práctica, incluyendo en esta función "el llamamiento dirigido a las masas para ciertas acciones concretas", constituye el mayor desatino, pues el "llamamiento", como acto aislado, o es un complemento natural e inevitable del tratado teórico, del folleto de propaganda y del discurso de agitación, o es una función netamente ejecutiva.

En efecto, tomemos por ejemplo la lucha actual de los socialdemócratas alemanes contra los aranceles cerealistas. Los teóricos escriben estudios sobre la política aduanera y "llaman", supongamos, a luchar por la conclusión de tratados comerciales y por libertad de comercio; el propagandista hace lo mismo en una revista, y el agitador, en discursos públicos. Las "acciones concretas" de las masas consisten en este caso en firmar peticiones dirigidas al Reichstag,[123] reclamando que no se eleven los aranceles cerealistas. El llamamiento a esta acción parte indirectamente de los teóricos, los propagandistas y los agitadores, y directamente, de los obreros que recorren las fábricas y las viviendas particulares recogiendo firmas. Según la "terminología de Martínov", resulta que Kautsky y Bebel son propagandistas, y los portadores de las listas de adhesión, agitadores. ¿No es así?

El ejemplo de los alemanes me ha hecho recordar la palabra alemana *Verballhornung*, que traducida literalmente significa "ballhornización". Juan Ballhorn fue un editor de Leipzig del siglo XVI; publicó un cantón en el que, siguiendo la costumbre, incluyó un dibujo que representaba un gallo, pero, en lugar de la estampa habitual del gallo con espolones, figuraba uno sin espolones y con dos huevos al lado. Y en la portada del cantón agregó: "Edición corregida de Juan Ballhorn". Desde entonces, los alemanes dicen *Verballhornung* al referirse a una "enmienda" que, de hecho, empeora el original. Y no puede menos que recordarse a Ballhorn al ver cómo los Martínov "profundizan" a Plejánov...

¿Para qué ha "inventado" nuestro Séneca este embrollo? Para demostrar que *Iskra*, "lo mismo que Plejánov hace ya unos quince años, presta atención a un solo aspecto del asunto".[124] Si traducimos esta última frase del lenguaje de Martínov a un lenguaje corriente (pues la humanidad no ha tenido aún tiempo de adoptar esta terminología recién descubierta), resultará lo siguiente: en *Iskra*, las tareas de propaganda y agitación políticas relegan a segundo plano la tarea de "presentar al gobierno reivindicaciones concretas de medidas legislativas y administrativas" que "prometen ciertos resultados palpables" (O, en otros términos, reivindicaciones de reformas sociales, si se nos permite emplear una vez más la vieja terminología de la vieja humanidad, que no ha llegado aún al nivel de Martínov). Proponemos al lector que compare con esta tesis la retahíla siguiente:

> En estos programas (los programas de los socialdemócratas revolucionarios) nos asombrará también que coloquen eternamente en primer plano las ventajas de la actividad de los obreros en el Parlamento (que no existe en nuestro país) dando de lado por completo (a causa de su nihilismo revolucionario) la importancia de la participación

de los obreros en las asambleas legislativas de los fabricantes, asambleas que sí existen en nuestro país, para discutir asuntos de las fábricas... o aunque sólo sea, de la participación de los obreros en la autogestión urbana.

El autor de esta retahíla expresa de una manera algo más directa, clara y franca la idea a que ha llegado con su propio entendimiento Séneca-Martínov. El autor es R. M., en el *Suplemento especial* de *Rabóchaya Mysl*.[125]

3. Las denuncias políticas y la necesidad de "infundir actividad revolucionaria"

Al lanzar contra *Iskra* su "teoría" de "elevar la actividad de la masa obrera", Martínov ha puesto al descubierto ¡de hecho! su tendencia a rebajar esta actividad, pues ha declarado que el medio preferible, de importancia singular, "aplicable con la mayor amplitud" para promoverla y su campo de operaciones es la misma lucha económica, ante la cual se han postrado todos los "economistas". Este error es característico precisamente porque no es propio sólo de Martínov, ni mucho menos. En realidad, se puede "elevar la actividad de la masa obrera" únicamente a condición de que no nos limitemos a hacer "agitación política sobre el terreno económico". Y una de las condiciones esenciales para esa extensión indispensable de la agitación política consiste en organizar denuncias políticas omnímodas. Sólo con esas denuncias pueden infundirse conciencia política y actividad revolucionaria a las masas. De ahí que esta actividad sea una de las funciones más importantes de toda la socialdemocracia internacional, pues ni siquiera la libertad política suprime en lo más mínimo esas denuncias: lo único que hace es modificar un tanto su orientación. Por ejemplo, el partido alemán afianza sus posiciones y extiende su influencia, sobre todo, gracias a la persistente energía de sus campañas de denuncias políticas. La conciencia de la clase obrera no puede ser una verdadera conciencia política si los obreros no están acostumbrados a hacerse eco de todos los casos de arbitrariedad y de opresión, de todos los abusos y violencias, cualesquiera que sean las clases afectadas; a hacerse eco, además, desde el punto de vista socialdemócrata, y no desde algún otro...

La conciencia de las masas obreras no puede ser una verdadera conciencia de clase si los obreros no aprenden —basándose en hechos y acontecimientos políticos concretos y, además, actuales sin falta— a observar a cada una de las otras clases sociales en todas las manifestaciones de su vida intelectual, moral y política; si no aprenden a hacer un análisis materialista y una apreciación materialista de todos los aspectos de la actividad y la vida de todas las clases, sectores y grupos de la población. Quien orienta la atención, la capacidad de observación y la conciencia de la clase obrera de manera exclusiva —o, aunque sólo sea con preferencia— hacia ella misma, no es un socialdemócrata, pues el conocimiento de la clase obrera por sí misma está ligado de modo indisoluble a la completa claridad no sólo de los conceptos teóricos..., o mejor dicho: no tanto de los conceptos teóricos como de las ideas, basadas en la experiencia de la vida política, sobre las relaciones entre todas las clases de la sociedad actual.

Por eso es tan nociva y tan reaccionaria, dada su significación práctica, la prédica de nuestros "economistas" de que la lucha económica es el medio que se puede aplicar con más amplitud para incorporar a las masas al movimiento político. Para llegar a ser un socialdemócrata, el obrero debe formarse una idea clara de la naturaleza económica y de la fisonomía social y política del terrateniente y del cura, del dignatario y del campesino, del estudiante y del desclasado, conocer sus lados fuertes y sus puntos flacos; saber orientarse entre los múltiples sofismas y frases en boga, con los que cada clase y cada sector social encubre sus apetitos egoístas y su verdadera "entraña"; saber distinguir qué instituciones y leyes reflejan tales o cuales intereses y cómo lo hacen.

Mas esa "idea clara" no se puede encontrar en ningún libro, pueden proporcionarla únicamente las escenas de la vida y las denuncias, mientras los hechos están recientes, de cuanto sucede alrededor nuestro en un momento dado; de lo que todos y cada uno hablan —o, por lo menos, cuchichean— a su manera; de lo que revelan determinados acontecimientos, cifras, sentencias judiciales, etc., etc., etc. Estas denuncias políticas omnímodas son condición indispensable y fundamental para infundir actividad revolucionaria a las masas.

¿Por qué el obrero ruso muestra todavía poca actividad revolucionaria frente al salvajismo con que la policía trata al pueblo, frente a las persecuciones de las sectas, los castigos corporales impuestos a los campesinos, los abusos de la censura, las torturas de los soldados, la persecución de las iniciativas culturales más inofensivas, etc.? ¿No será porque la "lucha económica" no le "incita a pensar" en ello, porque le "promete" pocos "resultados palpables", porque le ofrece pocos elementos "positivos"? No; semejante juicio, repetimos, no es sino una tentativa de achacar las culpas propias a otros, imputar el filisteísmo propio (y también el bernsteinianismo) a la masa obrera. Debemos culparnos a nosotros mismos, a nuestro atraso con respecto al movimiento de las masas, de no haber sabido aún organizar denuncias lo suficientemente amplias, brillantes y rápidas contra todas esas ignominias. Si lo hacemos (y debemos y podemos hacerlo), el obrero más atrasado comprenderá o sentirá que el estudiante y el miembro de una secta religiosa, el *mujik*[126] y el escritor son vejados y atropellados por esa misma fuerza tenebrosa que tanto le oprime y le sojuzga a él en cada paso de su vida. Al sentirlo, él mismo querrá reaccionar, sentirá un deseo incontenible de hacerlo; y entonces sabrá armar hoy un escándalo a los censores, manifestarse mañana ante la casa del gobernador que haya sofocado un levantamiento campesino, dar pasado mañana una lección a los gendarmes con sotana que desempeñan la función del Santo Oficio, etc.

Hemos hecho todavía muy poco, casi nada, para lanzar entre las masas obreras denuncias omnímodas y actuales. Muchos de nosotros ni siquiera comprendemos aún esta obligación suya y seguimos espontáneamente tras la "monótona lucha cotidiana" en el estrecho marco de la vida fabril. En tales condiciones, decir que *Iskra tiene la tendencia a rebajar la importancia de la marcha ascendente de la monótona lucha cotidiana, en comparación con la propaganda de ideas brillantes y acabadas*,[127] significa arrastrar al partido hacia atrás, defender y ensalzar nuestra falta de preparación, nuestro atraso.

En lo que respecta al llamamiento a las masas para la acción, éste surgirá por sí mismo siempre que haya enérgica agitación política y denuncias vivas y aleccionadoras. Pillar a alguien en flagrante delito y estigmatizarlo en el acto ante todo el mundo y en todas partes es más eficaz que cualquier "llamamiento" e influye a veces de tal modo que después es incluso imposible decir con exactitud quién "llamó" a la muchedumbre y quién propuso tal o cual plan de manifestación, etc. Se puede llamar a una acción —en el sentido concreto de la palabra, y no en el sentido general— sólo en el lugar mismo donde la acción se lleve a cabo; y puede hacerlo únicamente quien va a obrar en el acto. Y nuestra misión de publicistas socialdemócratas consiste en ahondar, extender e intensificar las denuncias políticas y la agitación política.

A propósito de los "llamamientos", *Iskra* fue el único órgano que, antes de los sucesos de la primavera, llamó a los obreros a intervenir de modo activo en una cuestión —el aislamiento forzoso de estudiantes— que no prometía absolutamente ningún resultado palpable al obrero. Nada más publicarse la disposición del 11 de enero sobre "el aislamiento forzoso de ciento ochenta y tres estudiantes para hacer el servicio", *Iskra* insertó un artículo sobre este hecho[128] y, antes de que comenzara toda manifestación, llamó con claridad "a los obreros a acudir en ayuda de los estudiantes", llamó al "pueblo" a contestar públicamente el insolente desafío del gobierno. Preguntamos a todos y cada uno: ¿cómo explicar la notable circunstancia de que, hablando tanto de "llamamientos" y destacando los "llamamientos" incluso como una forma especial de actividad, Martínov no haya mencionado para nada este llamamiento? ¿No será filisteísmo, después de todo, la declaración de Martínov de que *Iskra* es unilateral porque no "llama" suficientemente a la lucha por reivindicaciones que "prometen resultados palpables"?

Nuestros "economistas", entre ellos *Rabócheie Dielo*, tenían éxito porque se adaptaban a la mentalidad de los obreros atrasados. Pero el obrero socialdemócrata, el obrero revolucionario (y el número de estos obreros aumenta día en día) rechazará con indignación todos esos razonamientos sobre la lucha por reivindicaciones que "prometan resultados palpables", etc., pues comprenderá que no son sino variantes de la vieja cantilena del aumento de un kopek por rublo. Este obrero dirá a sus consejeros de *Rabóchaya Mysl* y de *Rabóchei Dielo*: en vano se afanan, señores, interviniendo con demasiado celo en asuntos que nosotros mismos resolvemos y esquivando el cumplimiento de sus verdaderas obligaciones. Porque no es nada inteligente decir, como lo hacen ustedes, que la tarea de los socialdemócratas consiste en dar a la lucha económica misma un carácter político; eso es sólo el comienzo, y no radica en ello la tarea principal de los socialdemócratas, pues en el mundo entero, sin exceptuar a Rusia, es *la policía misma la que comienza muchas veces a dar* a la lucha económica un carácter político, y los propios obreros aprenden a darse cuenta de con quién está el gobierno.[129]

En efecto, esa "lucha económica de los obreros contra los patronos y el gobierno", con que ustedes presumen como si hubieran descubierto América, la sostienen en numerosos lugares perdidos de Rusia los propios obreros, que han oído hablar de huelgas, pero que quizá nada sepan de socialismo. Esa "actividad" nuestra, de los obreros, que todos ustedes quieren apoyar presentando reivindicaciones concretas que prometen resultados palpables, existe ya entre nosotros; y en nuestra minúscula labor cotidiana, sindical, nosotros mismos presentamos esas reivindicaciones concretas, a menudo sin ayuda alguna de los intelectuales. Pero esa actividad no nos basta; no somos niños a los que se pueda alimentar sólo con la papilla de la política "económica"; queremos saber todo lo que saben los demás, queremos conocer detalladamente todos los aspectos de la vida política y tomar parte activa en todos y cada uno de los acontecimientos políticos.

Para ello es necesario que los intelectuales repitan menos lo que ya sabemos nosotros mismos[130] y nos den más de lo que todavía no sabemos, de lo que jamás podremos saber por nosotros mismos a través de nuestra experiencia fabril y "económica", o sea: conocimientos políticos. Ustedes, los intelectuales, pueden adquirir estos conocimientos y tienen el deber de proporcionárnoslos cien y mil veces más que hasta ahora; además, deben proporcionárnoslos no sólo en forma de razonamientos, folletos y artículos (que a menudo —¡disculpen la franqueza!— suelen ser algo aburridos), sino indispensablemente en forma de denuncias vivas de cuanto hacen nuestro gobierno y nuestras clases dominantes en estos momentos en todos los aspectos de la vida. Cumplan con mayor celo esta obligación suya y hablen menos de "elevar la actividad de la masa obrera". ¡Nuestra actividad es mucho de lo que ustedes suponen y sabemos sostener, por medio de la lucha abierta en la calle, incluso las reivindicaciones que no prometen ningún "resultado palpable"! Y no son ustedes los llamados a "elevar" nuestra actividad, pues ustedes mismos carecen precisamente de esa actividad. ¡Póstrense menos ante la espontaneidad y piensen más en elevar su propia actividad, señores!

4. ¿Qué hay de común entre el economismo y el terrorismo?

Hemos confrontado, en una nota a pie de página, a un "economista" y a un terrorista no socialdemócrata, que por casualidad han resultado solidarios. Pero, hablando en general, entre los unos y los otros existe un nexo no casual, sino interno y necesario, del cual tendremos que hablar aún más adelante y al que es preciso referirse precisamente cuando se trata de inculcar la actividad revolucionaria. Los "economistas" y los terroristas de nuestros días tienen una raíz común: el culto a la espontaneidad, del que hemos hablado en el capítulo precedente como de un fenómeno general y que ahora examinamos desde el punto de vista de su influencia en la actividad política y la lucha política. A primera vista, nuestra afirmación puede parecer paradójica: tan grande es, aparentemente, la diferencia entre quienes hacen hincapié en la "monótona lucha cotidiana" y quienes preconizan la lucha más abnegada del individuo aislado.

Pero no es una paradoja. Los "economistas" y los terroristas rinden culto a dos polos diferentes de la corriente espontánea: los "economistas", a la espontaneidad del "movimiento puramente obrero"; los terroristas, a la espontaneidad de la indignación más ardiente de los intelectuales que no saben o no tienen la posibilidad de vincular la labor revolucionaria al movimiento obrero para formar un todo. Quienes hayan perdido la fe en esta posibilidad, o jamás la hayan tenido, difícilmente encontrarán, en efecto, otra manera de manifestar su sentimiento de indignación y su energía revolucionaria que no sea el terrorismo. Así pues, el culto a la espontaneidad en las dos direcciones indicadas no es sino el comienzo de la aplicación del famoso programa del *Credo*: los obreros sostienen su "lucha económica contra los patronos y el gobierno" (¡que nos perdone el autor del *Credo* porque expresemos sus ideas con palabras de Martínov! Creemos tener derecho a hacerlo, pues también en el *Credo* se habla de que los obreros, en la lucha económica, "chocan con el régimen político"), ¡y los intelectuales, con sus propias fuerzas, despliegan su lucha política, como es natural, por medio del terrorismo!

Esta conclusión es completamente lógica e inevitable, y es forzoso insistir sobre ella, aunque quienes comienzan a realizar dicho programa no han comprendido que tal conclusión es inevitable. La actividad política tiene su lógica, que no depende de la conciencia de quienes con las mejores intenciones exhortan o al terrorismo o a imprimir un carácter político a la lucha económica misma. De buenas intenciones está empedrado el camino del infierno, y en el caso presente las buenas intenciones no salvan aún de la inclinación espontánea a "la línea del menor esfuerzo", a la línea del programa netamente burgués del *Credo*. Porque tampoco tiene nada de casual que muchos liberales rusos —tanto los liberales declarados como los que se cubren con una careta marxista— simpaticen de todo corazón con el terrorismo y traten de mantener la intensificación de las tendencias terroristas en el momento actual.

Pues bien, al surgir el "Grupo Revolucionario-Socialista Svoboda", que se había señalado precisamente la tarea de ayudar por todos los medios al movimiento obrero, pero incluyendo en el programa el terrorismo y emancipándose, por decirlo así, de la socialdemocracia, este hecho vino a confirmar una vez más la admirable perspicacia de PB Axelrod, quien predijo con toda exactitud estos resultados de las vacilaciones socialdemócratas ya a fines de 1897 (en su trabajo *A propósito de las tareas y de la táctica actuales*) y trazó sus famosas "dos perspectivas". Todas las discusiones y discrepancias posteriores entre los socialdemócratas rusos están ya, como la planta en la semilla, en esas dos perspectivas.[131]

Desde el punto de vista indicado, se comprende también que *Rabóchei Dielo*, que no ha podido resistir a la espontaneidad del "economismo", tampoco haya podido resistir a la espontaneidad del terrorismo. Tiene sumo interés señalar aquí la argumentación especial que ha esgrimido Svoboda en defensa del terrorismo. "Niega por completo" el papel intimidador del terrorismo (*Renacimiento del revolucionarismo*, pág. 64), pero, en cambio, destaca su "importancia excitadora". Esto es característico, en primer lugar, como una de las fases de la descomposición y decadencia del conjunto tradicional (presocialdemócrata) de ideas que obligaba a asirse al terrorismo. Reconocer que en la actualidad es imposible "intimidar" al gobierno —y, por consiguiente, desorganizarlo— por medio del terrorismo equivale, en el fondo, a condenar rotundamente este último como sistema de lucha, como campo de actividad consagrado por su programa. En segundo lugar, esto es aún más característico como ejemplo de la incomprensión de nuestras tareas urgentes de "infundir actividad revolucionaria a las masas".

Svoboda hace propaganda del terrorismo como medio de "excitar" el movimiento obrero y darle un "fuerte impulso". ¡Es difícil imaginarse una argumentación que se refute a sí misma con mayor evidencia! Cabe preguntar: ¿es que existen en la vida rusa tan pocos abusos que sea preciso aún inventar "excitantes" especiales? Y, por otra parte, si hay alguien que no se excita ni es excitable siquiera por la arbitrariedad rusa, ¿no es evidente que seguirá contemplando también con indiferencia el duelo entre el gobierno y un puñado de terroristas? La realidad es que las masas obreras se excitan mucho por las infamias de la vida rusa, pero nosotros no sabemos reunir, si puede decirse así, y concentrar todas las gotas y chorrillos de la excitación popular que la vida rusa rezuma en cantidad inconmensurablemente mayor de lo que todos nosotros nos figuramos y pensamos, y que es preciso fusionar en un solo torrente gigantesco. Que esto es factible lo demuestran de manera irrefutable la colosal propagación del movimiento obrero y la avidez, ya señalada, de publicaciones políticas, así como los llamamientos a dar a la lucha económica misma un carácter político; son formas distintas de esquivar el deber más imperioso de los revolucionarios rusos: organizar la agitación política en todos sus aspectos.

Svoboda quiere sustituir la agitación con el terrorismo, confesando sin rodeos que "en cuanto empiece una agitación intensa y enérgica entre las masas, el papel excitador de éste desaparecerá".[132] Esto justamente muestra que tanto los terroristas como los "economistas" subestiman la actividad revolucionaria de las masas, pese al testimonio evidente de los sucesos de la primavera;[133] además, unos se precipitan en busca de "excitantes" artificiales y otros hablan de "reivindicaciones concretas". Ni los unos ni los otros prestan suficiente atención al desarrollo de su propia actividad de agitación política y de organización de denuncias políticas. Y ni ahora ni en ningún otro momento se puede sustituir con nada esta labor.

5. La clase obrera como combatiente de vanguardia por la democracia

Hemos visto ya que la agitación política más amplia y, por consiguiente, la organización de denuncias políticas de todo género es una tarea necesaria en absoluto, la tarea más imperiosamente necesaria de la actividad, siempre que esta actividad sea de veras socialdemócrata. Pero hemos llegado a esta conclusión partiendo sólo de la necesidad apremiante que la clase obrera tiene de conocimientos políticos y de educación política. Sin embargo, esta manera de plantear la cuestión sería demasiado estrecha y daría de lado las tareas democráticas universales de toda la socialdemocracia, en general, y de la socialdemocracia rusa actual, en particular. Para explicar esta tesis del modo más concreto posible, intentaremos enfocar el problema desde el punto de vista más "familiar" al "economista", o sea, desde el punto de vista práctico. "Todos están de acuerdo" con que es preciso desarrollar la conciencia política de la clase obrera. Pero, ¿cómo hacerlo y qué es necesario para hacerlo?

La lucha económica "hace pensar" a los obreros sólo en las cuestiones concernientes a la actitud del gobierno ante la clase obrera; por eso, por más que nos esforcemos en "dar a la lucha económica misma un carácter político", jamás podremos, en los límites de esta tarea, desarrollar la conciencia política de los obreros (hasta el grado de conciencia política socialdemócrata), pues los propios límites son estrechos. La formula de Martínov es valiosa para nosotros, pero en modo alguno porque ilustre la capacidad del autor para embrollar las cosas. Es valiosa porque pone de relieve el error fundamental de todos los "economistas": el convencimiento de que ése puede desarrollar la conciencia política de clase de los obreros desde dentro, por decirlo así, de su lucha económica, o sea, partiendo sólo (o, al menos, principalmente) de esta lucha, basándose sólo (o, al menos, principalmente) en esta lucha. Semejante opinión es errónea de raíz; y precisamente porque los "economistas", enojados por nuestra polémica con ellos, no quieren reflexionar, como es debido, en el origen de nuestras discrepancias, acabamos literalmente por no comprendernos, por hablar lenguas diferentes.

Al obrero se le puede dotar de conciencia política de clase sólo desde fuera, es decir, desde fuera de la lucha económica, desde fuera del campo de las relaciones entre obreros y patronos. La única esfera de que se pueden extraer esos conocimientos es la esfera de las relaciones de todas las clases y sectores sociales con el Estado y el gobierno, la esfera de las relaciones de todas las clases entre sí. Por eso, a la pregunta de qué hacen para dotar de conocimientos políticos a los obreros, no se puede dar únicamente la respuesta con que se contentan, en la mayoría de los casos, los militantes dedicados a la labor práctica, sin hablar ya de quienes, entre ellos, son propensos al "economismo", a saber: "Hay que ir a los obreros". Para aportar a los obreros conocimientos políticos, los socialdemócratas deben ir a todas las clases de la población, deben enviar a todas partes destacamentos de su ejército.

Si empleamos adrede esta fórmula tosca y nos expresamos adrede de una forma simplificada y tajante, no es en modo alguno por el deseo de decir paradojas, sino para "incitar" a los "economistas" a pensar en las tareas que desdeñan de manera tan imperdonable y en la diferencia —que ellos no quieren comprender— entre la política tradeunionista y la política socialdemócrata. Por eso rogamos al lector que no se impaciente y nos escuche con atención hasta el final.

Tomemos el tipo del círculo socialdemócrata más difundido en los últimos años y examinemos su actividad. "Está en contacto con los obreros" y se conforma con eso, editando hojas que fustigan los abusos cometidos en las fábricas, la parcialidad del gobierno con los capitalistas y las violencias de la policía; en las reuniones con los obreros, los límites de estos mismos temas; sólo muy de tarde en tarde se pronuncian conferencias y charlas acerca de la historia del movimiento revolucionario, la política interior y exterior de nuestro gobierno, la evolución económica de Rusia y de Europa, la situación de las distintas clases en la sociedad contemporánea, etc.; nadie piensa en establecer y desenvolver de manera sistemática relaciones con otras clases de la sociedad. En el fondo, los componentes de un círculo de este tipo conciben al militante ideal, en la mayoría de los casos, mucho más parecido a un secretario de tradeunión que a un jefe político socialista.

Porque el secretario de cualquier tradeunión inglesa, por ejemplo, ayuda siempre a los obreros a sostener la lucha económica, organiza la denuncia de los abusos en las fábricas, explica la injusticia de las leyes y disposiciones que restringen la libertad de huelga y la libertad de colocar piquetes cerca de las fábricas (para avisar a todos que en la fábrica dada se han declarado en huelga), explica la parcialidad de los árbitros pertenecientes a las clases burguesas del pueblo, etc., etc. En una palabra, todo secretario de tradeunión sostiene y ayuda a sostener "la lucha económica contra los patrones y el gobierno". Y jamás se insistirá bastante en que esto no es aún socialdemocracia, que el ideal del socialdemócrata no debe ser el secretario de tradeunión, sino el tribuno popular, que sabe reaccionar ante toda manifestación de arbitrariedad de opresión, dondequiera que se produzca y cualquiera que sea el sector o la clase social a que afecte; que sabe sintetizar todas estas manifestaciones en un cuadro único de la brutalidad policíaca y de la explotación capitalista; que sabe aprovechar el hecho más pequeño para exponer ante todos sus convicciones socialistas y sus reivindicaciones democráticas, para explicar a todos y cada uno la importancia histórica universal de la lucha emancipadora del proletariado.

Comparen, por ejemplo, a hombres como Roberto Knight (conocido secretario y líder de la Sociedad de Obreros Caldereros, uno de los sindicatos más poderosos de Inglaterra) y Guillermo Liebknecht e intenten aplicarles las contradicciones en que basa Martínov sus discrepancias con *Iskra*. Verán que R. Knight —empiezo a hojear el artículo de Martínov— "ha exhortado" mucho más "a las masas a ciertas acciones concretas",[134] mientras que G. Liebknecht se ha dedicado más a "explicar desde un punto de vista revolucionario todo el régimen actual o sus manifestaciones parciales";[135] que R. Knight "ha formulado las reivindicaciones inmediatas del proletariado e indicado los medios de satisfacerlas";[136] mientras que G. Liebknecht, sin dejar de hacer eso, no ha renunciado a "dirigir al mismo tiempo la intensa actividad de los diferentes sectores oposicionistas" y "dictarles un programa positivo de acción";[137] que R. Knight ha procurado precisamente "imprimir, en la medida de lo posible, a la lucha económica misma un carácter político"[138] y ha sabido muy bien "presentar al gobierno reivindicaciones concretas que prometen ciertos resultados palpables";[139] en tanto que G. Liebknecht se ha ocupado mucho más de las "denuncias unilaterales";[140] que R. Knight ha concedido más importancia al "desarrollo progresivo de la monótona lucha cotidiana",[141] y G. Liebknecht, "a la propaganda de ideas brillantes y acabadas";[142] que G. Liebknecht ha hecho del periódico dirigido por él precisamente "un órgano de oposición revolucionaria que denuncia nuestro régimen, y sobre todo nuestro régimen político, por cuanto choca con los intereses de los más diversos sectores de la población";[143] mientras que R. Knight "ha trabajado por la causa obrera en estrecho contacto orgánico con la lucha proletaria"[144] —si se entiende por "estrecho contacto orgánico" ese culto a la espontaneidad que hemos analizado más arriba en los ejemplos de Krichevski y de Martínov— y "ha restringido la esfera de su influencia", convencido, sin duda como Martínov, de que "con ello se hacía más compleja esta influencia".[145] En una palabra, verán que Martínov rebaja de facto la socialdemocracia al nivel del tradeunionismo, aunque, claro está,

en modo alguno lo hace porque no quiere el bien de la socialdemocracia, sino simplemente porque se ha apresurado
un poco a profundizar a Plejánov, en lugar de tomarse la
molestia de comprenderlo.

Pero volvamos a nuestra exposición. Hemos dicho que
el socialdemócrata, si es partidario, no sólo de palabra,
del desarrollo polifacético de la conciencia política del
proletariado, debe "ir a todas las clases de la población".
Surgen varias preguntas: ¿cómo hacerlo?, ¿tenemos fuerzas
suficientes para ello?, ¿existe una base que permita realizar
esta labor entre todas las demás clases?, ¿no implicará eso
abandonar, o conducirá a abandonar, el punto de vista de
clase? Examinemos estas cuestiones.

Debemos "ir a todas las clases de la población" como
teóricos, como propagandistas, como agitadores y como
organizadores. Nadie pone en duda que la labor teórica
de los socialdemócratas debe orientarse a estudiar todas
las peculiaridades de la situación social y política de las
diversas clases. Pero se hace muy poco, poquísimo, en este
sentido, desproporcionadamente poco si se compara con
la labor tendiente a estudiar las peculiaridades de la vida
fabril. En los comités y en los círculos podemos encontrar
personas que incluso estudian a fondo especialmente algún
ramo de la siderurgia; pero apenas encontrarán ejemplos
de miembros de las organizaciones que (obligados por una
u otra razón, como sucede a menudo, a retirarse de la labor
práctica) se dediquen de manera especial a reunir datos
sobre algún problema actual de nuestra vida social y polí-

tica que pueda servir de motivo para desplegar una labor socialdemócrata entre todos sectores de la población.

Cuando se habla de la poca preparación de la mayoría de los actuales dirigentes del movimiento obrero, es forzoso recordar asimismo la preparación en este aspecto, pues está ligada también a la concepción "economista" del "estrecho contacto orgánico con la lucha proletaria". Pero lo principal, por supuesto, es la propaganda y la agitación entre todos los sectores de la población. El socialdemócrata de Europa occidental ve facilitada esta labor por las reuniones y asambleas populares, a las que asisten cuantos lo deseen, y por la existencia del Parlamento, en el cual el representante socialdemócrata habla ante los diputados de todas las clases. En nuestro país no tenemos ni Parlamento ni libertad de reunión; pero sabemos, sin embargo, organizar reuniones con los obreros que quieren escuchar a un socialdemócrata.

Debemos saber también organizar reuniones con los componentes de todas las clases de la población que deseen escuchar a un demócrata. Porque no es socialdemócrata quien olvida en la práctica que "los comunistas apoyan por doquier todo movimiento revolucionario";[146] que, por ello, debemos exponer y recalcar ante todo el pueblo los objetivos democráticos generales, sin ocultar en ningún momento nuestras convicciones socialistas. No es socialdemócrata quien olvida en la práctica que su deber consiste en ser el primero en plantear, acentuar y resolver todo problema democrático general.

"¡Pero si no hay nadie que no esté de acuerdo con eso!"
—nos interrumpirá el lector impaciente—, y las nuevas
instrucciones a la redacción de *Rabóchei Dielo*, aprobadas
en el último Congreso de la Unión, dicen con claridad:

> Deben servir de motivos para la propaganda y la
> agitación políticas todos los fenómenos y aconte-
> cimientos de la vida social y política que afecten
> al proletariado, bien directamente, como clase
> especial, bien como *vanguardia de todas las fuerzas
> revolucionarias en la lucha por la libertad.*[147]

En efecto, son palabras muy justas y muy buenas, y nos
consideraríamos satisfechos por ejemplo si *Rabócheie Dielo*
las comprendiese, si no dijese, al mismo tiempo, otras que
las contradicen. Pues no basta con titularse "vanguardia",
destacamento avanzado: es preciso, además, actuar de tal
modo que todos los otros destacamentos vean y estén obligados a reconocer que marchamos a la cabeza. Y preguntamos al lector: ¿es que los componentes de los demás "destacamentos" son tan estúpidos que van a creernos como
artículo de fe cuando hablamos de la "vanguardia"?

Imagínense de manera concreta el siguiente cuadro. En el
"destacamento" de radicales o de constitucionalistas liberios
del gobierno autocrático. Pero "nosotros", si queremos ser
demócratas avanzados, debemos preocuparnos de incitar
a quienes están descontentos únicamente del régimen universitario o del *zemstvo*, etc., a pensar que es malo todo el
régimen político. Nosotros debemos asumir la tarea de orga-

nizar la lucha política, bajo la dirección de nuestro partido, en forma tan múltiple que todos los sectores de oposición puedan prestar, y presten de verdad, a esta lucha y a este partido la ayuda que puedan. Nosotros debemos hacer de los militantes socialdemócratas dedicados a la labor práctica líderes políticos que sepan dirigir todas las manifestaciones de esta lucha múltiple, que sepan, en el momento necesario, "dictar un programa positivo de acción" a los estudiantes en efervescencia, a los descontentos de los zemstvos, a los miembros indignados de las sectas religiosas, a los maestros nacionales lesionados en sus intereses, etc., etc.

Por eso es completamente falsa la afirmación de Martínov de que "con respecto a ellos sólo podemos desempeñar el papel *negativo* de denunciadores del régimen... *Sólo* podemos disipar sus esperanzas en las distintas comisiones gubernamentales".[148] Al decir esto, Martínov demuestra que no comprende nada en absoluto del verdadero papel de la "vanguardia" revolucionaria. Y si el lector tiene esto en cuenta, comprenderá el verdadero sentido de las siguientes palabras de conclusión de Martínov:

> *Iskra* es un órgano de oposición revolucionaria que denuncia nuestro régimen, sobre todo el político, por cuanto choca con los intereses de los más diversos sectores de la población. Nosotros, en cambio, trabajamos y trabajaremos por la causa obrera en estrecho contacto orgánico con la lucha proletaria. Al restringir la esfera de nuestra influencia, hacemos más compleja esta influencia.[149]

El verdadero sentido de semejante conclusión es: *Iskra* quiere elevar la política tradeunionista de la clase obrera (a la que se limitan con tanta frecuencia nuestros militantes prácticos, ya sea por equivocación, por falta de preparación o por convicción) al nivel de política socialdemócrata. En cambio, *Rabóchei Dielo* quiere rebajar la política socialdemócrata al nivel de política tradeunionista. Y, por si eso fuera poco, asegura a todo el mundo que "estas posiciones son perfectamente compatibles en la obra común".[150] O, *sancta simplicitas!*

Prosigamos. ¿Tenemos bastantes fuerzas para llevar nuestra propaganda y nuestra agitación a todas las clases de la población? Pues claro que sí. Nuestros "economistas", que a menudo son propensos a negarlo, olvidan el gigantesco paso adelante que ha dado nuestro movimiento de 1894 (más o menos) a 1901. Como "seguidistas" auténticos que son, viven con frecuencia aferrados a ideas del período inicial, pasado hace ya mucho, del movimiento. Entonces, en efecto, nuestras fuerzas eran tan pocas que asombraban, entonces era natural y legítima la decisión de consagrarnos por entero a la labor entre los obreros y condenar con severidad toda desviación de esta línea, entonces la tarea estribaba en afianzarse entre la clase obrera. Ahora ha sido incorporada al movimiento una masa gigantesca de fuerzas; vienen a nosotros los mejores representantes de la joven generación de las clases instruidas; por todas partes, en todas las provincias se ven condenadas a la inactividad personas que ya han tomado o desean tomar parte en el movimiento y que tienden hacia

la socialdemocracia (mientras que en 1894 los socialdemócratas rusos podían contarse con los dedos).

Uno de los defectos fundamentales de nuestro movimiento, tanto desde el punto de vista político como de
organización, consiste en que no sabemos emplear todas
estas fuerzas ni asignarles el trabajo adecuado (en el capítulo siguiente, hablaremos con más detalle de esta cuestión).
La inmensa mayoría de dichas fuerzas carece en absoluto
de la posibilidad de "ir a los obreros"; por consiguiente, no
puede ni hablarse del peligro de distraer fuerzas de nuestra
labor fundamental. Y para proporcionar a los obreros conocimientos políticos auténticos, vivos y que abarquen todos
los dominios, es necesario que tengamos "gente nuestra",
socialdemócratas, en todas partes, en todos los sectores
sociales, en todas las posiciones que permiten conocer los
resortes internos de nuestro mecanismo estatal. Y nos hace
falta esa gente, no sólo para la propaganda y la agitación,
sino más aún para la organización.

¿Existe una base que permita actuar entre todas las clases
de la población? Quienes no ven que existe, prueban una
vez más que su conciencia se rezaga del movimiento ascensional espontáneo de las masas. El movimiento obrero ha
suscitado y suscita entre unos el descontento; entre otros
despierta la esperanza de lograr el apoyo de la posición;
a otros les hace comprender que el régimen autocrático
no tiene razón de ser, y que su hundimiento es ineludible.
Sólo de palabra seríamos "políticos" y socialdemócratas
(como ocurre, en efecto, muy a menudo) si no tuviéramos

conciencia de que nuestro deber consiste en aprovechar todas las manifestaciones de descontento, en reunir y elaborar todos los elementos de protesta, por embrionaria que sea. Y no hablemos ya de que la masa de millones de campesinos trabajadores, artesanos, pequeños productores, etc., escuchará siempre con avidez la propaganda de un socialdemócrata algo hábil.

Pero, ¿acaso existe una sola clase de la población en la que no haya individuos, grupos y círculos descontentos por la falta de derechos y la arbitrariedad, y, en consecuencia, capaces de comprender la propaganda del socialdemócrata como portavoz que es de las demandas democráticas generales más candentes? A quienes deseen formarse una idea concreta de esta agitación política del socialdemócrata entre todas las clases y sectores de la población les indicaremos las denuncias políticas, en el sentido amplio de la palabra, como el medio principal (pero, claro está, no único) de esta agitación.

> Debemos —escribía yo en el artículo "¿Por dónde empezar?",[151] del que tendremos que hablar detenidamente más adelante— despertar en todos los sectores del pueblo con un mínimo de conciencia la pasión por las denuncias políticas. No debe desconcertarnos que las voces que hacen denuncias políticas sean ahora tan débiles, escasas y tímidas. La causa de ello no es, ni mucho menos, una resignación general con la arbitrariedad policíaca. La razón está en que las personas capaces de denun-

ciar y dispuestas a hacerlo no tienen una tribuna desde la que puedan hablar, no tienen un auditorio que escuche ávidamente y anime a los oradores, no ven por parte alguna en el pueblo una fuerza a la que merezca la pena dirigir una queja contra el "todopoderoso" gobierno ruso... Ahora podemos y debemos crear una tribuna para denunciar ante todo el pueblo al gobierno zarista: esa tribuna tiene que ser un periódico socialdemócrata.[152]

Ese auditorio ideal para las denuncias políticas es precisamente la clase obrera, que necesita, primero y principalmente, amplios y vivos conocimientos políticos y que es la más capaz de transformar estos conocimientos en lucha activa, aunque no prometa ningún "resultado palpable". Ahora bien, la tribuna para estas denuncias ante *todo el pueblo* sólo puede ser un periódico central para toda Rusia. "Sin un órgano político es inconcebible en la Europa contemporánea un movimiento que merezca el nombre de movimiento político"; y en este sentido, por Europa contemporánea hay que entender también, sin duda alguna, a Rusia. La prensa se ha convertido, en nuestro país, desde hace ya mucho, en una fuerza; de lo contrario, el gobierno no gastaría decenas de miles de rublos en sobornarla y en subvencionar a los Katkov y los Mescherski de toda laya.

Y en la Rusia autocrática no es una novedad que la prensa clandestina rompa los candados de la censura y obligue a hablar públicamente de ella a los órganos legales y conservadores. Así ocurrió en los años 70 e incluso a mediados de siglo. ¡Y cuánto más extensos y profundos son ahora los sectores populares dispuestos a leer la prensa clandestina y a aprender en ella "a vivir y a morir", como se expresaba el obrero autor de una carta publicada en el Núm. 7 de *Iskra*!.[153] Las denuncias políticas son precisamente una declaración de guerra al gobierno, de la misma manera que las denuncias de tipo económico son una declaración de guerra al fabricante. Y la importancia moral de esta declaración de guerra es tanto mayor cuanto más amplia y vigorosa es la campaña de denuncias, cuanto más numerosa y decidida es la clase social que declara la guerra para empezarla. En consecuencia, las denuncias políticas son, ya de por sí, uno de los medios más potentes para disgregar las filas enemigas, para apartar del adversario a sus aliados fortuitos o temporales y sembrar la hostilidad y desconfianza entre quienes participan de continuo en el poder autocrático.

En nuestros días podrá convertirse en vanguardia de las fuerzas revolucionarias sólo el partido que organice campañas de denuncias de verdad ante todo el pueblo. Las palabras "todo el pueblo" encierran un gran contenido. La inmensa mayoría de los denunciadores que no pertenecen a la clase obrera (y para ser vanguardia es necesario precisamente atraer a todas las clases) son políticos realistas y hombres serenos y prácticos. Saben muy bien que si es peligroso "quejarse" incluso de un modesto funcionario, lo es todavía más quejarse del "todopoderoso" gobierno ruso. Y se quejarán a nosotros sólo cuando vean que sus quejas pueden surtir efecto, que somos una fuerza política. Para lograr que las personas ajenas nos consideren una fuerza política debemos trabajar mucho y con tenacidad a fin de elevar nuestro grado de conciencia, nuestra iniciativa y nuestra energía, pues no basta con pegar el marbete de "vanguardia" a una teoría y una práctica de retaguardia.

Pero los admiradores demasiado celosos del "estrecho contacto orgánico con la lucha proletaria" nos preguntarán, y nos preguntan ya, si debemos encargarnos de organizar denuncias verdaderamente ante todo el pueblo sobre los abusos cometidos por el gobierno, ¿en qué se manifestará entonces el carácter de clase de nuestro movimiento? ¡Pues, precisamente, en que seremos nosotros, los socialdemócratas, quienes organizaremos esas campañas de denuncias ante todo el pueblo; en que todos los problemas planteados en nuestra agitación serán esclarecidos desde un punto de vista socialdemócrata firme, sin ninguna indulgencia para las deformaciones, intencionadas o no, del marxismo; en que esta polifacética agitación política será realizada por un partido que une en un todo indivisible la ofensiva contra el gobierno en nombre del pueblo entero, la educación revolucionaria del proletariado —salvaguardando al mismo tiempo su independencia política—, la dirección de la lucha económica de la clase obrera y la utilización de sus conflictos espontáneos con sus explotadores, conflictos que ponen en pie y atraen sin cesar a nuestro campo a nuevos sectores proletarios!

Pero uno de los rasgos más característicos del "economismo" consiste precisamente en que no comprende esta conexión; es más, no comprende que la necesidad más urgente del proletariado (educación política en todos los aspectos por medio de la agitación política y de las denuncias políticas) coincide con la necesidad del movimiento democrático general. Esa incomprensión se manifiesta tanto en las frases martinovianas como en diferentes alusiones del mismo sentido a un supuesto punto de vista de clase. He aquí, por ejemplo, cómo se expresan al respecto los autores de la carta "economista", publicada en el Núm. 12 de *Iskra*:[154]

> Este mismo defecto fundamental de *Iskra* (la sobrestimación de la ideología) es la causa de su inconsecuencia en los problemas referentes a la actitud de la socialdemocracia ante las diversas clases y tendencias sociales. Resolviendo por medio de deducciones teóricas...

... y no mediante

> ... el crecimiento de las tareas del partido, las cuales crecen junto con éste... la tarea de pasar sin demora a la lucha contra el absolutismo y sintiendo, por lo visto, toda la dificultad de esta tarea para los obreros, dado el actual estado de cosas...

... y no sólo sintiendo, sino sabiendo muy bien que esta tarea le parece menos difícil a los obreros que a los intelectuales "economistas" que los tratan como a niños pequeños, pues los obreros están dispuestos a batirse incluso por reivindicaciones que, dicho sea con palabras del inolvidable Martínov, no prometen ningún "resultado palpable")..., "pero no teniendo la paciencia de esperar que los obreros acumulen fuerzas para esta lucha, *Iskra* empieza a buscar aliados entre los liberales y los intelectuales...".

Sí, sí, se nos ha acabado, en efecto, toda la "paciencia" para "esperar" los días felices que nos prometen desde hace mucho los "conciliadores" de toda clase, en los cuales nuestros "economistas" dejarán de imputar su propio atraso a los obreros y de justificar su insuficiente energía con una pretendida insuficiencia de fuerzas de los obreros. Preguntamos a nuestros "economistas": ¿en qué debe consistir la "acumulación de fuerzas por los obreros para esta lucha"? ¿No es evidente que consiste en dar educación política a los obreros, en denunciar ante ellos todos los aspectos de nuestra abyecta autocracia? ¿Y no está claro que justamente para esta labor necesitamos tener "aliados entre los liberales y los intelectuales" dispuestos a compartir con nosotros sus denuncias de la campaña política contra la gente de los zemstvos, los maestros, estadísticos, estudiantes, etc.? ¿Será, en realidad, tan difícil de comprender esta asombrosa "treta"? ¿No les viene repitiendo PB Axelrod, ya desde 1897, que "el problema de que los socialdemócratas rusos conquisten adictos y aliados directos o indirectos entre las clases no proletarias se resuelve, ante todo y sobre todo, por el carácter de la propaganda que se hace en el seno del proletariado mismo"? ¡Pero no obstante, los Martínov y demás "economistas" siguen creyendo que los obreros deben primero, por medio de "la lucha económica contra los patronos y el gobierno",

acumular fuerzas (para la política tradeunionista) y sólo
después "pasar", según parece, del tradeunionista "infundir
actividad" a la actividad socialdemócrata!

> En sus búsquedas —continúan los "economis-
> tas"—, *Iskra* se desvía con frecuencia del punto de
> vista de clase, velando las contradicciones entre las
> clases y colocando en primer plano la comunidad
> del descontento con el gobierno, aunque las causas
> y el grado de este descontento entre los "aliados"
> son muy diferentes. Tal es, por ejemplo, la actitud
> de *Iskra* ante los zemstvos.

Iskra, según dicen los "economistas", "promete la ayuda
de la clase obrera a los nobles insatisfechos de las limosnas
gubernamentales, sin decir una sola palabra del antagonismo de clase que separa a estos dos sectores de la población". Si el lector se remite al artículo "La autocracia y los
zemstvos",[155] al que probablemente aluden los autores de la
carta, verá que están consagrados[156] a la actitud del gobierno
frente a la "agitación blandengue del *zemstvo* burocrático y
estamental" y frente a la "iniciativa que parte hasta de las
clases poseedoras". El artículo dice que el obrero no puede
contemplar con indiferencia la lucha del gobierno contra el
zemstvo; invita a la gente de los zemstvos a abandonar sus
discursos blandengues y pronunciarse con palabras firmes
y tajantes cuando la socialdemocracia revolucionaria se alce
con toda su fuerza ante el gobierno. ¿Qué hay en esto de
inaceptable para los autores de la carta? Nadie lo sabe.

¿Piensan que el obrero "no comprenderá" las palabras "clases poseedoras" y "*zemstvo* burocrático estamental"? ¿Creen que incitar a la gente de los zemstvos a pasar de los discursos blandengues a las palabras tajantes es "sobrestimar la ideología"? ¿Se imaginan que los obreros pueden "acumular fuerzas" para luchar contra el absolutismo si no saben cómo trata éste también a los zemstvos? Nadie lo sabe tampoco. Lo único claro es que los autores tienen una idea muy vaga de las tareas políticas de la socialdemocracia. Que esto es así nos lo dice con mayor claridad aún esta frase suya: "Idéntica es la actitud de *Iskra*", es decir, de nuevo "vela las contradicciones entre las clases", "ante, el movimiento estudiantil". En lugar de exhortar a los obreros a afirmar, por medio de una manifestación pública, que el verdadero origen de la violencia, de la arbitrariedad y del desenfreno se halla en el gobierno ruso, y no en la juventud universitaria,[157] ¡deberíamos haber publicado, por lo visto, razonamientos en el espíritu de *R. Mysl*! Y semejantes ideas son expresadas por socialdemócratas en el otoño de 1901, después de los sucesos de febrero y marzo, en vísperas de un nuevo crecer del movimiento estudiantil, revelador de que, incluso en este terreno, la "espontaneidad" de la protesta contra la autocracia adelanta a la dirección consciente del movimiento por la socialdemocracia. ¡El deseo espontáneo de los obreros de intervenir en defensa de los estudiantes apaleados por la policía y los cosacos adelanta a la actividad consciente de la organización socialdemócrata!

"Sin embargo, en otros artículos —continúan los autores de la carta—, *Iskra* condena duramente todo compromiso y defiende, por ejemplo, la posición intransigente de los guesdistas". Aconsejamos que mediten bien sobre estas palabras quienes suelen afirmar con tanta presunción y ligereza que las discrepancias entre los socialdemócratas de nuestros días no son esenciales ni justifican una escisión. ¿Pueden actuar con éxito en una misma organización quienes afirman que hemos hecho todavía muy poco para denunciar la hostilidad de la autocracia a las clases más diversas y para dar a conocer a los obreros la oposición de los sectores más diversos de la población a la autocracia, y quienes ven en esta actividad un "compromiso", evidentemente un compromiso con la teoría de la "lucha económica contra los patronos y el gobierno"?

Hemos hablado, al recordar el cuadragésimo aniversario de la liberación de los campesinos (Núm. 3),[158] de que es necesario llevar la lucha de clases al campo; hemos mostrado, a propósito del informe secreto de Witte (Núm. 4), que la administración autónoma local y la autocracia son inconciliables; hemos atacado el feudalismo de los terratenientes del gobierno, al comentar la nueva ley (Núm. 8),[159] y hemos aplaudido el congreso ilegal de los zemstvos,[160] alentando a los miembros y defensores de estos últimos a abandonar las peticiones humillantes y pasar a la lucha; hemos estimulado a los estudiantes, que empezaban a comprender la necesidad de la lucha política y pasaban a ella (Núm. 3) y, al mismo tiempo, hemos fustigado la "bárbara incomprensión" de quienes propugnan el movimiento "exclusivamente universitario" y exhortan a los estudiantes a no participar en las manifestaciones callejeras (Núm. 3, con motivo del llamamiento del Comité Ejecutivo de los Estudiantes de Moscú, fechado el 25 de febrero); hemos denunciado los "sueños absurdos" y la "hipocresía falaz" de los astutos liberales del periódico *Rossía*[161] (Núm. 5) y, a la vez, hemos destacado la furiosa represión del gobierno carcelero "contra pacíficos literatos, contra viejos catedráticos y científicos, contra conocidos liberales de los zemstvos";[162] hemos revelado el verdadero sentido del programa "de patronato del Estado para mejorar las condiciones de vida de los obreros" y celebrado la "preciosa confesión" de que "más vale prevenir con reformas desde arriba las demandas de reformas desde abajo que esperar a esto último" (Núm. 6);[163] hemos animado (Núm. 7) a los funcionarios de Estadística que protestan y hemos condenado a los funcionarios esquiroles (Núm. 9).

¡Quienes ven en esta táctica una ofuscación de la conciencia de clase del proletariado y un compromiso con el liberalismo prueban que no comprenden en absoluto el verdadero sentido del programa del *Credo* y, de facto, aplican precisamente este programa, por mucho que lo repudien! Porque, por eso mismo, arrastran a la socialdemocracia a "la lucha económica contra los patronos y el gobierno" y se rinden ante el liberalismo, renunciando a intervenir de manera activa en cada problema "liberal" y a fijar frente a él su propia actitud, su actitud socialdemócrata.

6. Una vez más "calumniadores", una vez más "embaucadores"

Como recordará el lector, estas amables palabras son de *Rabóchei Dielo*, que replica así a nuestra acusación de "haber preparado indirectamente el terreno para convertir el movimiento obrero en un instrumento de la democracia burguesa". En su simplicidad, *Rabóchei Dielo* ha decidido que esta acusación no es otra cosa que una argucia polémica. Como si dijera: estos malignos dogmáticos han resuelto decirnos toda clase de cosas desagradables, ¿y qué pude haber más desagradable que ser instrumento de la democracia burguesa? Y se publica en negrilla un "mentís": "una calumnia patente",[164] "un embaucamiento",[165] "una mascarada".[166]

Como Júpiter, *Rabóchei Dielo* (aunque se parece poco a Júpiter) se enfada precisamente porque no tiene razón, demostrando con sus insultos precipitados que es incapaz de seguir el hilo de los pensamientos de sus adversarios. Y sin embargo, no hace falta reflexionar mucho para comprender por qué todo culto a la espontaneidad del movimiento de masas, todo rebajamiento de la política socialdemócrata al nivel de la política tradeunionista significa precisamente preparar el terreno para convertir el movimiento obrero en un instrumento de la democracia burguesa.

El movimiento obrero espontáneo sólo puede crear por sí mismo el tradeunionismo (y lo crea de manera inevitable), y la política tradeunionista de la clase obrera no es otra cosa que la política burguesa de la clase obrera. La participación de la clase obrera en la lucha política, e incluso en la revolución política, en modo alguno convierte aún su política en una política socialdemócrata. ¿Se le ocurrirá a *Rabóchei Dielo* negar esto? ¿Se le ocurrirá, al fin, exponer ante todo el mundo, sin ambages ni rodeos, el concepto que tiene de los problemas candentes de la socialdemocracia internacional y rusa? ¡Oh, no! Jamás se le ocurrirá nada semejante, pues se aferra al recurso de "hacerse el ausente": Ni soy quien soy; ni sé, ni quiero saber nada del asunto. Nosotros no somos "economistas", *Rabóchaya Mysl* no es "economismo", en general, en Rusia no hay "economismo". Es un recurso muy hábil y "político", pero tiene un pequeño inconveniente: a los órganos de prensa que lo practican se les suele poner el mote de "¿En qué puedo servirle?".

Rabóchei Dielo cree que, en general, la democracia burguesa en Rusia es una "quimera".[167] ¡Qué felices son! Como el avestruz, esconden la cabeza bajo el ala y se imaginan que con ello han hecho desaparecer todo lo que les rodea. La serie de publicistas liberales que anuncian triunfalmente cada mes el desmoronamiento e incluso la desaparición del marxismo, la serie de periódicos liberales (*Sankt-Petersburgskie Viédomosti, Russkie Viédomosti* y otros muchos) dedicados a estimular a los liberales que llevan a los obreros una concepción brentaniana de la lucha de clases[168] y una concepción tradeunionista de la política; la pléyade de críticos del marxismo, cuyas verdaderas tendencias han puesto tan bien al descubierto el *Credo* y cuya mercancía literaria es la única que circula por Rusia sin impuestos ni aranceles; la reanimación de las tendencias revolucionarias no socialdemócratas, sobre todo después de los sucesos de febrero y marzo; ¡todo eso, por lo visto, es una quimera! ¡Todo eso no tiene en absoluto nada que ver con la democracia burguesa!

Rabóchei Dielo y los autores de la carta "economista", aparecida en el Núm. 12 de *Iskra*, deberían "pensar en cuál es la causa de que estos sucesos de la primavera hayan suscitado una reanimación tan considerable de las tendencias revolucionarias no socialdemócratas, en lugar de fortalecer la autoridad y el prestigio de la socialdemocracia". La causa es que no hemos estado a la altura de nuestra misión, que la actividad de las masas obreras ha sido superior a la nuestra, que no hemos tenido dirigentes y organizadores revolucionarios preparados en grado suficiente, que conocieran a la perfección el estado de ánimo de todos sectores oposicionistas y supieran ponerse a la cabeza del movimiento, transformar una manifestación espontánea en una manifestación política, ampliar su carácter político, etc.; en estas condiciones, nuestro atraso seguirá siendo aprovechado de manera inevitable por los revolucionarios no socialdemócratas más dinámicos y más enérgicos; y los obreros, por grandes que sean su abnegación y su energía en la lucha con la policía y con las tropas, por muy revolucionaria que sea su actuación, no pasarán de ser una fuerza que apoye a esos revolucionarios, serán la retaguardia de la democracia burguesa y no la vanguardia socialdemócrata.

Tomemos el caso de la socialdemocracia alemana, de la que nuestros "economistas" quieren imitar sólo los lados débiles. ¿Por qué no se produce en Alemania ni un solo suceso político sin que contribuya aumentar más y más la autoridad y el prestigio de la socialdemocracia? Pues porque la socialdemocracia es siempre la primera en la apreciación más revolucionaria de cada suceso, en la defensa de toda protesta contra la arbitrariedad. No se adormece con la consideración de que la lucha económica incitará a los obreros a pensar en su falta de derechos y de que las condiciones empujan fatalmente el movimiento obrero al camino revolucionario.

Interviene en todos los aspectos y en todos los problemas de la vida social y política: cuando Guillermo se niega a ratificar el nombramiento de un alcalde progresista burgués, ¡nuestros "economistas" no han tenido tiempo aún de explicar a los alemanes que esto es, en el fondo, un compromiso con el liberalismo!; cuando se dicta una ley contra las obras y estampas "inmorales"; cuando el gobierno influye para que sean elegidos determinados profesores, etc., etc. La socialdemocracia está siempre en primera línea, excitando el descontento político en todas las clases, despertando a los dormidos, espoleando a los rezagados y proporcionando hechos y datos de todo género para desarrollar la conciencia política y la actividad política del proletariado. Y el resultado de todo eso es que hasta los enemigos conscientes del socialismo sienten respeto por el luchador político de vanguardia, y no es raro que un documento importante, no sólo de los medios burgueses, sino incluso de las esferas burocráticas y palaciegas, vaya a parar, por una especie de milagro, al despacho de la redacción de *Vorwärts*.

Ahí está la clave de la aparente "contradicción", la cual rebasa tanto la capacidad de comprensión de *Rabóchei Dielo*, que la revista se limita a levantar las manos al cielo clamando: "¡Mascarada!". En efecto, ¡figúrense ustedes: nosotros, *Rabóchei Dielo*, colocamos en primer plano el movimiento obrero de masas (¡y lo imprimimos en negrilla!), prevenimos a todos y a cada uno contra el peligro de disminuir la importancia del elemento espontáneo, queremos dar un carácter político a la misma, a la mismísima lucha económica, queremos mantener un contacto estrecho y orgánico con la lucha proletaria! Y después de eso se nos dice que preparamos el terreno para convertir el movimiento obrero en un instrumento de la democracia burguesa. ¿Y quién nos lo dice? ¡Hombres que llegan a un "compromiso" con el liberalismo, interviniendo en todos los problemas "liberales" (¡qué incomprensión del "contacto orgánico con la lucha proletaria"!) y dedicando tanto atención a los estudiantes e incluso (¡qué horror!) a la gente de los zemstvos! ¡Hombres que, en general, quieren consagrar una parte mayor de sus fuerzas (en comparación con los "economistas") a la actividad entre las clases no proletarias de la población! ¿No es eso, acaso, una "mascarada"?

¡Pobre *Rabóchei Dielo*! ¿Llegará alguna vez a desentrañar el secreto de esta treta?

CAPÍTULO 4

EL PRIMITIVISMO EN EL TRABAJO DE LOS ECONOMISTAS Y LA ORGANIZACIÓN DE LOS REVOLUCIONARIOS.

Las afirmaciones de *Rabóchei Dielo*, antes analizadas, de que la lucha económica es el medio de agitación política más ampliamente aplicable, de que nuestra tarea consiste ahora en dar a la lucha económica misma un carácter político, etc., demuestran que se tiene una noción estrecha no sólo de nuestras tareas políticas, sino también de las de organización. Para sostener la "lucha económica contra los patronos y el gobierno", es innecesaria en absoluto una organización centralizada de toda Rusia —que, por ello mismo, no puede formarse en el curso de semejante lucha— que agrupe en un solo impulso común todas las manifestaciones de oposición política, de protesta y de indignación; una organización formada por revolucionarios profesionales y dirigida por verdaderos líderes políticos de todo el pueblo.

Y se comprende. La estructura de cualquier organismo está determinada, de modo natural e inevitable, por el contenido de la actividad de dicho organismo. De ahí que *Rabóchei Dielo*, con las afirmaciones que hemos examinado anteriormente, consagre y legitime, no sólo la estrechez de la actividad política, sino también la estrechez de la labor de organización. Y en este caso, como siempre, es un órgano de prensa cuya conciencia cede ante la espontaneidad. Sin embargo, el culto a las formas de organización espontáneas, la incomprensión de cuán estrecha y primitiva es nuestra labor de organización, de hasta qué punto somos todavía unos "artesanos" en un terreno tan importante, esta incomprensión, digo yo, es una verdadera enfermedad de nuestro movimiento. No es, por supuesto, una enfermedad propia de la decadencia, sino una enfermedad debida al crecimiento.

Pero precisamente ahora, cuando la ola de la indignación espontánea nos azota, por decirlo así, a nosotros como dirigentes y organizadores del movimiento, es necesaria en grado sumo la lucha más intransigente contra toda defensa del atraso, contra toda legitimación de la estrechez de miras en este sentido; es necesario en grado sumo despertar, en cuantos toman parte o se proponen tomar parte en la labor práctica, el descontento por los métodos primitivos de trabajo que predominan entre nosotros y la decisión inquebrantable de desembarazarnos de ellos.

1. ¿Qué es el primitivismo en el trabajo?

Intentemos responder a esta pregunta trazando un pequeño cuadro de la actividad de un círculo socialdemócrata típico de los años comprendidos entre 1894 y 1901. Hemos aludido ya a la propensión general de la juventud estudiantil de aquel período hacia el marxismo. Claro que esta propensión no era sólo, e incluso no tanto, hacia el marxismo en calidad de teoría como en calidad de respuesta a la pregunta "¿Qué hacer?", de llamamiento a emprender la campaña contra el enemigo. Y los nuevos guerreros iban a la campaña con un equipo y una preparación primitivos en extremo. En muchísimos casos carecían casi por completo hasta de equipo y no tenían absolutamente ninguna preparación. Iban a la guerra como verdaderos labradores, sin más pertrecho que un garrote en la mano. Falto de todo contacto con los viejos dirigentes del movimiento, falto de toda ligazón con los círculos de otros lugares o hasta de otros puntos de la ciudad (o de otros centros de enseñanza), sin organización alguna de las diferentes partes de la labor revolucionaria, sin ningún plan sistematizado de acción para un período más o menos prolongado, un círculo de estudiantes se pone en contacto con obreros y empieza a trabajar. Despliega paso a paso una agitación y una propaganda cada vez más vastas, y con su actuación se gana las simpatías de sectores obreros bastante amplios, así como de una parte de la sociedad instruida, que proporciona dinero y pone a disposición del "comité" nuevos y nuevos grupos de jóvenes.

Crece el prestigio del comité (o unión de lucha) y aumenta su actividad, que se amplía de un modo espontáneo por completo: las mismas personas que hace un año, o unos cuantos meses, intervenían en círculos de estudiantes y resolvían el problema de "¿a dónde ir?", que entablaban y mantenían relaciones con los obreros, redactaban e imprimían octavillas, se ponen en contacto con otros grupos de revolucionarios, consiguen publicaciones, emprenden la edición de un periódico local, empiezan a hablar de organizar una manifestación y, por fin, pasan a operaciones militares abiertas (que pueden ser, según las circunstancias, la primera hoja de agitación, el primer número del periódico o la primera manifestación). Y por lo general, en cuanto se inician estas operaciones, se produce un fracaso inmediato y completo. Inmediato y completo, precisamente, porque dichas operaciones militares no son el resultado de un plan sistemático, bien meditado y preparado poco a poco, de una lucha larga y tenaz, sino sencillamente el crecimiento espontáneo de una labor de círculo efectuada de acuerdo con la tradición.

Porque la policía, como es natural, conoce casi siempre a todos los dirigentes principales del movimiento local, que se han "acreditado" ya en las aulas universitarias, y sólo espera el momento más propicio para hacer la redada, consintiendo adrede que el círculo se extienda y se desarrolle en grado suficiente para contar con un *corpus delicti* palpable, y dejando cada vez intencionadamente unas cuantas personas, de ella conocidas, "como semilla" (expresión técnica que emplean, según mis noticias, tanto los nuestros como los gendarmes). Es forzoso comparar semejante guerra con una campaña de bandas de campesinos armados de garrotes contra un ejército moderno. Y es de admirar la vitalidad de un movimiento que se ha extendido, crecido y conquistado victorias pese a la completa falta de preparación de los combatientes.

Es cierto que, desde el punto de vista histórico, el carácter primitivo del equipo era al principio no sólo inevitable, sino incluso legítimo, como una de las condiciones que permitía atraer a gran número de combatientes. Pero en cuanto empezaron las operaciones militares serias (y empezaron ya, en realidad, con las huelgas del verano de 1896), las deficiencias de nuestra organización de combate se hicieron sentir cada vez más. El gobierno se desconcertó al principio y cometió una serie de errores (por ejemplo, contar a la opinión pública monstruosidades de los socialistas o deportar a obreros de las capitales a centros industriales de provincias), pero no tardó en adaptarse a las nuevas condiciones de la lucha y supo colocar en los lugares adecuados sus destacamentos de provocadores, espías y gendarmes, pertrechados con todos los medios modernos.

Las redadas se hicieron tan frecuentes, abarcaron a un número tan grande de personas y barrieron los círculos locales hasta el punto de que la masa obrera quedó lo que se dice sin dirigentes, y el movimiento adquirió un carácter esporádico increíble, siendo imposible en absoluto establecer continuidad ni conexión alguna en el trabajo. El pasmoso fraccionamiento de los militantes locales, la composición fortuita de los círculos, la falta de preparación y la estrechez de horizontes en el terreno de los problemas teóricos, políticos y orgánicos eran consecuencia inevitable de las condiciones descritas. Las cosas han llegado al extremo de que, en algunos lugares, los obreros, a causa de nuestra falta de firmeza y de hábitos de lucha clandestina, desconfían de los intelectuales y se apartan de ellos: ¡los intelectuales, dicen, originan fracasos por su acción demasiado irreflexiva!

Cuantos conozcan, por poco que sea, el movimiento saben que todos los socialdemócratas reflexivos perciben, al fin, que el primitivismo en el trabajo es una enfermedad.

Mas para que no crea el lector no iniciado que "construimos" con artificio una fase especial o una enfermedad peculiar del movimiento, nos remitiremos al testigo ya citado. Que se nos disculpe la extensión de la cita:

Si el paso gradual a una actividad práctica más amplia —escribe B-v[169] en el número 6 de *Rabóchei Dielo*—, paso que depende directamente del período general de transición por que atraviesa el movimiento obrero ruso, es un rasgo característico..., existe otro rasgo no menos interesante en el mecanismo general de la revolución obrera rusa. Nos referimos a la *escasez general de fuerzas revolucionarias aptas para la acción*,[170] que se deja sentir no sólo en San Petersburgo, sino en toda Rusia. A la par con la intensificación general del movimiento obrero, con el desarrollo general de la masa obrera, con la creciente frecuencia de las huelgas y con la lucha de masas de los obreros, cada día más abierta —lo que recrudece las persecuciones gubernamentales, las detenciones, los destierros y las deportaciones—, *se hace más y más patente esta escasez de fuerzas revolucionarias de alta calidad y, sin duda, no deja de influir en la profundidad y el carácter general del movimiento*. Muchas huelgas transcurren sin una influencia enérgica y directa de las organizaciones revolucionarias..., se deja sentir la escasez de hojas de agitación y de publicaciones clandestinas... los círculos obreros se quedan sin agitadores... Al mismo tiempo se deja notar la falta constante de dinero. En una palabra, *el crecimiento del movimiento obrero rebasa al crecimiento y al desarrollo de las organizaciones revolucionarias.* Los efectivos de revolucionarios activos resultan demasiado insignificantes para concentrar en sus manos la influencia sobre toda la masa obrera en efervescencia y para dar a todos los disturbios aunque sea un asomo de armonía y organización... Los círculos y los revolucionarios no están unidos, no están agrupados, no constituyen una organización única, fuerte y disciplinada, con partes metódicamente desarrolladas... Y después de hacer constar que el surgimiento inmediato de nuevos círculos en lugar de los aniquilados "demuestra tan sólo la vitalidad del movimiento...", pero no prueba que exista una cantidad suficiente de militantes revolucionarios plenamente aptos", el autor concluye: "La falta de preparación práctica de los revolucionarios petersburgueses se refleja también en los resultados de su labor. Los últimos procesos, y en particular los de los grupos Autoemancipación y Lucha del Trabajo contra el Capital,[171] han demostrado claramente que un agitador joven que no conozca al detalle las condiciones del trabajo y, por consiguiente, de la agitación en una fábrica determinada, que no conozca los principios de la clandestinidad y que sólo haya asimilado" (¿asimilado?) "las ideas generales de la socialdemocracia, puede trabajar unos cuatro, cinco o seis meses. Luego viene la detención, que muchas veces acarrea el aniquilamiento de toda la organización o, por lo menos de una parte de ella. Cabe preguntar: ¿puede un grupo actuar con éxito, con fruto, cuando su existencia está limitada a unos cuantos meses? Es evidente que los defectos de las organizaciones existentes no pueden atribuirse por entero al período de transición; es evidente que la cantidad y, sobre todo, la calidad de los componentes de las organizaciones activas desempeñan aquí un papel de no escasa importancia, y la tarea primordial de nuestros socialdemócratas... debe consistir en *unificar realmente las organizaciones con una selección rigurosa de sus miembros*".

2. El primitivismo en el trabajo y el economismo

Debemos analizar ahora una cuestión que, sin duda, se plantean ya los lectores: ¿puede establecerse una relación entre el primitivismo en el trabajo, como enfermedad de crecimiento que afecta a *todo* el movimiento, y el "economismo", como una tendencia de la socialdemocracia rusa? Creemos que sí. La falta de preparación práctica y la falta de habilidad en la labor de organización son, en efecto, cosas comunes a *todos nosotros*, incluso a quienes desde el primer momento han sustentado con firmeza el punto de vista del marxismo revolucionario. Y es cierto que nadie podría culpar de esta falta de preparación, por sí sola, a los militantes dedicados a la labor práctica. Pero, además de la falta de preparación, el concepto "primitivismo en el trabajo" implica también otra cosa: el reducido alcance de toda la actividad revolucionaria en general, la incomprensión de que con esta labor estrecha es imposible constituir una buena organización de revolucionarios y, por último —y eso es lo principal—, las tentativas de justificar esta estrechez y erigirla en una "teoría" particular, es decir, el culto a la espontaneidad también en este terreno.

En cuanto se manifestaron tales tentativas, se manifestaron en dos direcciones. Unos empezaron a decir: la propia masa obrera no ha planteado aún tareas políticas tan amplias y combativas como las que quieren "imponerle" los revolucionarios, debe luchar todavía por reivindicaciones políticas inmediatas, sostener "la lucha económica contra los patronos y el gobierno"[172] (y a esta lucha "accesible" al movimiento de masas corresponde, como es natural, una organización "accesible" incluso a la juventud menos preparada). Otros, alejados de toda "gradación", comenzaron a decir: se puede y se debe "hacer la revolución política", mas para eso no hay necesidad alguna de crear una fuerte organización de revolucionarios que eduque al proletariado en una lucha firme y tenaz; para eso basta con que empuñemos todos el garrote ya conocido y "asequible".

Hablando sin alegorías: que organicemos la huelga general,[173] o que estimulemos el "indolente" desarrollo del movimiento obrero por medio del "terrorismo excitante".[174] Ambas tendencias, los oportunistas y los "revolucionistas", capitulan ante el primitivismo imperante en el trabajo, no confían en que sea posible desembarazarse de él, no comprenden nuestra primera y más urgente tarea práctica: crear *una organización de revolucionarios* capaz de asegurar a la lucha política energía, firmeza y continuidad.

Acabamos de citar las palabras de B-v: "El crecimiento del movimiento obrero rebasa el crecimiento y el desarrollo de las organizaciones revolucionarias". Esta "valiosa noticia de un observador directo" (comentario de la redacción de *Rabócheie Dielo* al artículo de B-v) tiene para nosotros un doble valor. Demuestra que teníamos razón al considerar que la causa fundamental de la crisis por que atraviesa en la actualidad la socialdemocracia rusa está en el atraso de los dirigentes ("ideólogos", revolucionarios, socialdemócratas) respecto al movimiento ascensional espontáneo de las masas. Demuestra que todas esas disquisiciones de los autores de la carta "economista" (en el Núm. 12 de *Iskra*), de B. Krichevski y Martínov, sobre el peligro de disminuir la importancia del elemento espontáneo, la monótona lucha cotidiana, la táctica-proceso, etc., son precisamente una defensa y una exaltación del primitivismo en el trabajo.

Esos hombres, que no pueden pronunciar la palabra "teórico" sin una mueca de desprecio y que llaman "intuición de la vida" a su prosternación ante la falta de preparación para la vida y ante el desarrollo insuficiente, demuestran de hecho que no comprenden nuestras tareas prácticas más imperiosas. Gritan a quienes se han rezagado: "¡Seguid el paso! ¡No os adelantéis!". Y a quienes adolecen de falta de energía y de iniciativa en la labor de organización, de falta de "planes" para organizar las cosas con amplitud y valentía ¡les hablan de la "táctica-proceso"!

Nuestro pecado capital consiste en rebajar nuestras tareas políticas y orgánicas al nivel de los intereses inmediatos, "palpables", "concretos" de la lucha económica cotidiana, pero siguen cantándonos; ¡hay que imprimir a la lucha económica misma un carácter político!

Repetimos: eso es literalmente la misma "intuición de la vida" que demostraba poseer el personaje de la épica popular que gritaba al paso de un entierro: "¡Ojalá tengáis siempre uno que llevar!".

Recuerden la incomparable presunción, verdaderamente digna de Narciso, con que esos sabios aleccionaban a Plejánov: "A los círculos obreros les son inaccesibles en general (*sic*) las tareas políticas en el sentido real, práctico, de esa palabra, es decir, en el sentido de una lucha práctica, conveniente y eficaz, por reivindicaciones políticas" (*Respuesta de la redacción de Rabóchei Dielo*, pág. 24). ¡Hay círculos y círculos, señores! Desde luego, a un círculo de "artesanos" le son inaccesibles las tareas políticas, mientras esos artesanos no comprendan el primitivismo de su trabajo y no se desembaracen de él. Pero si, además, esos artesanos tienen apego a sus métodos, si escriben siempre en cursiva la palabra "práctico" y se imaginan que el practicismo exige de ellos que rebajen sus tareas al nivel de la comprensión de los sectores más atrasados de las masas, entonces, por supuesto, serán incorregibles y, en efecto, las tareas políticas les serán inaccesibles en general. Pero a un círculo de adalides como Alexéiev y Myshkin, Jaulturin y Zheliábov les son accesibles las tareas políticas en el sentido más real, más práctico, de la palabra. Y les son accesibles precisamente por cuanto sus fogosos discursos encuentran eco en la masa que se despierta espontáneamente; por cuanto su impetuosa energía es secundada y apoyada por la energía de la clase revolucionaria. Plejánov tenía mil veces razón no sólo cuando indicó cuál era esta clase revolucionaria, no sólo cuando demostró que su despertar espontáneo era inevitable e ineludible, sino también cuando incluso señaló a los "círculos obreros" una tarea política grande y sublime.

Y ustedes invocan el movimiento de masas, surgido desde entonces, para rebajar esa tarea, para reducir la energía y el alcance de la actividad de los "círculos obreros". ¿Qué es esto sino apego del artesano a sus métodos? Se vanaglorian de su espíritu práctico y no ven el hecho conocido de todo militante ruso entregado a la labor práctica: que milagros puede hacer en la obra revolucionaria la energía no sólo de un círculo, sino incluso de un individuo. ¿O creen que en nuestro movimiento no pueden existir adalides como los que existieron en los años 70? ¿Por qué razón? ¿Por qué estamos poco preparados? ¡Pero nos preparamos, nos seguiremos preparando y llegaremos a estar preparados!

Es cierto que, por desgracia, en agua estancada de la "lucha económica contra los patronos y el gobierno" se ha criado entre nosotros verdín: han aparecido personas que se postran ante la espontaneidad y contemplan con unción (como dice Plejánov) "la parte trasera" del proletariado ruso. Sin embargo, sabremos limpiarnos ese verdín. Es ahora precisamente cuando el revolucionario ruso, guiándose por una teoría verdaderamente revolucionaria y apoyándose en una clase verdaderamente revolucionaria que despierta de manera espontánea, puede al fin —¡al fin!— alzarse cuan alto es y desplegar todas sus fuerzas de gigante. Para ello sólo hace falta que entre la masa de militantes dedicados a la actividad práctica —y entre la masa, mayor aún, de quienes sueñan con la práctica ya desde el banco de la escuela— sea acogido con burla y desprecio todo intento de rebajar nuestras tareas políticas y el alcance de nuestra labor de organización. ¡Y lo conseguiremos, señores, pueden estar seguros de ello!

En el artículo *¿Por dónde empezar?* he escrito contra *Rabócheie Dielo*:

> En veinticuatro horas se puede cambiar de táctica en la agitación respecto a algún problema especial, se puede cambiar de táctica en la realización de algún detalle de organización del partido; pero cambiar, no digamos en veinticuatro horas, sino incluso en veinticuatro meses de criterio acerca de si hace falta en general, siempre y en absoluto, una organización combativa y una agitación política entre las masas es cosa que sólo pueden hacer personas sin principios.[175]

Rabócheie Dielo contesta:

> Esta acusación de *Iskra*, la única que pretende estar basada en hechos, carece de todo fundamento. Los lectores de *Rabóchei Dielo* saben muy bien que nosotros, desde el comienzo mismo, no sólo

155

hemos exhortado a la agitación política, sin esperar a que apareciera *Iskra*... —diciendo al paso que, no ya a los círculos obreros— ni aun siquiera al movimiento obrero de masas se le puede plantear como primera tarea política la de derribar el absolutismo,

Sino únicamente la lucha por reivindicaciones políticas inmediatas, y que "las reivindicaciones políticas inmediatas se hacen accesibles a las masas después de una o, en todo caso, de varias huelgas"), "sino que, con nuestras publicaciones hemos proporcionado desde el extranjero a los camaradas que actúan en Rusia los únicos materiales de agitación política socialdemócrata" (y en estos materiales no sólo han practicado con la mayor amplitud la agitación política exclusivamente en el terreno de la lucha económica, sino que han llegado, por fin, a la conclusión de que esta agitación limitada es "la que se puede aplicar con la mayor amplitud".

¿Y no advierten ustedes, señores, que su argumentación demuestra precisamente la necesidad de que apareciera *Iskra* —en vista del carácter de esos materiales únicos— y la necesidad de la lucha de *Iskra* contra *Rabócheie Dielo*? "Por otra parte, nuestra actividad editorial preparaba en la práctica la unidad táctica del partido" (¿la unidad de convicción de que la táctica es un proceso de crecimiento de las tareas del partido, las cuales crecen junto con éste? ¡Valiente unidad!) "... y, con ello, la posibilidad de crear una "organización de combate" para cuya formación ha hecho la Unión todo lo que está al alcance de una organización residente en el extranjero".[176] ¡Vano intento de salir del paso! Jamás se me ha ocurrido negar que hicieron ustedes todo lo que estaba a su alcance. Lo que yo he afirmado y afirmo es que los límites de lo "accesible" para ustedes se restringen por la miopía de sus concepciones. Es ridículo hablar de "organizaciones de combate" para luchar por "reivindicaciones políticas inmediatas" o para "la lucha económica contra los patronos y el gobierno".

Pero si el lector quiere ver perlas de enamoramiento "económico" de los métodos primitivos, tendrá que pasar, como es lógico, del ecléctico y vacilante *Rabóchei Dielo* al consecuente y decidido *Rab. Mysl*. "Dos palabras ahora sobre la llamada intelectualidad revolucionaria —escribía R. M. en el *Suplemento especial*, pág. 13—: es cierto que más de una vez ha demostrado en la práctica que está totalmente dispuesta a "entablar el combate decisivo contra el zarismo". Pero lo malo es que, perseguida de manera implacable por la policía política, nuestra intelectualidad revolucionaria tomaba esta lucha contra la policía política por una lucha política contra la autocracia. Por eso sigue aún sin encontrar respuesta a la pregunta de "dónde sacar fuerzas para luchar contra la autocracia".

¿Verdad que es incomparable este olímpico desprecio que siente por la lucha contra la policía un admirador (en el peor sentido de la palabra) del movimiento espontáneo? ¡Está dispuesto a justificar nuestra inepcia para la actividad clandestina diciendo que, con el movimiento espontáneo de masas, no tiene importancia, en el fondo, la lucha contra la policía política! Muy pocos, poquísimos, suscribirán esta monstruosa conclusión: con tanto dolor siente todo el mundo las deficiencias de nuestras organizaciones revolucionarias.

Pero si no la suscribe, por ejemplo, Martínov, es sólo porque no sabe o no tiene la valentía de reflexionar hasta el fin en sus propias tesis. En efecto, ¿acaso una "tarea" como la de que las masas planteen reivindicaciones concretas que prometan resultados palpables exige preocuparse de manera especial por crear una organización de revolucionarios sólida, centralizada y combativa? ¿No cumple también esta "tarea" una masa que en modo alguno "lucha contra la policía política"? Más aún: ¿sería realizable esta tarea, si, además de un reducido número de dirigentes, no se encargaran de cumplirla también (en su inmensa mayoría) obreros que son incapaces en absoluto de "luchar contra la policía política"?

Estos obreros, los hombres de medios de la masa, pueden dar pruebas de energía y abnegación gigantescas en una huelga, en la lucha contra la policía y las tropas en la calle, pueden decidir (y son los únicos que pueden), el desenlace de todo nuestro movimiento; pero precisamente la lucha contra la policía política exige cualidades especiales, exige revolucionarios profesionales. Y nosotros debemos preocuparnos no sólo de que las masas "planteen" reivindicaciones concretas, sino también de que la masa de obreros "destaque", en número cada vez mayor, a estos revolucionarios profesionales.

Llegamos así al problema de las relaciones entre la organización de revolucionarios profesionales y el movimiento puramente obrero. Este problema, poco reflejado en las publicaciones, nos ha ocupado a nosotros, los "políticos", mucho tiempo en pláticas y discusiones con camaradas más o menos inclinados al "economismo". Merece la pena que nos detengamos en él especialmente. Pero terminemos antes de ilustrar con otra cita nuestra tesis sobre la relación entre el primitivismo en el trabajo y el "economismo".

"El grupo Emancipación del Trabajo —decía el señor NN en su *Respuesta*[177]—exige que se luche directamente contra el gobierno, sin pensar dónde está la fuerza material necesaria para esa lucha ni indicar *qué caminos ha de seguir ésta*". Y subrayando estas últimas palabras, el autor hace a propósito del término "caminos" la observación siguiente:

> Esta circunstancia no puede explicarse por fines conspirativos, ya que en el programa no se trata de una conjura, sino de *un movimiento de masas*. Y las masas no pueden avanzar por caminos secretos. ¿Es posible, acaso, una huelga secreta? ¿Es posible celebrar en secreto una manifestación o presentar en secreto una petición?[178]

El autor ha abordado de lleno tanto la "fuerza material" (los organizadores de las huelgas y manifestaciones) como los "caminos" que debe seguir esta lucha; pero se ha quedado, sin embargo, confuso y perplejo, pues se "prosterna" ante el movimiento de masas, es decir, lo considera algo que nos exime de nuestra actividad revolucionaria, y no algo que debe alentar e impulsar nuestra actividad revolucionaria. Una huelga secreta es imposible para quienes participen en ella o tengan relación inmediata con ella. Pero para las masas de obreros rusos, esa huelga puede ser (y lo es en la mayoría de los casos) "secreta", porque el gobierno se preocupará de cortar toda relación con los huelguistas, se preocupará de hacer imposible toda difusión de noticias sobre la huelga.

Y aquí es necesaria la "lucha contra la policía política", una lucha especial, una lucha que jamás podrá sostener activamente una masa tan amplia como la que participa en las huelgas. Esta lucha deben organizarla, "según todas las reglas del arte", personas cuya profesión sea la actividad revolucionaria. La organización de esta lucha no se ha hecho menos necesaria porque las masas se incorporen espontáneamente al movimiento.

Al contrario: la organización se hace, por eso, más necesaria, pues nosotros, los socialistas, faltaríamos a nuestras obligaciones directas ante las masas si no supiéramos impedir que la policía haga secreta (y si a veces no preparásemos nosotros mismos en secreto) cualquier huelga o manifestación. Y sabremos hacerlo precisamente porque las masas que despiertan espontáneamente destacarán también de su seno a más y más "revolucionarios profesionales" (siempre que no se nos ocurra invitar a los obreros, de diferentes maneras, al inmovilismo).

3. La organización de los obreros y la organización de los revolucionarios

Si el concepto de "lucha económica contra los patronos y el gobierno" corresponde para un socialdemócrata al de lucha política, es natural esperar que el concepto de "organización de revolucionarios" corresponda más o menos al de "organización de obreros". Y así ocurre, en efecto; de suerte que, al hablar de organización, resulta que hablamos literalmente en lenguas diferentes. Por ejemplo, recuerdo como si hubiera ocurrido hoy la conversación que sostuve en cierta ocasión con un "economista" bastante consecuente al que antes no conocía.[179]

La conversación giraba en torno al folleto *¿Quién hará la revolución política?* Pronto convinimos en que el defecto principal de este folleto consistía en dar de lado el problema de la organización. Nos figurábamos estar ya de acuerdo, pero…, al seguir la conversación, resultó que hablábamos de cosas distintas. Mi interlocutor acusaba al autor de no tener en cuenta las cajas de resistencia, las sociedades de socorros mutuos, etc.; yo, en cambio, pensaba en la organización de revolucionarios indispensable para "hacer" la revolución política. ¡Y en cuanto se reveló esta discrepancia, no recuerdo haber coincidido jamás con este "economista" sobre ninguna cuestión de principio!

¿En qué consistía, pues, el origen de nuestras discrepancias? Precisamente en que los "economistas" se apartan a cada paso de las concepciones socialdemócratas para caer en el tradeunionismo, tanto en las tareas de organización como en las políticas. La lucha política de la socialdemocracia es mucho más amplia y compleja que la lucha económica de los obreros contra los patronos y el gobierno. Del mismo modo (y como consecuencia de ello), la organización de un partido socialdemócrata revolucionario ha de ser inevitablemente de *un género distinto* que la organización de los obreros para la lucha económica. La organización de los obreros deber ser, primero, profesional; segundo, lo más amplia posible; tercero, lo menos clandestina posible (aquí más adelante me refiero, claro está, sólo a la Rusia autocrática).

Por el contrario, la organización de los revolucionarios debe agrupar, ante todo y sobre todo, a personas cuya profesión sea la actividad revolucionaria (por eso hablo de una organización de revolucionarios, teniendo en cuenta a los revolucionarios socialdemócratas). Ante este rasgo común de los miembros de semejante organización, *debe desaparecer en absoluto toda diferencia entre obreros e intelectuales*, sin hablar ya de la diferencia entre las diversas profesiones de unos y otros. Esta organización debe ser necesariamente no muy amplia y lo más clandestina posible. Detengámonos en estos tres puntos distintos.

En los países que gozan de libertad política, la diferencia entre la organización sindical y la organización política es completamente clara, como lo es también la diferencia entre las tradeuniones y la socialdemocracia. Por supuesto, las relaciones de esta última con las primeras varían de manera inevitable en los distintos países, en dependencia de las condiciones históricas, jurídicas, etc., pudiendo ser más o menos estrechas, complejas, etc. (desde nuestro punto de vista, deben ser lo más estrechas y lo menos complejas posibles); pero no puede ni hablarse de identificar en los países libres la organización de los sindicatos con la organización del partido socialdemócrata.

En Rusia, en cambio, el yugo de la autocracia borra a primera vista toda diferencia entre la organización socialdemócrata y el sindicato obrero, pues todo sindicato obrero, todo círculo están prohibidos, y la huelga, principal manifestación y arma de la lucha económica de los obreros, se considera en general un delito común (¡y a veces incluso un delito político!). Por consiguiente, las condiciones de Rusia, de una parte, "incitan" con gran fuerza a los obreros que sostienen la lucha económica a pensar en las cuestiones políticas, y, de otra, "incitan" a los socialdemócratas a confundir el tradeunionismo con la socialdemocracia (nuestros Krichevski, Martínov y Cía., que hablan sin cesar de la "incitación" del primer tipo, no ven la "incitación" del segundo tipo).

En efecto, imaginémonos a personas absorbidas en el 99 % por "la lucha económica contra los patronos y el gobierno". Unas jamás pensarán durante todo el período de su actuación (de cuatro a seis meses) en la necesidad de una organización más compleja de revolucionarios. Otras "tropezarán" tal vez con publicaciones bernsteinianas, bastante difundidas, y extraerán de ellas la convicción de que lo importante de verdad es "el desarrollo progresivo de la monótona lucha cotidiana". Otras, en fin, se dejarán quizá seducir por la tentadora idea de dar al mundo un nuevo ejemplo de "estrecho contacto orgánico con la lucha proletaria", de contacto del movimiento sindical con el movimiento socialdemócrata. Cuanto más tarde entra un país en la palestra del capitalismo y, en consecuencia, del movimiento obrero —razonarán esas personas—, tanto más pueden participar los socialistas en el movimiento sindical y apoyarlo, y tanto menos puede y debe haber sindicatos no socialdemócratas. Hasta ahora, tal razonamiento es completamente justo; pero la desgracia consiste en que van más lejos y sueñan con una fusión total de la socialdemocracia y el tradeunionismo. En seguida veremos, por el ejemplo, de los estatutos de la Unión de Lucha de San Petersburgo, el nocivo reflejo de esos sueños en nuestros planes de organización.

Las organizaciones obreras para la lucha económica han de ser organizaciones sindicales. Todo obrero socialdemócrata debe, dentro de lo posible, apoyar estas organizaciones y actuar intensamente en ellas. De acuerdo. Pero es contrario en absoluto a nuestros intereses exigir que sólo los socialdemócratas puedan ser miembros de las organizaciones "gremiales", pues eso reduciría el alcance de nuestra influencia entre las masas. Que participe en la organización gremial todo obrero que comprenda la necesidad de la unión para luchar contra los patronos y el gobierno.

El fin mismo de las organizaciones gremiales sería inaccesible si no agrupasen a todos los obreros capaces de comprender, por lo menos, esta noción elemental; si dichas organizaciones gremiales no fuesen muy amplias. Y cuanto más amplias sean estas organizaciones, tanto más amplia será nuestra influencia en ellas, ejercida no sólo por el desarrollo "espontáneo" de la lucha económica, sino también por el influjo directo y consciente de los miembros socialistas de los sindicatos sobre sus camaradas. Pero en una organización amplia, es imposible la clandestinidad rigurosa (pues exige mucha más preparación que para participar en la lucha económica).

¿Cómo conciliar esta contradicción entre la necesidad de una organización amplia y de una clandestinidad rigurosa? ¿Cómo conseguir que las organizaciones gremiales sean lo menos clandestinas posible? En general, no puede haber más que dos caminos: o bien la legalización de las asociaciones gremiales (que en algunos países ha precedido a la legalización de las organizaciones socialistas y políticas), o bien el mantenimiento de la organización secreta, pero tan "libre", tan poco reglamentaria, tan *lose*,[180] como dicen los alemanes, que la clandestinidad quede reducida casi a cero para la masa de afiliados.

La legalización de asociaciones obreras no socialistas y no políticas ha comenzado ya en Rusia, y está fuera de toda duda que cada paso de nuestro movimiento obrero socialdemócrata, que crece con rapidez, estimulará y multiplicará las tentativas de esta legalización, efectuadas principalmente por los adictos al régimen vigente, pero también, en parte, por los propios obreros y los intelectuales liberales. Los Vasíliev y los Zubátov han izado ya la bandera de la legalización; los señores Ozerov y Worms le han prometido y dado ya su concurso, y la nueva corriente ha encontrado ya adeptos entre los obreros. Y nosotros no podemos dejar ya de tener en cuenta esta corriente. Es poco probable que entre los socialdemócratas pueda existir más de una opinión acerca de cómo hay que tenerla en cuenta. Nuestro deber consiste en denunciar sin desmayo toda participación de los Zubátov y los Vasíliev, de los gendarmes y los curas en esta corriente, y explicar a los obreros los verdaderos propósitos de estos elementos.

Nuestro deber consiste en denunciar asimismo toda nota conciliadora, de "armonía", que se deslice en los discursos de los liberales en las reuniones obreras públicas, independientemente de que dichas notas sean debidas al sincero convencimiento de que es deseable la colaboración pacífica de las clases, al afán de congraciarse con las autoridades o a simple falta de habilidad. Tenemos, en fin, el deber de poner en guardia a los obreros contra las celadas que les tiende con frecuencia la policía, que en estas reuniones públicas y en las sociedades autorizadas observa a los "más fogosos" e intenta aprovechar las organizaciones legales para introducir provocadores también en las ilegales.

Pero hacer todo eso no significa en absoluto olvidar que, en fin de cuentas, la legalización del movimiento obrero nos beneficiará a nosotros, y no, en modo alguno, a los Zubátov. Al contrario: precisamente con nuestra campaña de denuncias, separamos la cizaña. El trigo está en interesar en los problemas sociales y políticos a sectores obreros aún más amplios, a los sectores más atrasados; en liberarnos nosotros, los revolucionarios, de funciones que son, en el fondo, legales (difusión de libros legales, socorros mutuos, etc.) y cuyo desarrollo nos proporcionará, de manera ineluctable y en cantidad creciente, hechos y datos para la agitación.

En este sentido, podemos y debemos decir a los Zubátov y a los Ozerov: "¡Esfuércense, señores, esfuércense!". Por cuanto tienden ustedes una celada a los obreros, mediante la provocación directa o la corrupción "honrada" de los obreros con ayuda del "struvismo",[181] nosotros ya nos encargaremos de desenmascararlos. Por cuanto dan ustedes un verdadero paso adelante —aunque sea en forma del más "tímido zigzag", pero un paso adelante—, les diremos: "¡Sigan, sigan!". Un verdadero paso adelante no puede ser sino una ampliación efectiva, aunque minúscula, del campo de acción de los obreros. Y toda ampliación semejante ha de beneficiarnos y acelerar la aparición de sociedades legales en las que no sean los provocadores quienes pesquen a los socialistas, sino los socialistas quienes pesquen adeptos.

En una palabra, nuestra tarea consiste ahora en combatir la cizaña. No es cosa nuestra cultivar el trigo en pequeños tiestos. Al arrancar la cizaña, desbrozamos el terreno para que pueda crecer el trigo. Y mientras los Afanasi Ivánovich y las Puljeria Ivánovna[182] se dedican al cultivo doméstico, nosotros debemos preparar segadores que sepan arrancar hoy la cizaña y recoger mañana el trigo.[183] Así pues, nosotros no podemos resolver por medio de la legalización el problema de crear una organización sindical lo menos clandestina y lo más amplia posible (pero nos alegraría mucho que los Zubátov y los Ozerov nos ofreciesen la posibilidad, aunque fuese parcial, de resolverlo de este modo, ¡para lo cual tenemos que combatirlos con la mayor energía posible!). Nos queda el recurso de las organizaciones sindicales secretas, y debemos prestar toda ayuda a los obreros que emprenden ya (como sabemos de buena tinta) este camino.

Las organizaciones sindicales pueden ser utilísimas para desarrollar y reforzar la lucha económica y, además, convertirse en un auxiliar de gran importancia para la agitación política y la organización revolucionaria. Para llegar a este resultado y orientar el naciente movimiento sindical hacia el cauce deseable para la socialdemocracia, es preciso, ante todo, comprender bien lo absurdo del plan de organización que preconizan los "economistas" petersburgueses desde hace ya cerca de cinco años.

Este plan ha sido expuesto en el *Reglamento de la Caja Obrera* del mes de julio de 1897[184] y en el *Reglamento de la Organización Sindical Obrera* de octubre de 1900.[185] El defecto de ambos reglamentos consiste en que estructuran con todo detalle una vasta organización obrera y la confunden con la organización de los revolucionarios. Tomemos el segundo reglamento por ser el más acabado. Consta de 52 artículos: 23 exponen la estructura, el funcionamiento y las atribuciones de los "círculos obreros", que serán organizados en cada fábrica ("diez hombres como máximo") y elegirán los "grupos centrales" (de fábrica). "El grupo central —dice el Art. 2— observa todo lo que pasa en su fábrica y lleva la crónica de lo que sucede en ella". "El grupo central da cuenta cada mes a todos los cotizantes del estado de la caja" (Art. 17), etc.

Diez artículos están consagrados a la "organización distrital", y 19, a la complejísima relación entre el Comité de la Organización Obrera y el Comité de la Unión de Lucha de San Petersburgo (delegados de cada distrito y de los "grupos ejecutivos": "grupos de propagandistas, para las relaciones con las provincias, para las relaciones con el extranjero, para la administración de los depósitos, de las ediciones y de la caja").

¡La socialdemocracia equivale a "grupos ejecutivos" en lo que concierne a la lucha económica de los obreros! Sería difícil demostrar con mayor relieve cómo el pensamiento del "economista" se desvía de la socialdemocracia hacia el tradeunionismo; hasta qué punto le es extraña toda noción de que el socialdemócrata debe pensar, ante todo, en una organización de revolucionarios capaces de dirigir toda la lucha emancipadora del proletariado. Hablar de "la emancipación política de la clase obrera", de la lucha contra "la arbitrariedad zarista" y escribir semejante reglamento de una organización significa no tener la menor idea de cuáles son las verdaderas tareas políticas de la socialdemocracia. Ni uno solo del medio centenar de artículos revela la mínima comprensión de que es necesario hacer la más amplia agitación política entre las masas, una agitación que ponga en claro todos los aspectos del absolutismo ruso y toda la fisonomía de las diferentes clases sociales de Rusia. Es más, con un reglamento así, son inalcanzables no sólo los fines políticos, sino incluso los fines tradeunionistas, pues estos últimos requieren una organización por profesiones que ni siquiera se menciona en el reglamento.

Pero lo más característico es, quizá, la pesadez asombrosa de todo este "sistema" que trata de ligar cada fábrica al "comité" mediante una cadena ininterrumpida de reglas uniformes, minuciosas hasta lo ridículo y con un sistema electoral indirecto de tres grados. Encerrado en el estrecho horizonte del "economismo", el pensamiento cae en detalles que despiden un tufillo a papeleo y burocracia. En realidad, claro está, las tres cuartas partes de estos artículos jamás son aplicados; pero, en cambio, una organización tan "clandestina", con un grupo central en cada fábrica, facilita a los gendarmes la realización de redadas increíblemente vastas. Los camaradas polacos han pasado ya por esta fase del movimiento, en la que todos ellos se dejaron llevar por idea de fundar cajas obreras a vasta escala, pero renunciaron muy pronto a ella, al persuadirse de que sólo facilitaban presa abundante a los gendarmes.

Si queremos amplias organizaciones obreras y no amplios descalabros, si no queremos dar gusto a los gendarmes, debemos tender a que estas organizaciones no estén reglamentadas en absoluto. ¿Podrán entonces funcionar? Veamos cuáles son sus funciones: "Observar todo lo que pasa en la fábrica y llevar la crónica de lo que sucede en ella" (Art. 2 del reglamento).

¿Existe una necesidad absoluta de reglamentar esto? ¿No podría conseguirse mejor por medio de crónicas en la prensa clandestina, sin crear para ello grupos especiales? "Dirigir la lucha de los obreros por el mejoramiento de su situación en la fábrica" (Art. 3). Para esto tampoco hace falta reglamentación. Todo agitador, por poco inteligente que sea, sabrá averiguar a fondo, por una simple conversación, qué reivindicaciones quieren presentar los obreros y, después, hacerlas llegar a una organización estrecha, y no amplia, de revolucionarios, para que les envíe la octavilla apropiada. "Crear una caja... con cotización de dos kopeks por rublo" (Art. 9) y dar cuenta cada mes a todos de las entradas y salidas (Art. 17); excluir a los miembros que no paguen las cuotas (Art. 10), etc.

Eso es un verdadero paraíso para la policía, pues nada hay más fácil que penetrar en el secreto de la "caja central fabril", confiscar el dinero y encarcelar a todos los militantes mejores. ¿No sería más sencillo emitir cupones de uno o dos kopeks con el sello de una organización determinada (muy reducida y muy clandestina), o incluso, sin sello alguno, hacer colectas cuyo resultado se daría a conocer en un periódico ilegal con un lenguaje convencional? De este modo se alcanzaría el mismo fin, y a los gendarmes les sería cien veces más difícil descubrir los hilos de la organización.

Podría continuar este análisis del reglamento, pero creo que con lo dicho basta. Un pequeño núcleo bien unido, compuesto por los obreros más seguros, más experimentados y mejor templados, con delegados en los distritos principales, y ligado a la organización de revolucionarios de acuerdo con las reglas de la más rigurosa clandestinidad, podrá realizar perfectamente, con el más amplio concurso de las masas y sin reglamentación alguna, todas las funciones que competen a una organización sindical, y realizarlas, además, de la manera deseable para la socialdemocracia. Sólo así se podrá consolidar y desarrollar, a pesar de todos los gendarmes, el movimiento sindical socialdemócrata.

Se me objetará que una organización tan *lose*, sin ninguna reglamentación, sin ningún afiliado conocido y registrado, no puede ser calificada de organización. Es posible. Para mí la denominación no tiene importancia. Pero esta "organización sin afiliados" hará todo lo necesario y asegurará desde el primer momento un contacto sólido entre nuestras futuras tradeuniones y el socialismo. Y quienes deseen bajo el absolutismo una amplia organización de obreros, con elecciones, informes, sufragio universal, etc., son unos utopistas incurables.

La moraleja es simple: si comenzamos por crear firmemente una fuerte organización de revolucionarios, podremos asegurar la estabilidad del movimiento en su conjunto y alcanzar, al mismo tiempo, los objetivos socialdemócratas y los objetivos netamente tradeunionistas. Pero si comenzamos a constituir una amplia organización obrera con el pretexto de que es la más "accesible" a la masa (aunque, en realidad, será más accesible a los gendarmes y pondrá a los revolucionarios más al alcance de la policía), no conseguiremos ninguno de estos objetivos, no nos desembarazaremos de nuestros métodos primitivos y, con nuestro fraccionamiento y nuestros fracasos continuos, no logramos más que hacer más accesibles a la masa las tradeuniones del tipo de las de Zubátov u Ozerov.

¿En qué deben consistir, en suma, las funciones de esta organización de revolucionarios? Vamos a decirlo con todo detalle. Pero examinemos antes otro razonamiento muy típico de nuestro terrorista, el cual (¡triste destino!) vuelve a marchar al lado del "economista". La revista para obreros *Svoboda* (Núm. 1) contiene un artículo titulado "La organización", cuyo autor procura defender a sus amigos los "economistas" obreros de Ivánovo-Voznesensk.

Mala cosa es —dice— una muchedumbre silenciosa, inconsciente; mala cosa es un movimiento que no viene de la base. Vean lo que sucede: cuando los estudiantes de una ciudad universitaria retornan a sus hogares durante unas fiestas en el verano, el movimiento obrero se paraliza. ¿Puede ser una verdadera fuerza un movimiento obrero así, estimulado desde fuera? En modo alguno... todavía no ha aprendido a andar solo y lo llevan con andaderas. Y así en todo: los estudiantes se van y el movimiento cesa; se encarcela a los elementos más capaces, a la crema, y la leche se agria; se detiene al "comité" y, hasta que se forma otro nuevo, vuelve la calma. Además, no se sabe qué otro se formará, quizá no se parezca en nada al antiguo; aquél decía una cosa, éste dirá lo contrario. El nexo entre el ayer y el mañana está roto, la experiencia del pasado no alecciona al porvenir. Y todo porque el movimiento no tiene raíces profundas en la multitud; porque no son un centenar de bobos, sino una docena de inteligentes quienes actúan. Siempre es fácil que una docena de hombres caiga en la boca del lobo; pero cuando la organización engloba a la multitud, cuando todo viene de la multitud, ningún esfuerzo, sea de quien sea, podrá destruir la obra (pág. 63).

La descripción es justa. Ofrece un buen cuadro de nuestro primitivismo. Pero las conclusiones son dignas de *Rabóchaya Mysl* por su falta de lógica y de tacto político. Son el colmo de la insensatez, pues el autor confunde la cuestión filosófica e histórica social de las "raíces profundas" del movimiento con una cuestión técnica y de organización: cómo luchar mejor contra los gendarmes. Son el colmo de la falta de tacto político, porque, en lugar de apelar a los buenos dirigentes contra los malos, el autor apela a la "multitud" contra los dirigentes en general. Son un intento de hacernos retroceder en el terreno de la organización, de la misma manera que la idea de sustituir la agitación política con el terrorismo excitante nos hace retroceder en el sentido político.

A decir verdad, me veo en un auténtico *embarras de richesses*,[186] sin saber por dónde empezar el análisis del galimatías con que nos obsequia *Svoboda*. Para mayor claridad, comenzaré por un ejemplo: el de los alemanes. Nos negarán ustedes, me imagino, que su organización engloba a la multitud, que entre ellos todo viene de la multitud y que el movimiento obrero ha aprendido a andar solo. Sin embargo, ¡cómo aprecia esta multitud de varios millones de hombres a su "docena" de jefes políticos probados, con qué firmeza los sigue! Más de una vez, los diputados de los partidos adversos han tratado de irritar en el Parlamento a los socialistas, diciéndoles:

> ¡Vaya unos demócratas! El movimiento de la clase obrera no existe entre ustedes más que de palabra; en realidad, es siempre el mismo grupo de jefes el que interviene. Año tras año, decenio tras decenio, siempre el mismo Bebel, siempre el mismo Liebknecht. ¡Vuestros delegados, supuestamente elegidos por los obreros, son más inamovibles que los funcionarios nombrados por el emperador!.

Pero los alemanes han acogido con una sonrisa de desprecio estas tentativas demagógicas de oponer la "multitud" a los "jefes", de atizar en ella malos instintos de vanidad, de privar al movimiento de solidez y estabilidad, minando la confianza de las masas en la "docena de inteligentes". Los alemanes han alcanzado ya suficiente desarrollo del pensamiento político, tienen suficiente experiencia política para comprender que, sin "una docena" de jefes de talento (los talentos no surgen por centenares), de jefes probados, preparados profesionalmente, instruidos por una larga práctica y bien compenetrados, ninguna clase de la sociedad contemporánea puede luchar con firmeza.

También los alemanes han tenido a sus demagogos, que adulaban a los "centenares de bobos", colocándolos por encima de las "docenas de inteligentes"; que glorificaban el "puño musculoso" de la masa, incitaban (como Most o Hasselmann) a esta masa a acometer acciones "revoluciona-rias" irreflexivas y sembraban la desconfianza respecto a los jefes probados y firmes. Y el socialismo alemán ha crecido y se ha fortalecido gracias únicamente a una lucha tenaz e intransigente contra toda clase de elementos demagógicos en su seno. Pero en el período en que toda la crisis de la so-cialdemocracia rusa se explica por el hecho de que las masas que despiertan de un modo espontáneo carecen de jefes su-ficientemente preparados, desarrollados y expertos, nuestros sabihondos nos dicen con la perspicacia de Ivánushka:[187] "¡Mala cosa es un movimiento que no viene de la base!".

"Un comité compuesto de estudiantes no nos conviene porque es inestable". ¡Completamente justo! Pero la con-clusión que se deduce de ahí es que hace falta un comité de revolucionarios profesionales, sin que importe si son estudiantes u obreros las personas capaces de forjarse como tales revolucionarios profesionales. ¡Ustedes, en cambio, sacan la conclusión de que no se debe estimular desde fuera el movimiento obrero! En su ingenuidad política, no se dan cuenta siquiera de que hacen el juego a nuestros "economistas" y a nuestros métodos primitivos.

Permítanme una pregunta: ¿Cómo han "estimulado" nuestros estudiantes a nuestros obreros? Únicamente transmitiéndoles los retazos de conocimientos políticos que ellos tenían, las migajas de ideas socialistas que habían podido adquirir (pues el principal alimento espiritual del estudiante de nuestros días, el marxismo legal, no podía darle más que el abecé, no puede darle más que migajas). Ahora bien, tal "estímulo desde fuera" no ha sido demasiado grande, sino, al contrario, demasiado pequeño, escandalosamente pequeño en nuestro movimiento, pues no hemos hecho más que cocernos con excesivo celo en nuestra propia salsa, prosternarnos con excesivo servilismo ante la elemental "lucha económica de los obreros contra los patronos y el gobierno".

Nosotros, los revolucionarios de profesión, debemos dedicarnos, y nos dedicaremos, a ese "estímulo" cien veces más. Pero precisamente porque eligen esta abyecta expresión de "estímulo desde fuera", inspira de modo inevitable al obrero (por lo menos al obrero tan poco desarrollado como ustedes) la desconfianza hacia todos los que les proporcionan desde fuera conocimientos políticos y experiencia revolucionaria, y que despierta el deseo instintivo de rechazarlos a todos, proceden ustedes como demagogos, y los demagogos son los peores enemigos de la clase obrera.

¡Sí, sí! Y no se apresuren a poner el grito en el cielo a propósito de mis "métodos" polémicos "exentos de camaradería"! Ni siquiera se me ocurre poner en tela de juicio la pureza de sus intenciones; he dicho ya que la ingenuidad política también basta para hacer de una persona un demagogo. Pero he demostrado que han caído en la demagogia, y jamás me cansaré de repetir que los demagogos son los peores enemigos de la clase obrera. Son los perores, porque excitan los malos instintos de la multitud y porque a los obreros atrasados les es imposible reconocer a estos enemigos, los cuales se presentan, y a veces sinceramente, como amigos. Son los peores, porque en este período de dispersión y vacilaciones, en el que la fisonomía de nuestro movimiento está aún formándose, nada hay más fácil que arrastrar demagógicamente a la multitud, a la cual podrán convencer después de su error sólo las más amargas pruebas. De ahí que la consigna del momento de los socialdemócratas rusos deba ser combatir con decisión tanto a *Svoboda* como a *Rabócheie Dielo*, que caen en la demagogia. (Más adelante hablaremos detenidamente de este punto).[188]

"Es más fácil cazar a una docena de inteligentes que a un centenar de bobos". Este magnífico axioma (que les valdrá siempre los aplausos del centenar de bobos) parece evidente sólo porque, en el curso de su razonamiento, han saltado de una cuestión a otra. Comenzaron por hablar, y siguen hablando, de la captura del "comité", de la captura de la "organización", y ahora saltan a otra cuestión, a la captura de las "raíces profundas" del movimiento. Está claro que nuestro movimiento es indestructible sólo porque tiene centenares y centenares de miles de raíces profundas, pero no se trata de eso, ni mucho menos. En lo que se refiere a las "raíces profundas", tampoco ahora se nos puede "cazar", a pesar de todo el primitivismo de nuestro trabajo; y, sin embargo, todos deploramos, y no podemos menos que deplorar, la caza de "organizaciones", que rompe toda continuidad del movimiento. Y puesto que plantean la cuestión de la caza de organizaciones e insisten en tratar de ella, les diré que es mucho más difícil cazar a una docena de inteligentes que a un centenar de bobos; y seguiré sosteniéndolo sin hacer ningún caso de sus esfuerzos para azuzar a la multitud contra mi "espíritu antidemocrático", etc. Como he señalado más de una vez, debe entenderse por "inteligentes" en materia de organización sólo a los revolucionarios profesionales, sin que importe si son estudiantes u obreros quienes se forjen como tales revolucionarios profesionales. Pues bien, yo afirmo:

1) Que no puede haber un movimiento revolucionario sólido sin una organización de dirigentes estable que guarde la continuidad.

2) Que cuanto más vasta sea la masa que se incorpore espontáneamente a la lucha —y que constituye la base del movimiento y participa en él—, tanto más imperiosa será la necesidad de semejante organización, y tanto más sólida deberá ser ésta, pues con tanta mayor facilidad podrán los demagogos de toda laya arrastrar a los sectores atrasados de la masa.

3) Que dicha organización debe estar formada, en lo fundamental, por hombres que hagan de las actividades revolucionarias su profesión.

4) Que en un país autocrático, cuanto más restrinjamos el contingente de miembros de dicha organización, incluyendo en ella sólo a los que hacen de las actividades revolucionarias su profesión y que tengan una preparación profesional en el arte de luchar contra la policía política, tanto más difícil será "cazar" a esta organización.

5) Tanto *mayor* será el número de personas de la clase obrera y de las otras clases de la sociedad que podrán participar en el movimiento y colaborar en él de un modo activo.

Invito a nuestros "economistas", terroristas y "economistas-terroristas"[189] a que refuten estas tesis, las dos últimas de las cuales voy a desarrollar ahora. Lo de si es más fácil cazar a "una docena de inteligentes" que a "un centenar de bobos" se reduce al problema que he analizado antes: si es compatible una organización de masas con la necesidad de observar la clandestinidad más rigurosa. Jamás podremos dar a una organización amplia el carácter clandestino indispensable para una lucha firme y tenaz contra el gobierno. La concentración de todas las funciones clandestinas en manos del menor número posible de revolucionarios profesionales no significa, ni mucho menos, que estos últimos "pensarán por todos", que la multitud no tomará parte activa en el movimiento.

Al contrario: la multitud promoverá de su seno a un número cada vez mayor de revolucionarios profesionales, pues sabrá entonces que no basta con que unos estudiantes y algunos obreros que luchan en el terreno económico se reúnan para constituir un "comité", sino que es necesario formarse durante años como revolucionarios profesionales, y "pensará" no sólo en los métodos primitivos de trabajo, sino precisamente en esta formación.

La centralización de las funciones clandestinas de la organización no implica en modo alguno la centralización de todas las funciones del movimiento. La colaboración activa de las más amplias masas en las publicaciones clandestinas, lejos de disminuir, se decuplicará cuando una "docena" de revolucionarios profesionales centralicen las funciones clandestinas de esta labor. Así, y sólo así, conseguiremos que la lectura de las publicaciones clandestinas, la colaboración en ellas y, en parte, hasta su difusión dejen casi de ser una obra clandestina, pues la policía comprenderá pronto cuán absurdas e imposibles son las persecuciones judiciales y administrativas con motivo de cada uno de los miles de ejemplares de publicaciones distribuidas.

Lo mismo cabe decir no sólo de la prensa, sino de todas las funciones del movimiento, incluso de las manifestaciones. La participación más activa y más amplia de las masas en una manifestación, lejos de salir perjudicada, tendrá, por el contrario, muchas más probabilidades de éxito si una "docena" de revolucionarios probados, no menos adiestrados profesionalmente que nuestra policía, centraliza todos los aspectos de la labor clandestina: edición de octavillas, confección de un plan aproximado, nombramiento de un grupo de dirigentes para cada distrito de la ciudad, para cada barriada fabril, cada establecimiento de enseñanza, etc., (se dirá, ya lo sé, que mis concepciones "no son democráticas", pero más adelante refutaré de manera detallada esta objeción nada inteligente).

La centralización de las funciones más clandestinas por la organización de revolucionarios no debilitará, sino que reforzará la amplitud y el contenido de la actividad de un gran número de otras organizaciones destinadas a las vastas masas y, por ello, lo menos reglamentadas y lo menos clandestinas posible: sindicatos obreros, círculos obreros culturales y de lectura de publicaciones clandestinas, círculos socialistas, y democráticos también, para todos los demás sectores de la población, etc. Tales círculos y organizaciones son necesarios en todas partes, en el mayor número y con las funciones más diversas; pero es absurdo y perjudicial confundir estas organizaciones con las de los revolucionarios, borrar las fronteras entre ellas, apagar en la masa la conciencia, ya de por sí increíblemente oscurecida, de que para "servir" al movimiento de masas, hacen falta hombres dedicados de manera especial y por entero a la acción socialdemócrata, y que estos hombres deben forjarse con paciencia y tenacidad como revolucionarios profesionales.

Sí, esta conciencia se halla oscurecida hasta lo increíble. Con nuestro primitivismo en el trabajo hemos puesto en entredicho el prestigio de los revolucionarios en Rusia: en esto radica nuestro pecado capital en materia de organización. Un revolucionario blandengue, vacilante en los problemas teóricos y de estrechos horizontes, que justifica su inercia con la espontaneidad del movimiento de masas y se asemeja más a un secretario de tradeunión que a un tribuno popular, carente de un plan amplio y audaz que imponga respeto incluso a sus adversarios, inexperto e inhábil en su arte profesional (la lucha contra la policía política), ¡no es, con perdón sea dicho, un revolucionario, sino un mísero artesano!

Que ningún militante dedicado a la labor práctica se ofenda por este duro epíteto, pues en lo que concierne a la falta de preparación, me lo aplico a mí mismo en primer término. He actuado en un círculo[190] que se asignaba tareas vastas y omnímodas, y todos nosotros, sus componentes, sufríamos lo indecible al comprender que no éramos más que unos artesanos en un momento histórico en que, modificando ligeramente la antigua máxima, podría decirse: ¡Dadnos una organización de revolucionarios y removeremos a Rusia de sus cimientos! Y cuanto más a menudo he tenido que recordar la bochornosa sensación de vergüenza que me daba entonces, tanto mayor ha sido mi amargura contra los seudosocialdemócratas que "deshonran el nombre de revolucionario" con su propaganda y no comprenden que nuestra misión no consiste en propugnar que se rebaje al revolucionario al nivel del militante primitivo, sino en elevar a este último al nivel del revolucionario.

4. Amplitud de la labor de organización

Como hemos visto, B-v habla de "la escasez de fuerzas revolucionarias aptas para la acción, que se deja sentir no sólo en San Petersburgo, sino en toda Rusia". Y es poco probable que alguien ponga en duda este hecho. Pero el quid está en cómo explicarlo. B-v escribe:

> No nos proponemos esclarecer las causas históricas de este fenómeno; sólo diremos que la sociedad, desmoralizada por una larga reacción política y disgregada por los cambios económicos que se han

producido y se producen, promueve un número extremadamente reducido de personas aptas para la labor revolucionaria; que la clase obrera, al promover a revolucionarios obreros, completa en parte las filas de las organizaciones clandestinas; pero el número de estos revolucionarios no corresponde a las demandas de la época. Tanto más que la situación del ocupado en la fábrica once horas y media al día, sólo le permite desempeñar principalmente funciones de agitador; en cambio, la propaganda y la organización, la reproducción y distribución de publicaciones clandestinas, la edición de proclamas, etc., recaen ante todo, quiérase o no, sobre un número reducidísimo de intelectuales.[191]

Discrepamos en muchos puntos de esta opinión de B-v; no estamos de acuerdo, en particular, con las palabras subrayadas por nosotros, las cuales muestran con singular relieve que, después de haber sufrido mucho (como todo militante práctico que piense algo) a causa de nuestros métodos primitivos, B-v no puede, agobiado por el "economismo", encontrar una salida de esta situación insoportable. No, la sociedad promueve un número extremadamente grande de personas aptas para la "causa", pero no sabemos utilizarlas a todas.

En este sentido, el estado crítico, el estado de transición de nuestro movimiento puede formularse del modo siguiente: nos falta gente, y gente hay muchísima. Hay infinidad de hombres, porque tanto la clase obrera como sectores cada vez más diversos de la sociedad proporcionan, año tras año, y en cantidad creciente, descontentos que desean protestar y que están dispuestos a contribuir cuanto puedan a la lucha contra el absolutismo, cuyo carácter insoportable no comprende aún todo el mundo, aunque masas cada día más vastas lo perciben más y más. Pero, al mismo tiempo, no hay hombres, porque no hay dirigentes, no hay jefes políticos, no hay talentos organizadores capaces de realizar una labor amplia y, a la vez, indivisible y armónica, que permita emplear todas las fuerzas, hasta las más insignificantes.

"El crecimiento y el desarrollo de las organizaciones revolucionarias" se rezagan no sólo del crecimiento del movimiento obrero, cosa que reconoce incluso B-v, sino también del crecimiento del movimiento democrático general en todos los sectores del pueblo (por lo demás, es probable que B-v consideraría hoy esto un complemento a su conclusión). El alcance de la labor revolucionaria es demasiado reducido en comparación con la amplia base espontánea del movimiento, está demasiado ahogado por la mezquina teoría de "la lucha económica contra los patronos y el gobierno". Pero hoy deben "ir a todas las clases de la población", no sólo los agitadores políticos, sino también los organizadores socialdemócratas.[192]

No creo que un solo militante dedicado a la actividad práctica dude que los socialdemócratas puedan repartir mil funciones fragmentarias de su trabajo de organización entre personas de las clases más diversas. La falta de especialización es uno de los mayores defectos de nuestra técnica, que B-v deplora con tanta amargura y tanta razón. Cuanto más menudas sean las distintas "operaciones" de la labor general, tantas más personas capaces de llevarlas a cabo podrán encontrarse (y, en la mayoría de los casos, totalmente incapaces de ser revolucionarios profesionales), y tanto más difícil será que la policía "cace" a todos esos "militantes que desempeñan funciones fragmentarias", tanto más difícil será que pueda montar con el delito insignificante de un individuo un "asunto" que compense los gastos del Estado en el mantenimiento de la policía política.

Y en lo que respecta al número de personas dispuestas a prestarnos su concurso, hemos señalado ya en el capítulo precedente el cambio gigantesco que se ha operado en este aspecto durante los cinco años últimos. Pero, por otra parte, para agrupar en un todo único esas pequeñas fracciones, para no fragmentar junto con las funciones del movimiento el propio movimiento y para infundir al ejecutor de las funciones menudas la fe en la necesidad y la importancia de su trabajo, sin la cual nunca trabajará,[193] para todo esto hace falta precisamente una fuerte organización de revolucionarios probados.

Con una organización así, la fe en la fuerza del partido se hará tanto más firme y tanto más extensa cuanto más clandestina sea esta organización; y en la guerra, como es sabido, lo más importante es no sólo infundir confianza en sus fuerzas al ejército propio, sino hacer que crean en ello el enemigo y todos lo elementos neutrales; una neutralidad amistosa puede, a veces, decidir la contienda. Con semejante organización, erigida sobre una firme base teórica, y disponiendo de un órgano de prensa socialdemócrata, no habrá que temer que el movimiento sea desviado de su camino por los numerosos elementos "extraños" que se hayan adherido a él (al contrario, precisamente ahora, cuando predominan los métodos primitivos, vemos que muchos socialdemócratas lo llevan a la trayectoria del *Credo*, imaginándose que sólo ellos son socialdemócratas). En una palabra, la especialización presupone necesariamente la centralización y, a su vez, la exige en forma absoluta.

Pero el mismo B-v, que ha mostrado tan bien toda la necesidad de la especialización, no la aprecia bastante, a nuestro parecer, en la segunda parte del razonamiento citado. Dice que el número de revolucionarios procedentes de los medios obreros es insuficiente. Esta observación es del todo justa, y volvemos a subrayar que la "valiosa noticia de un observador directo" confirma por entero nuestra opinión sobre las causas de la crisis actual de la socialdemocracia y, por tanto, sobre los medios de remediarla. No sólo los revolucionarios en general se rezagan del ascenso espontáneo de las masas obreras. Y este hecho confirma del modo más evidente, incluso desde el punto de vista "práctico", que la "pedagogía" con que nos obsequia tan a menudo, al discutirse el problema de nuestros deberes para con los obreros, es absurda y reaccionaria en el aspecto político.

Este hecho testimonia que nuestra obligación primordial y más imperiosa consiste en ayudar a formar obreros revolucionarios que, desde el punto de vista de su actividad en el partido, estén al mismo nivel que los intelectuales revolucionarios (subrayamos "desde el punto de vista de su actividad en el partido", pues en otros sentidos, aunque sea necesario, está lejos de ser tan fácil y tan urgente que los obreros lleguen al mismo nivel). Por eso debemos orientar nuestra atención principal a elevar a los obreros al nivel de los revolucionarios y no a descender indefectiblemente nosotros mismos al nivel de la "masa obrera", como quieren los "economistas", e indefectiblemente al nivel del "obrero medio", como quiere *Svoboda* (que, en este sentido, se eleva al segundo grado de la "pedagogía" economista).

Nada más lejos de mí que el propósito de negar la necesidad de publicaciones de divulgación para los obreros y de otras publicaciones de más divulgación aún (pero, claro está, no vulgares) para los obreros muy atrasados. Pero lo que me indigna es ese constante meter sin venir a cuento la pedagogía en los problemas políticos, en las cuestiones de organización. Pues ustedes, señores, que se desvelan por el "obrero medio", en el fondo más bien ofenden a los obreros con el deseo de hacerles sin falta una reverencia antes de hablar de política obrera o de organización obrera. ¡Yérganse para hablar de cosas serias y dejen la pedagogía a quienes ejercen el magisterio, pues no es ocupación de políticos ni de organizadores! ¿Es que entre los intelectuales no hay también hombres avanzados, elementos "medios" y "masas"? ¿Es que no reconoce todo el mundo que los intelectuales también necesitan publicaciones de divulgación? ¿No se escribe esa literatura?

Pero imagínense que, en un artículo sobre la organización de los estudiantes universitarios o de bachillerato, el autor se pusiera a repetir con machaconería, como quien hace un descubrimiento, que se precisa, ante todo, una organización de "estudiantes medios". Por seguro que semejante autor sería puesto en ridículo, y le estaría muy bien empleado. Le dirían: usted, dénos unas cuantas ideíllas de organización, si las tiene, y ya veremos nosotros mismos quién es "medio", superior o inferior. Y si las que tiene sobre organización no son propias, todas sus disquisiciones sobre las "masas" y los "elementos medios" hastiarán simplemente. Comprendan de una vez que los problemas de "política" y "organización" son ya de por sí tan serios que no se puede hablar de ellos sino con toda seriedad. Se puede y se debe preparar a los obreros (lo mismo que a los estudiantes universitarios y de bachillerato) para poder abordar ante ellos esos problemas; pero una vez los han abordado, den verdaderas respuestas, no se vuelvan atrás, hacia los "elementos medios" o hacia las "masas", no salgan del paso con retruécanos o frases.[194]

Si el obrero revolucionario quiere prepararse por entero para su trabajo, debe convertirse también en un revolucionario profesional. Por esto no tiene razón B-v cuando dice que, por estar el obrero ocupado en la fábrica once horas y media, las demás funciones revolucionarias (salvo la agitación) "recaen ante todo, quiérase o no, sobre un número reducidísimo de intelectuales". No sucede esto "quiérase o no", sino debido a nuestro atraso, porque no comprendemos que tenemos el deber de ayudar a todo obrero que se distinga por su capacidad para convertirse en un agitador, organizador, propagandista, distribuidor, etc., profesional.

En este sentido, dilapidamos vergonzosamente nuestras fuerzas, no sabemos cuidar lo que tiene que ser cultivado y desarrollado con particular solicitud. Fíjense en los alemanes: tienen cien veces más fuerzas que nosotros, pero comprenden perfectamente que los agitadores, etc., capaces de verdad, no descuellan con excesiva frecuencia de entre los obreros "medios". Por eso procuran colocar en-seguida a todo obrero capaz en condiciones que le permitan desarrollar plenamente y aplicar plenamente sus aptitudes: hacen de él un agitador profesional, lo animan a ensanchar su campo de acción, a extender ésta de una fábrica a todo un oficio, de una localidad a todo el país.

De este modo, el obrero adquiere experiencia y habilidad profesional, amplía su horizonte y su saber, observa de cerca de los jefes políticos destacados de otros lugares y de otros partidos, procura ponerse a la misma altura que ellos y unir en su persona el conocimiento del medio obrero y la lozanía de las convicciones socialistas a la maestría profesional, sin la que no puede el proletariado desplegar su tenaz lucha contra sus enemigos perfectamente instruidos. Así, sólo así, surgen de la masa obrera los Bebel y los Auer. Pero lo que en un país libre en el aspecto político se hace en gran parte por sí solo, en Rusia deben hacerlo sistemáticamente nuestras organizaciones. Un agitador obrero que tenga algún talento y "prometa" no debe trabajar once horas en la fábrica.

Debemos arreglarlo de manera que viva de los fondos del partido, que pueda pasar a la clandestinidad en el momento preciso, que cambie de lugar de acción, pues de otro modo no adquirirá gran experiencia, no ampliará su horizonte, no podrá sostenerse siquiera varios años en la lucha contra los gendarmes. Cuanto más amplio y profundo es el movimiento espontáneo de las masas obreras, tantos más agitadores de talento descuellan, y no sólo agitadores, sino organizadores, propagandistas y militantes "prácticos" de talento, "prácticos" en el buen sentido de la palabra (que son tan escasos entre nuestros intelectuales, en su mayor parte un tanto desidiosos y tardos a la rusa)

Cuando tengamos destacamentos de obreros revolucionarios (y bien entendido que de "todas las armas" de la acción revolucionaria) especialmente preparados y con un largo aprendizaje, ninguna policía política del mundo podrá con ellos, porque esos destacamentos de hombres consagrados en cuerpo y alma a la revolución gozarán igualmente de la confianza ilimitada de las más amplias masas obreras. Y somos los culpables directos de no "empujar" bastante a los obreros a este camino, que es el mismo para ellos y para los "intelectuales", al camino del aprendizaje revolucionario profesional, tirando demasiado a menudo de ellos hacia atrás con nuestros discursos necios sobre lo que es "accesible" para la masa obrera, para los "obreros medios", etc.

En este sentido, igual que en los otros, el reducido alcance del trabajo de organización está en relación indudable e íntima (aunque no se dé cuenta de ello la inmensa mayoría de los "economistas" y de los militantes prácticos noveles) con la reducción del alcance de nuestra teoría y de nuestras tareas políticas. El culto a la espontaneidad origina una especie de temor de apartarnos un poquitín de lo que sea "accesible" a las masas, un temor de subir demasiado por encima de la simple satisfacción de sus necesidades directas e inmediatas. ¡No tengan miedo, señores! ¡Recuerden ustedes que en materia de organización estamos a un nivel tan bajo que es absurda hasta la propia idea de que podamos subir demasiado alto!

5. La organización "de conspiradores" y la "democracia"

Entre nosotros hay mucha gente tan sensible a "la voz de la vida" que nada temen tanto como eso precisamente, acusando de ser adeptos del grupo Libertad del Pueblo, de no comprender la "democracia", etc., a los que comparten las opiniones expuestas más arriba. Nos vemos precisados a detenernos en estas acusaciones, que apoya también, como es natural, *Rabócheie Dielo*.

Quien escribe estas líneas sabe muy bien que los "economistas" petersburgueses acusaban ya a *Rabóchaya Gazeta* de seguir a Libertad del Pueblo (cosa comprensible si se la compara con *Rabóchaya Mysl*). Por eso, cuando, después de aparecer *Iskra*, un camarada nos refirió que los socialdemócratas de la ciudad X califican a *Iskra* de órgano de Libertad del Pueblo, no nos sentimos nada sorprendidos. Naturalmente, esa acusación era para todos nosotros un elogio, pues, ¿a qué socialdemócrata decente no habrán acusado de lo mismo los "economistas"?

Estas acusaciones son debidas a malentendidos de dos géneros. En primer lugar, en nuestro país se conoce tan poco la historia del movimiento revolucionario que toda idea de formar una organización combativa centralizada que declare una guerra sin cuartel al zarismo es calificada de adicta a Libertad del Pueblo. Pero lo magnífica organización que tenían los revolucionarios de la década del 70 y que debiera servirnos a todos de modelo no la crearon, ni mucho menos, los adeptos de Libertad del Pueblo, sino los partidarios de Tierra y Libertad,[195] que luego se dividió en Reparto Negro y Libertad del Pueblo. Por eso es absurdo, tanto desde el punto de vista histórico como desde el lógico, ver en una organización revolucionaria de combate algo específico de Libertad del Pueblo, porque ninguna tendencia revolucionaria que piense realmente en una lucha seria puede prescindir de semejante organización.

El error de los adeptos de Libertad del Pueblo no consistió en procurar que se incorporaran a su organización todos los descontentos ni orientar esa organización hacia una lucha resuelta contra la autocracia. En eso, por el contrario, estriba su gran mérito ante la historia. Y su error consintió en haberse apoyado en una teoría que no tenía en realidad nada de revolucionaria y en no haber sabido, o en no haber podido, establecer un nexo firme entre su movimiento y la lucha de clases en la sociedad capitalista en desarrollo. Y sólo la más burda incomprensión del marxismo (o su "comprensión" en sentido "struvista") ha podido dar lugar a la opinión de que la aparición de un movimiento obrero espontáneo de masas nos exime de la obligación de fundar una organización de revolucionarios tan buena como la de los partidarios de Tierra y Libertad o de crear otra incomparablemente mejor.

Por el contrario, ese movimiento nos impone precisamente dicha obligación, ya que la lucha espontánea del proletariado no se convertirá en su verdadera "lucha de clase" mientras no esté dirigida por una fuerte organización de revolucionarios.

En segundo lugar, muchos —y entre ellos, por lo visto, B. Krichevski[196]— no comprenden bien la polémica que siempre han sostenido los socialdemócratas contra la concepción de la lucha política como una lucha "de conspiradores". Hemos protestado y protestaremos siempre, desde luego, contra la reducción de la lucha política a las proporciones de una conjuración,[197] pero eso, claro está, en modo alguno significaba que negásemos la necesidad de una fuerte organización revolucionaria. Y, por ejemplo, en el folleto citado en la nota, junto a la polémica contra quienes quieren reducir la lucha política a una conjuración se encuentra el esquema de una organización (como ideal de los socialdemócratas) lo bastante fuerte para poder recurrir tanto a la "insurrección" como a cualquier "otra forma de ataque" "con objeto de asestar el golpe decisivo al absolutismo".[198] Por su forma, una organización revolucionaria de esa fuerza en un país autocrático puede llamarse también organización "de conspiradores" porque la palabra francesa *"conspiration"* equivale a "conjuración", y el carácter conspirativo es imprescindible en el grado máximo para semejante organización.

El carácter conspirativo es condición tan imprescindible de tal organización que las demás condiciones (número, selección, funciones, etc., de los miembros) tienen que concertarse con ella. Sería, por tanto, extrema candidez temer que nos acusen a los socialdemócratas de querer crear una organización de conspiradores. Todo enemigo del "economismo" debe enorgullecerse de esa acusación, así como de la acusación de ser partidario de Libertad del Pueblo.

Se nos objetará que una organización tan poderosa y tan rigurosamente secreta, que concentra en sus manos todos los hilos de la actividad conspirativa, organización necesariamente centralista, puede lanzarse con excesiva ligereza a un ataque prematuro, puede enconar irreflexivamente el movimiento antes de que lo hagan posible y necesario la extensión del descontento político, la fuerza de la efervescencia y de la exasperación de la clase obrera, etc. Nosotros contestaremos que, hablando en términos abstractos, no es posible negar, desde luego, que una organización de combate puede abocar en una batalla impremeditada, la cual puede acabar en una derrota que en modo alguno sería inevitable en otras condiciones.

Pero, en semejante problema, es imposible limitarse a consideraciones abstractas, porque todo combate entraña la posibilidad abstracta de la derrota, y no hay otro medio de disminuir esta posibilidad que preparar organizadamente el combate. Y si planteamos el problema en el terreno concreto de las condiciones actuales de Rusia, habremos de llegar a esta conclusión positiva: una fuerte organización revolucionaria es sin duda necesaria para dar precisamente estabilidad al movimiento y preservarlo de la posibilidad de los ataques irreflexivos.

Justamente ahora, cuando carecemos de semejante organización y cuando el movimiento revolucionario crece espontánea y rápidamente, se observan ya dos extremos opuestos, que, como es lógico, "se tocan", o un "economismo" sin el menor fundamento, acompañado de prédicas de moderación, o un "terrorismo excitante", con tan poco fundamento, que tiende "a producir artificiosamente, en el movimiento que se desarrolla y se consolida, pero que todavía está más cerca de su principio que de su fin, síntomas de su fin".[199] Y el ejemplo de *Rabóchei Dielo* demuestra que existen ya socialdemócratas que capitulan ante ambos extremos. Y no es de extrañar, porque, amén de otras razones, la "lucha económica contra los patronos y el gobierno" jamás satisfará a un revolucionario, y extremos opuestos siempre surgirán aquí o allá. Sólo una organización combativa centralizada que aplique firmemente la política socialdemócrata y satisfaga, por decirlo así, todos los instintos y aspiraciones revolucionarios puede preservar de un ataque irreflexivo al movimiento y preparar un ataque con perspectivas de éxito.

Se nos objetará también que el punto de vista expuesto sobre la organización contradice el "principio democrático". La acusación anterior tiene un origen ruso tan específico como específico carácter extranjero tiene esta otra. Sólo una organización con sede en el extranjero (la Unión de Socialdemócratas Rusos) ha podido dar a su redacción, entre otras instrucciones, la siguiente:

> Principio de organización. Para favorecer el desarrollo y la unificación de la socialdemocracia es preciso subrayar, desarrollar, luchar por un amplio principio democrático de su organización de partido, cosa que han hecho especialmente imprescindible las tendencias antidemocráticas aparecidas en las filas de nuestro partido.[200]

En el capítulo siguiente, veremos cómo lucha precisamente *Rabóchei Dielo* contra las "tendencias antidemocráticas" de *Iskra*. Veamos ahora más de cerca el "principio" que proponen los "economistas". Es probable que todo el mundo esté de acuerdo en que el "amplio principio democrático" presupone las dos condiciones imprescindibles que siguen: primero, publicidad completa, y, segundo, carácter electivo de todos los cargos.

Sin publicidad, más aún, sin una publicidad que no quede reducida a los miembros de la organización, sería ridículo hablar de espíritu democrático. Llamaremos democrática a la organización del partido socialista alemán ya que en él todo es público, incluso las sesiones de sus congresos; pero nadie llamará democrática a una organización que se oculte de todos los que no sean miembros suyos con el manto del secreto. Cabe preguntar: ¿qué sentido tiene proponer un "amplio principio democrático", cuando la condición fundamental de ese principio es irrealizable para una organización secreta?

El "amplio principio" resulta ser una mera frase que suena mucho, pero que está vacía. Más aún. Esta frase demuestra una incomprensión completa de las tareas urgentes del momento en materia de organización. Todo el mundo sabe hasta qué punto está extendida entre nosotros la falta de discreción, conspirativa que predomina en la "gran" masa de revolucionarios. Ya hemos visto con cuánta amargura se queja de ello B-v, exigiendo, lleno de razón, "una severa selección de los afiliados".[201] ¡Y de pronto aparecen gentes que se ufanan de su "sentido de la vida" y, en semejante situación, no subrayan la necesidad de la más severa discreción conspirativa y de la más rigurosa (y, por consiguiente, más estrecha) selección de los afiliados, sino un "amplio principio democrático"! Esto se llama tomar el rábano por las hojas.

No queda mejor parado el segundo rasgo de la democracia: el carácter electivo. En los países que gozan de libertad política, esta condición se sobreentiende por sí misma. "Se considera miembro del partido todo el que acepta los principios de su programa y ayuda al partido en la medida de sus fuerzas", dice el artículo primero de los estatutos orgánicos del Partido Socialdemócrata Alemán. Y como toda la liza política está abierta para todos, igual que la rampa del escenario para el público de un teatro, el que se acepte o se rechace, se apoye o se impugne son cosas que todos saben por los periódicos y por las reuniones públicas. Todo el mundo sabe que determinado dirigente político ha comenzado de tal manera, ha pasado por tal y tal evolución, se ha portado de tal y tal modo en un momento difícil de su vida, se distingue en general por tales y tales cualidades: por tanto, es natural que a este dirigente lo puedan elegir o no elegir, con conocimiento de causa, para determinado cargo en el partido, *todos* los miembros del mismo.

El control general (en el sentido literal de la palabra) de cada uno de los pasos del afiliado al partido, a lo largo de su carrera política, crea un mecanismo de acción automática que tiene por resultado lo que en Biología se llama "supervivencia de los mejor adaptados". La "selección natural", producto de la completa publicidad del carácter electivo y del control general, asegura que cada dirigente esté a fin de cuentas "en su sitio", se encargue de la labor que mejor concuerde con sus fuerzas y aptitudes, sufra en su carne todas las consecuencias de sus errores y demuestre a la vista de todos su capacidad para reconocer sus faltas y evitarlas.

¡Pero prueben ustedes a encajar este cuadro en el marco de nuestra autocracia! ¿Es acaso concebible entre nosotros que "todo el que acepte los principios del programa del partido y ayude al partido en la medida de sus fuerzas" controle cada paso del revolucionario clandestino? ¿Qué todos elijan a uno o a otro entre estos últimos, cuando, en bien de su trabajo, el revolucionario *está obligado* a ocultar su verdadera personalidad a las nueve décimas partes de esos "todos"?

Reflexionen, aunque sólo sea un momento, en el verdadero sentido de las sonoras palabras de *Rabóchei Dielo* y verán que la "amplia democracia" de una organización de partido en las tinieblas de la autocracia, cuando son los gendarmes quienes seleccionan, no es más que un juguete inútil y perjudicial. Inútil porque, en la práctica, jamás ha podido organización revolucionaria alguna aplicar una amplia democracia, ni puede aplicarla, por mucho que lo desee. Perjudicial porque los intentos de aplicar en la práctica un "amplio principio democrático" sólo facilitan a la policía las grandes redadas y perpetúan los métodos primitivos de trabajo dominantes, desviando el pensamiento de los militantes dedicados a la labor práctica de la seria e imperiosa tarea de forjarse como revolucionarios profesionales hacia la redacción de prolijos reglamentos "burocráticos" sobre sistemas de votación. Sólo en el extranjero, donde no pocas veces se juntan gentes que no pueden encontrar una labor verdadera y real, ha podido desarrollarse en algún sitio, sobre todo en diversos grupos pequeños, ese "juego a la democracia".

Para demostrar al lector cuán indecoroso es el procedimiento predilecto de *Rabóchei Dielo* para preconizar un "principio" tan decoroso como la democracia en la labor revolucionaria, apelaremos de nuevo a un testigo. Se trata de E. Serebriakov, director de la revista londinense *Nakanunie*, que siente gran debilidad por *Rabóchei Dielo* y profundo odio a Plejánov y los "plejanovistas"; en los artículos referentes a la escisión de la Unión de Socialdemócratas Rusos en el Extranjero, *Nakanunie* se puso resueltamente al lado de *Rabóchei Dielo* y descargó un nubarrón de palabras detestables sobre Plejánov.

Tanto más valor tiene para nosotros el testigo en este punto. En el artículo "Con motivo del llamamiento del Grupo de Autoemancipación de los Obreros",[202] E. Serebriakov decía que era "indecoroso" plantear cuestiones "de obcecación, de primacía, de lo que se llama el areópago, en un movimiento revolucionario serio", y decía, entre otras cosas, lo siguiente:

> Myshkin, Rogachov, Zheliábov, Mijáilov, Peróvskaya, Figner y otros nunca se consideraron dirigentes y nadie los había elegido ni nombrado, aunque en realidad sí lo eran, porque tanto en el período de propaganda como en la lucha contra el gobierno cargaron con el mayor peso del trabajo, fueron a los sitios más peligrosos y su actividad fue la más fructífera. Y la primacía no resultaba de que la desearan, sino de que los camaradas que los rodeaban confiaban en su inteligencia, en su energía y en su lealtad. Temer a un areógrafo (y si no se le teme no hay por qué mencionarlo) que puede dirigir autoritariamente el movimiento es ya demasiada candidez. ¿Quién lo obedecería?

Preguntamos al lector: ¿en qué se diferencia el "areópago" de las "tendencias antidemocráticas"? ¿No es evidente que el "decoroso" principio de organización de *Rabócheie Dielo* es tan cándido como indecoroso? Cándido porque sencillamente nadie obedecerá a un "areópago" o a gentes con "tendencias antidemocráticas", toda vez que "los camaradas que los rodean no confiarán en su inteligencia, en su energía ni en su lealtad". E indecoroso como demagógica salida de tono que especula con la presunción de unos, con el desconocimiento que otros tienen del estado en que realmente se encuentra nuestro movimiento y con la falta de preparación de los terceros y su desconocimiento de la historia del movimiento revolucionario.

El único principio de organización serio a que deben atenerse los dirigentes de nuestro movimiento ha de ser el siguiente: la más severa discreción conspirativa, la más rigurosa selección de los afiliados y la preparación de revolucionarios profesionales. Si se cuenta con estas cualidades, está asegurado algo mucho más importante que el "ambiente democrático", a saber: la plena confianza mutua, propia de camaradas, entre los revolucionarios. Y es indiscutible que necesitamos más esta confianza porque en Rusia no se puede ni hablar de sustituirla por un control democrático general.

Cometeríamos un gran error si creyéramos que, por ser imposible un control verdaderamente "democrático", los afiliados a una organización revolucionaria se convierten en incontrolados: no tienen tiempo de pensar en las formas de juguete de democracia (democracia en el seno de un apretado núcleo de camaradas entre los que reina confianza mutua), pero sienten muy en lo vivo su responsabilidad, pues saben además, por experiencia, que una organización de verdaderos revolucionarios no se detendrá en medios para deshacerse de un miembro indigno.

Además, en el país hay una opinión pública bastante desarrollada de los medios revolucionarios rusos (e internacionales) que tiene mucha historia y castiga con implacable severidad todo incumplimiento del deber de la camaradería (¡y la "democracia", la verdadera democracia, no la de juguete, va implícita, como la parte en el todo, en este concepto de camaradería!). ¡Tomen todo esto en consideración y comprenderán qué nauseabundo tufillo a juego con los generales en el extranjero trasciende de todas esas habladurías y resoluciones sobre las "tendencias antidemocráticas"!

Hay que observar, además, que la otra fuente de tales habladurías, es decir, la candidez, se alimenta asimismo de una confusión de ideas acerca de la democracia. En el libro de los esposos Webb sobre las tradeuniones inglesas, hay un capítulo curioso: "La democracia primitiva". Los autores refieren en él que los obreros ingleses tenían por señal imprescindible de democracia en el primer período de existencia de sus sindicatos que todos hicieran de todo en la dirección de los mismos: no sólo se decidían todas las cuestiones por votación de todos los miembros, sino que los cargos también eran desempeñados sucesivamente por todos los afiliados.

Fue necesaria una larga experiencia histórica para que los obreros comprendieran lo absurdo de semejante concepto de la democracia y la necesidad, por una parte, de que existieran instituciones representativas y, por otra, funcionarios profesionales. Fueron necesarios unos cuantos casos de quiebra de cajas de los sindicatos para que los obreros comprendieran que la proporción entre las cuotas que pagaban y los subsidios que recibían no podía decidirse sólo por votación democrática, sino que exigía, además, el consejo de un perito en seguros.

Lean también el libro de Kautsky sobre el parlamentarismo y la legislación popular y verán que las deducciones del teórico marxista coinciden con las enseñanzas de prolongados años de práctica de los obreros unidos "espontáneamente". Kautsky rebate con denuedo la forma primitiva que Rittinghausen tiene de concebir la democracia, se burla de la gente dispuesta a exigir en nombre de la democracia que "los periódicos del pueblo sean redactados directamente por el pueblo", demuestra la necesidad de que existan periodistas, parlamentarios, etc., *profesionales*, para dirigir de un modo socialdemócrata la lucha de clase del proletariado; ataca el "socialismo de anarquistas y literatos" que exaltan "por afán efectista" la legislación que emana directamente del pueblo y no comprenden que su aplicación es muy convencional en la sociedad contemporánea.

Todo el que haya desplegado una labor práctica en nuestro movimiento sabe cuán extendido está entre la masa de la juventud estudiantil y de los obreros el concepto "primitivo" de la democracia. No es de extrañar que este concepto penetre tanto en estatutos como en publicaciones. Los "economistas" de tipo bernsteiniano decían en sus estatutos: "Artículo 10. Todos los asuntos que atañen a los intereses de toda la organización sindical se resolverán por mayoría de votos de todos sus miembros". Los "economistas" de tipo terrorista los secundan: "Es preciso que los acuerdos del comité pasen por todos los círculos y sólo entonces sean efectivos".[203]

Observen que esta reclamación de aplicar ampliamente el referéndum se plantea ¡después de exigir que toda la organización se base en el principio electivo! Nada más lejos de nosotros, claro está, que censurar por eso a los militantes dedicados al trabajo práctico, que han tenido muy poca posibilidad de conocer la teoría y la práctica de las organizaciones democráticas de verdad. Pero cuando *Rabóchei Dielo*, que pretende ejercer una función dirigente, se limita en tales circunstancias a insertar una resolución sobre el amplio principio democrático, ¿cómo no llamar a esto sino puro "afán efectista"?

6. El trabajo a escala local y a escala nacional

Si las objeciones que se hacen al plan de organización que aquí exponemos, reprochándole su falta de democracia y su carácter conspirativo, carecen totalmente de fundamento, queda todavía pendiente una cuestión que se plantea muchas veces y merece detenido examen: se trata de la relación existente entre el trabajo local y el trabajo a escala nacional. Se expresa el temor de que, al crearse una organización centralista, el centro de gravedad pase del primer trabajo, al segundo, el temor de que esto perjudique al movimiento, debilite la solidez de los vínculos que nos unen con la masa obrera, y, en general, la estabilidad de la agitación local.

Contestaremos que nuestro movimiento se resiente durante estos últimos años precisamente de que los militantes locales estén demasiado absorbidos por el trabajo local; que por esta razón es necesario desplazar algo, sin el menor género de dudas, el centro de la gravedad hacia el trabajo en plano nacional; que, lejos de debilitar este desplazamiento, dará, por el contrario, mayor solidez a nuestros vínculos y mayor estabilidad a nuestra agitación local.

Examinemos la cuestión del órgano central y de los órganos locales, rogando al lector que no olvide que la prensa no es para nosotros sino un ejemplo ilustrativo de la labor revolucionaria y que, en general, es infinitamente más amplia y más variada.

En el primer período del movimiento de masas (1896-1898), los militantes locales intentan publicar un órgano destinado a toda Rusia: *Rabóchaya Gazeta*; en el período siguiente (1898-1900), el movimiento da un gigantesco paso adelante, pero los órganos locales absorben totalmente la atención de los dirigentes. Si se hace un recuento de todos esos órganos locales, resultará,[204] por término medio, un número al mes. ¿No es esto una prueba evidente del primitivismo de nuestros métodos de trabajo? ¿No demuestra eso de manera fehaciente el atraso que nuestra organización revolucionaria lleva del avance espontáneo del movimiento?

Si se hubiera publicado la misma cantidad de números de periódicos por una organización única, y no por grupos locales dispersos, no sólo habríamos ahorrado una inmensidad de fuerzas, sino asegurado a nuestro trabajo infinitamente más estabilidad y continuidad. Olvidan con demasiada frecuencia este sencillo razonamiento tanto los militantes dedicados a las labores prácticas, que trabajan activamente de manera casi exclusiva en los órganos locales (por desgracia, en la inmensa mayoría de los casos, la situación no ha cambiado), como los publicistas que muestran en esta cuestión asombroso quijotismo.

El militante dedicado al trabajo práctico suele darse por satisfecho con el razonamiento de que a los militantes locales "les es difícil"[205] ocuparse de la publicación de un periódico central para toda Rusia y que mejor es tener periódicos locales que no tener ninguno. Esto último es, desde luego, muy cierto, y ningún militante dedicado al trabajo práctico reconocerá antes que nosotros la gran importancia y la gran utilidad de los periódicos locales en general. Pero no se trata de esto, sino de ver si es posible librarse del fraccionamiento y del primitivismo en el trabajo tan palmariamente reflejados en los treinta números de periódicos locales publicados por toda Rusia en dos años y medio.

No se constriñan al principio indiscutible, pero demasiado abstracto, de la utilidad de los periódicos locales en general; tengan, además, el valor de reconocer francamente sus lados negativos, puestos de manifiesto en dos años y medio de experiencia. Esta experiencia demuestra que, en nuestras condiciones, los periódicos locales resultan en la mayoría de los casos vacilantes en los principios y faltos de importancia política; en cuanto al consumo de energías revolucionarias, resultan demasiado costosos, e insatisfactorios por completo, desde el punto de vista técnico (me refiero, claro está, no a la técnica tipográfica, sino a la frecuencia y regularidad de la publicación).

Y todos los defectos indicados no son obra de la casualidad, sino consecuencia inevitable del fraccionamiento que, por una parte, explica el predominio de los periódicos locales en el período que examinamos, y, por otra parte, encuentra un *apoyo* en ese predominio. Una organización local, por sí sola, *no está realmente en condiciones* de asegurar la firmeza de principios de su periódico ni de colocarlo a la altura de órgano político; *no está en condiciones* de reunir y utilizar datos suficientes para escribir de toda nuestra vida política.

Y, en cuanto al argumento que ordinariamente se esgrime en los países libres para justificar la necesidad de numerosos periódicos locales —que son baratos, porque los confeccionan obreros locales, y pueden ofrecer una información mejor y más rápida a la población local—, la experiencia ha demostrado que, en nuestro país, se vuelve *contra* dichos periódicos. Estos resultan demasiado costosos en lo que al consumo de energías revolucionarias se refiere; y son publicados muy de tarde en tarde por la sencilla razón de que un periódico *ilegal*, por pequeño que sea, precisa un inmenso mecanismo clandestino de imprenta, que requiere la existencia de una gran industria fabril, pues en un taller de artesanos no es posible montar semejante mecanismo. Mas cuando éste es primitivo, la policía aprovecha muchas veces (todo militante dedicado al trabajo práctico conoce numerosos ejemplos de este género) la aparición y difusión de uno o dos números para hacer una redada masiva, que lo barre todo tan bien que es preciso volver a empezar de nuevo.

Un buen mecanismo clandestino de imprenta exige una buena preparación profesional de los revolucionarios y la más consecuente división del trabajo, y estas dos condiciones son desde todo punto irrealizables en una organización local aislada, por mucha fuerza que reúna en un momento dado. No hablemos ya de los intereses generales de todo nuestro movimiento (una educación socialista y política de los obreros basada en principios firmes); también los intereses locales específicos quedan mejor atendidos por órganos no locales.

Sólo a primera vista puede parecer esto una paradoja; en realidad, la experiencia de los dos años y medio de que hemos hablado lo demuestra de manera irrefutable. Todo el mundo convendrá en que si las fuerzas locales que han publicado 30 números de periódicos hubieran trabajado para un solo periódico, habrían publicado sin dificultad 60 números, si no 100, y, por consiguiente, se habrían reflejado de un modo más completo las particularidades del movimiento puramente local.

No cabe duda de que no es fácil conseguir esta coordinación; pero hace falta que, al fin, reconozcamos su necesidad;

que cada círculo local piense y trabaje activamente en ese sentido sin esperar el empujón de fuera, sin dejarse seducir por la accesibilidad y la proximidad de un órgano local, proximidad que —según lo prueba nuestra experiencia revolucionaria— es, en buena parte, ilusoria. Y prestan un flaco servicio al trabajo práctico los publicistas que, considerándose muy próximos a los militantes prácticos, no se dan cuenta de este carácter ilusorio y salen del paso con un razonamiento de simpleza tan extraordinaria como de vacuidad tan asombrosa: hacen falta periódicos locales, hacen falta periódicos comarcales, hacen falta periódicos centrales para toda Rusia.

Es natural que, hablando en términos generales, todo esto haga falta, pero también hace falta, cuando se aborda un problema concreto de organización, pensar en las condiciones de medio y tiempo. ¿No es, en efecto, un caso de quijotismo cuando *Svoboda*,[206] "deteniéndose" específicamente "en el problema del periódico", escribe: "Nosotros creemos que en todo lugar algo considerable de concentración de obreros debe haber periódico obrero propio. No traído de fuera, sino justamente propio".

Si este publicista no quiere pensar en el sentido de sus palabras, piense usted al menos por él, lector: ¡cuántas decenas, si no centenares de "lugares algo considerables de concentración de obreros" hay en Rusia, y qué perpetuación de nuestro primitivismo en el trabajo resultará si cada organización local se pusiera efectivamente a publicar su propio periódico! ¡Cómo facilitaría este fraccionamiento a nuestros gendarmes la tarea de capturar —y además sin hacer esfuerzos "algo considerables"— a los militantes locales, desde el comienzo mismo de su actuación, antes de haber podido llegar a ser verdaderos revolucionarios!

En un periódico central para toda Rusia —continúa el autor— no interesarían mucho las narraciones de los manejos de los fabricantes "y de los pormenores de poca monta de la vida fabril en diversas ciudades que no son la suya", pero "al orlense no le aburrirá leer lo que sucede en Oriol. Sabe siempre con quién se han 'metido', a quién 'se le da para el pelo' y a él 'le baila el ojo' ".[207] Sí, sí, al orlense le baila el ojo, pero a nuestro publicista también "le baila" demasiado la imaginación. En lo que éste debiera pensar es en si se muestra tacto al defender la mezquindad de esfuerzos. No cederemos a nadie la palma en reconocer cuán necesario e importante es denunciar los abusos que se cometen en las fábricas, pero hay que recordar que hemos llegado ya a un momento en que a los vecinos de San Petersburgo les aburre leer las cartas petersburguesas del periódico petersburgués *Rabóchaya Mysl*.

Para denunciar los abusos que se cometen en las fábricas locales, hemos tenido siempre, y debemos seguir teniendo siempre, las hojas volantes; pero el periódico hay que elevarlo, y no rebajarlo al nivel de hojas volantes de fábrica. Para un "periódico" necesitamos denuncias no tanto de "pequeñeces", como de los grandes defectos típicos de la vida fabril, denuncias hechas con ejemplos de singular realce y, por lo mismo, capaces de interesar a todos los obreros y a todos los dirigentes del movimiento, capaces de enriquecer efectivamente sus conocimientos, ensanchar su horizonte, dar comienzo al despertar de un distrito más, de un nuevo sector profesional de obreros.

> Además, en un periódico local, los manejos de la administración de la fábrica o de otras autoridades pueden recogerse en seguida, aún recientes. Y mientras la noticia llega a un periódico central, lejano, en el punto de origen ya se habrá olvidado lo sucedido: "¿Cuándo habrá ocurrido eso?; ¡cualquiera lo recuerda!" (*loc. cit.*).

En efecto, ¡cualquiera lo recuerda! Los 30 números publicados en dos años y medio corresponden, según hemos visto en la misma fuente, a seis ciudades. De modo que a cada ciudad corresponde, por término medio, ¡un número de periódico por medio año! E incluso si nuestro insubstancial publicista triplica en su hipótesis el rendimiento del trabajo local (cosa que sería indudablemente inexacta con relación a una ciudad media, porque es imposible aumentar considerablemente el rendimiento sin salir del primitivismo en el trabajo), no recibiríamos, sin embargo, más de un número cada dos meses, es decir, una situación que en nada se parece a "recoger las noticias aún recientes".

Pero bastaría con que se unieran diez organizaciones locales e invistieran de funciones activas a sus delgados con el fin de montar un periódico central, que entonces pudieran "recogerse" *por toda Rusia* no pequeñeces, sino escándalos notables y típicos en realidad, y esto cada dos semanas. Nadie que sepa en qué situación se encuentran nuestras organizaciones lo dudará. Y en cuanto a lo de pillar al enemigo con las manos en la masa, si se toma esto en serio y no se habla por hablar, un periódico clandestino no puede, en general, ni pensar en ello: esto puede hacerlo sólo una hoja volante, porque el plazo máximo para sorprender así al enemigo no pasa, en la mayoría de los casos, de uno o dos días (tomen, por ejemplo, el caso de una huelga breve corriente, de atropellos en una fábrica o de una manifestación etc.).

"El obrero no sólo vive en la fábrica, sino en la ciudad también", continúa nuestro autor, pasando de lo particular a lo general con una consecuencia tan rigurosa que honraría al mismo Boris Krichevski. Y señala los problemas de las dumas, hospitales y escuelas de las ciudades, exigiendo que el periódico obrero no calle los asuntos urbanos en general. La exigencia es de por sí magnífica, pero ilustra con particular evidencia la abstracta vacuidad a que se limitan con demasiada frecuencia las disquisiciones sobre los periódicos locales.

Primero, si en "todo lugar algo considerable de concentración de obreros" se publicaran en efecto periódicos con una sección urbana tan detallada como quiere *Svoboda*, dadas nuestras condiciones rusas, la cosa degeneraría inevitablemente en verdadera cicatería, conduciría a debilitar la conciencia de lo importante, que es un empuje revolucionario general en toda Rusia contra la autocracia zarista, y reforzaría los brotes, muy vivaces y más bien ocultos o reprimidos que arrancados de raíz, de una tendencia que ya ha adquirido fama por la célebre máxima sobre los revolucionarios que hablan demasiado del parlamento inexistente y muy poco de las dumas urbanas existentes. Y hemos dicho "inevitablemente", subrayando así que no es esto, sino lo contrario, lo que *Svoboda* quiere a sabiendas. Pero no basta con las buenas intenciones.

Para que la labor de esclarecimiento de los asuntos urbanos quede organizada con la orientación debida respecto a todo nuestro trabajo, hay que empezar por elaborar totalmente y dejar sentada con firmeza esa orientación, y no sólo mediante razonamientos, sino mediante una inmensidad de ejemplos, para que adquiera ya la solidez de tradición. Esto es lo que estamos muy lejos de tener y por esto precisamente hay que empezar antes de que se pueda pensar en una vasta prensa local y hablar de ella.

Segundo, para escribir bien y de un modo interesante de verdad sobre asuntos locales, hay que conocerlos bien, y no sólo por los libros. Pero en toda Rusia apenas hay socialdemócratas que posean este conocimiento. Para escribir en un periódico (y no en folletos de divulgación) sobre asuntos locales y estatales, hay que disponer de datos frescos, variados, recogidos y elaborados por una persona entendida. Y para recoger y elaborar tales datos, no basta la "democracia primitiva" de un círculo primitivo, en el que todos hacen de todo y se divierten jugando al referéndum.

Para eso hace falta una plana mayor de autores especializados, de corresponsales especializados, un ejército de reporteros socialdemócratas, que entablen relaciones en todas partes, que sepan penetrar en todos los "secretos de Estado" (con los que tanto presume y que con tanta facilidad revela el funcionario ruso) y meterse entre todos los "bastidores"; un ejército de hombres obligados "por su cargo" a ser ubicuos y omniscios.

Y nosotros, partido de lucha contra toda opresión económica, política, social y nacional, podemos y debemos encontrar, reunir, formar, movilizar y poner en campaña un ejército así de hombres omnisapientes, ¡pero eso está todavía por hacer! Ahora bien, nosotros no sólo no hemos dado aún, en la inmensa mayoría de los lugares, ni un paso en esa dirección, sino que a menudo ni siquiera existe la conciencia de la necesidad de hacerlo. Búsquense en nuestra prensa socialdemócrata artículos vivos e interesantes, crónicas y denuncias sobre nuestros asuntos y asuntillos diplomáticos, militares, eclesiásticos, urbanos, financieros, etc., etc., se encontrará muy poco o *casi nada*.[208] ¡Por eso "me enfado terriblemente siempre que viene alguien y me ensarta una retahíla de lindezas y preciosidades" sobre la necesidad de periódicos "en todo lugar algo considerable de concentración de obreros" que denuncien las arbitrariedades tanto en la administración fabril como en la pública local y nacional!

El predomino de la prensa local sobre la central es síntoma de penuria o de lujo. De penuria, cuando el movimiento no ha cobrado todavía fuerzas para un trabajo a gran escala, cuando aún vegeta en medio del primitivismo y casi se ahoga "en las pequeñeces de la vida fabril". De lujo, cuando el movimiento *ha podido ya plenamente* con la tarea de las denuncias en todos los sentidos y de la agitación en todos los sentidos, de modo que, además del órgano central, se hacen necesarios numerosos órganos locales. Decida cada cual por sí mismo qué es lo que prueba el predominio que hoy tienen los periódicos locales entre nosotros. Por mi parte, me limitaré a formular con exactitud mi conclusión para no dar pie a malentendidos.

Hasta ahora, la mayoría de nuestras organizaciones locales piensan casi exclusivamente en órganos locales y trabajan de un modo activo casi exclusivamente para ellos. Esto no es normal. Debe suceder lo contrario, que la mayoría de las organizaciones locales piense sobre todo en un órgano central para toda Rusia y trabaje principalmente para él. Mientras no ocurra así, no podremos publicar ni un solo periódico que sea por lo menos capaz de proporcionar realmente al movimiento una agitación en todos los sentidos en la prensa. Y cuando esto sea así, se entablarán por sí solas unas relaciones normales entre el órgano central necesario y los órganos locales necesarios.

A primera vista, la conclusión de que se precisa desplazar el centro de gravedad del trabajo local al trabajo a escala de toda Rusia puede parecer inaplicable al terreno de la lucha económica especial: el enemigo directo de los obreros es en este caso un patrono determinado o un grupo de patronos no ligados entre sí por una organización que recuerde, aunque sea remotamente, una organización puramente militar, rigurosamente centralista, dirigida hasta en los detalles más pequeños por una voluntad única, como es la organización del gobierno ruso, nuestro enemigo directo en la lucha política.

Pero no es así. La lucha económica —lo hemos dicho ya muchas veces— es una lucha sindical, y por ello exige que los obreros se unan por oficios, y no sólo por el lugar de trabajo. Y la necesidad de esta unión profesional se hace tanto más imperiosa cuanto mayor es la rapidez con que avanza la unión de nuestros patronos en toda clase de sociedades y corporaciones. Nuestra dispersión y nuestros métodos primitivos de trabajo obstaculizan directamente esta unión, que exige una organización de revolucionarios única para toda Rusia y capaz de encargarse de dirigir sindicatos obreros a escala de todo el país. Ya hemos hablado antes del tipo de organización deseable con este objeto, y ahora añadiremos sólo unas palabras en relación con el problema de nuestra prensa.

No creo que nadie dude de que todo periódico socialdemócrata deba tener una sección dedicada a la lucha sindical (económica). Pero el crecimiento del movimiento sindical nos obliga a pensar también en una prensa sindical. Creemos, sin embargo, que en Rusia todavía no se puede ni hablar, salvo raras excepciones, de periódicos sindicales: son un lujo, y nosotros carecemos muchas veces hasta del pan de cada día.

La forma de prensa sindical adecuada a las condiciones de trabajo clandestino, y ya ahora imprescindible, tendría que ser entre nosotros la de folletos sindicales.

En ellos deberían recogerse y agruparse sistemáticamente datos *legales*[209] e ilegales las condiciones de trabajo en cada oficio, sobre las diferencias que en este sentido existen entre los diversos puntos de Rusia, sobre las principales reivindicaciones de los obreros de una profesión determinada, sobre las deficiencias de la legislación concerniente a ella, sobre los casos notables de la lucha económica de los obreros de este gremio, sobre los gérmenes, la situación actual y las necesidades de su organización sindical, etc.

Estos folletos, primero, librarían a nuestra prensa socialdemócrata de una inmensidad de pormenores sindicales que sólo interesan especialmente a los obreros de este oficio.

Segundo, fijarían los resultados de nuestra experiencia en la lucha sindical, conservarían los datos recogidos, que ahora se pierden literalmente en el cúmulo de hojas y crónicas sueltas, y los sintetizarían.

Tercero, podrían servir de algo así como una guía para los agitadores, ya que las condiciones de trabajo varían con relativa lentitud, las reivindicaciones fundamentales de los obreros de un oficio determinado son extraordinariamente estables (compárense las reivindicaciones de los tejedores de la región de Moscú, en 1885,[210] y de la región de San Petersburgo, en 1896)[211] y un resumen de estas reivindicaciones y necesidades podría servir durante años enteros de manual excelente para la agitación económica en localidades atrasadas o entre capas atrasadas de obreros; ejemplos de huelgas que hayan tenido éxito en una región, datos sobre un nivel de vida más elevado y sobre mejores condiciones de trabajo en una localidad estimularían también a los obreros de otros lugares a nuevas y nuevas luchas.

Cuarto, tomando la iniciativa de sintetizar la lucha sindical y reforzando de este modo los vínculos del movimiento sindical ruso con el socialismo, la socialdemocracia se preocuparía al mismo tiempo de que nuestro trabajo tradeunionista no ocupara un puesto ni demasiado reducido ni demasiado grande en el conjunto de nuestro trabajo socialdemócrata.

A una organización local que esté apartada de las organizaciones de otras ciudades le es muy difícil, a veces casi imposible, mantener en este sentido una proporción adecuada (y el ejemplo de *Rabocháya Mysl* demuestra a qué punto de monstruosa exageración de carácter tradeunionista puede llegarse en tal caso). Pero a una organización de revolucionarios a escala de toda Rusia que sustente con firmeza el punto de vista del marxismo, que dirija toda la lucha política y disponga de una plana mayor de agitadores profesionales jamás le será difícil determinar acertadamente esa proporción.

CAPÍTULO 5

"PLAN" DE UN PERIÓDICO POLÍTICO CENTRAL PARA TODA RUSIA

"El error más grande de *Iskra* en este sentido —escribe B. Krichevski,[212] imputándonos la tendencia a "convertir la teoría en doctrina muerta, aislándola de la práctica"— es un "plan" de una organización de todo el partido" (es decir, el artículo "¿Por dónde empezar?"). Y Martínov lo secunda, declarando:

> ... la tendencia de *Iskra* de aminorar la importancia de la marcha progresiva de la monótona lucha cotidiana en comparación con la propaganda de ideas brillantes y acabadas... ha sido coronada por el plan de organización del partido, plan que se nos ofrece en el artículo "¿Por dónde empezar?", publicado en el número 4.[213]

Finalmente, hace poco, se ha sumado a los indignados con este "plan" (las comillas deben expresar la ironía con que lo acoge) L. Nadiezhdin, que en su folleto *En vísperas de la revolución*, que acabamos de recibir (edición del "Grupo Revolucionario-Socialista" *Svoboda*, que ya conocemos), declara que "al hablar ahora de una organización cuyos hilos arranquen de un periódico central para toda Rusia es dar ideas y hacer trabajo de gabinete",[214] dar pruebas de "literaturismo", etc.

No puede sorprendernos que nuestro terrorista coincida con los defensores de la "marcha progresiva de la monótona lucha cotidiana", pues ya hemos visto las raíces de esta afinidad en los capítulos sobre política y organización. Pero debemos observar en el acto que L. Nadiezhdin, y sólo él, ha tratado honradamente de penetrar en el curso del pensamiento del artículo que le ha disgustado; ha tratado de responder yendo al grano, mientras que *Rabóchei Dielo* no ha dicho en esencia nada y ha tratado tan sólo de embrollar la cuestión, mediante una sarta de indecorosas y demagógicas salidas de tono. Y, por desagradable que ello sea, hay que perder tiempo en limpiar antes los establos de Augías.

1. A quién ha ofendido el artículo "¿Por dónde empezar?"[215]

Vamos a citar un ramillete de las expresiones y exclamaciones con que ha arremetido contra nosotros *Rabócheie Dielo*. "No es un periódico el que puede crear la organización del partido, sino a la inversa"... "Un periódico que se encuentre por encima del partido, esté fuera de su control y no dependa de él por tener su propia red de agentes"... "¿Por obra de qué milagro ha olvidado *Iskra* las organizaciones socialdemócratas, ya existentes de hecho, del partido a que ella misma pertenece?"... "Personas poseedoras de principios firmes y del plan correspondiente son también los reguladores supremos de la lucha real del partido, al que dictan el cumplimiento de su plan"...

"El plan relega a nuestras organizaciones, reales y vitales, al reino de las sombras y quiere dar vida a una red fantástica de agentes"... "Si el plan de *Iskra* fuese llevado a la práctica, borraría por completo las huellas del Partido Obrero Socialdemócrata de Rusia que se viene formando en nuestro país"... "Un órgano de propaganda se sustrae al control y se convierte en legislador absoluto de toda la lucha revolucionaria práctica"... "¿Qué actitud debe asumir nuestro partido al verse totalmente sometido a una redacción autónoma?", etc., etc.

Como ve el lector, por el contenido y el tono de estas citas, *Rabócheie Dielo* se ha ofendido. Pero no por lo que a él le toca, sino por lo que toca a las organizaciones y comités de nuestro partido, a los que *Iskra*, según pretende dicho órgano, quiere relegar al reino de las sombras y hasta borrar sus huellas. ¡Que todos los horrores fueran así! Pero hay una cosa extraña. El artículo "¿Por dónde empezar?" apareció en mayo de 1901, y los artículos de *Rabócheie Dielo*, en septiembre de 1901; ahora estamos ya a mediados de enero de 1902. ¡En estos cinco meses (tanto antes como después de septiembre), *ni un solo* comité, *ni una sola* organización del partido ha protestado formalmente contra ese monstruo que quiere desterrar a los comités y organizaciones al reino de las sombras! Y hay que hacer constar que, durante este período, han aparecido, tanto en *Iskra* como en numerosas otras publicaciones, locales y no locales, decenas y centenares de comunicaciones de todos los confines de Rusia. ¿Cómo ha podido suceder que las organizaciones a las que se quiere desterrar al reino de las sombras no se hayan dado cuenta de ello ni se hayan sentido ofendidas, y que, en cambio, se haya ofendido a una tercera persona?

Ha sucedido esto porque los comités y las demás organizaciones están ocupados en trabajar de verdad, y no en jugar a la "democracia". Los comités han leído el artículo "¿Por dónde empezar?", han visto en él una tentativa "de trazar un plan concreto de esta organización *a fin de que se pueda emprender su creación desde todas partes*", y, habiéndose percatado perfectamente de que ni una sola de "todas esas partes" pensará en "emprender su creación" antes de estar convencida de que es necesaria y de que el plan arquitectónico es certero, no han pensado, naturalmente, en "ofenderse" por la osadía de los que han dicho en *Iskra*: "Dada la urgencia e importancia del asunto, nos decidimos, por nuestra parte, a someter a la consideración de los camaradas el bosquejo de un plan que desarrollaremos con más detalle en un folleto en preparación".

Parece mentira que no se comprenda, de enfocar este problema con honestidad, que si los camaradas *aceptan* el plan sometido a su consideración, no lo ejecutarán por "subordinación", sino por el convencimiento de que es necesario para nuestra obra común, y que, en el caso de *no aceptarlo*, el "bosquejo" (¡qué palabra más presuntuosa!, ¿verdad?) no pasará de ser un simple bosquejo.

¿No es demagogia arremeter contra el bosquejo de un plan no sólo "demoliéndolo" y aconsejando a los camaradas que lo rechacen, *sino previniendo* a gentes poco expertas en la labor revolucionaria contra los autores del bosquejo *por el mero hecho* de que estos se atreven a "legislar", a actuar de "reguladores supremos", es decir, que se atreven a *proponer* un bosquejo de plan? ¿Puede nuestro partido desarrollarse y marchar adelante si la tentativa de *elevar* a los dirigentes locales a ideas, tareas, planes, etc., más amplios tropieza no sólo con la objeción de que estas ideas son erróneas, sino con una sensación de "agravio" por el hecho de que se les "quiera *elevar*"?

Porque también L. Nadiezhdin ha "demolido" nuestro plan, pero no se ha rebajado a semejante demagogia, que ya no puede explicarse simplemente por candor o por ideas políticas de un carácter primitivo; ha rechazado resueltamente y desde el primer momento la acusación de "fiscalizar al partido". Por esta razón podemos y debemos responder con argumentos a la crítica que Nadiezhdin hace del plan, mientras que a *Rabócheie Dielo* sólo cabe contestar con el desprecio.

Pero el despreciar a un autor que se rebaja hasta el punto de gritar sobre "absolutismo" y "subordinación" no nos exime del deber de deshacer el lío en el que estas gentes meten al lector. Y aquí podemos demostrar palmariamente a todo el mundo de qué jaez son las frases en boga sobre la "amplia democracia". Se nos acusa de haber olvidado los comités, de querer o de intentar desterrarlos al reino de las sombras, etc. ¿Cómo contestar a estas acusaciones, cuando, por razones de discreción conspirativa, *no podemos* decir al lector *casi nada en realidad* de nuestras verdaderas relaciones con los comités?

Quienes lanzan una acusación zahiriente que irrita a la multitud nos llevan ventaja por su desfachatez y por su desdén a los deberes del revolucionario que oculta cuidadosamente de los ojos del mundo las relaciones y los vínculos que tiene, establece o trata de entablar. Desde luego, nos negamos de una vez para siempre a competir con gente de esa calaña en el terreno de la "democracia". En cuanto al lector no iniciado en los asuntos del partido, el único medio de cumplir nuestro deber con él consiste en hablarle no de lo que es o están *im Werden*,[216] sino de *una pequeña parte* de lo que ha sido, ya que se puede hablar de ello porque pertenece al pasado.

El Bund nos acusa de "impostores" con una alusión;[217] la Unión en el extranjero nos acusa de que tratamos de borrar las huellas del partido. ¡Un momento, señores! Recibirán ustedes plena satisfacción en el momento que expongamos al público cuatro hechos del pasado.

Primer[218] hecho. Los miembros de una de las uniones de lucha que participaron directamente en la formación de nuestro partido y en el envío de un delegado al congreso que lo fundó se ponen de acuerdo con uno de los miembros del grupo *Iskra* para establecer una biblioteca obrera especial con objeto de atender las necesidades de todo el movimiento. No se consigue abrir la biblioteca obrera; y los folletos *Las tareas de los socialdemócratas rusos* y *La nueva ley de fábricas*,[219] escritos para ella, van a parar indirectamente y por mediación de terceras personas al extranjero, donde son publicados.[220]

Segundo hecho. Los miembros del Comité Central del Bund proponen a uno de los miembros del grupo *Iskra* organizar conjuntamente lo que entonces el Bund llamaba "un laboratorio literario", indicando que si no se lograba realizar el proyecto, nuestro movimiento podía retroceder mucho. Resultado de aquellas negociaciones fue el folleto *La causa obrera en Rusia.*[221]

Tercer hecho. El Comité Central del Bund, por intermedio de una pequeña ciudad provinciana, se dirige a uno de los miembros del grupo *Iskra*, proponiéndole que se encargue de redactar *Rabóchaya Gazeta,* que ha de reanudar su publicación y obtiene, desde luego, su conformidad. Más tarde cambia la propuesta: se trata solamente de colaborar, debido a una nueva composición de la redacción. Claro que también se da la conformidad. Se envían los artículos (que se ha logrado conservar): *Nuestro programa*, protestando enérgicamente contra la campaña bernsteiniana y contra el viraje de las publicaciones legales y *Rabóchaya Mysl; Nuestra tarea urgente* ("la organización de un órgano del partido que aparezca regularmente y esté ligado estrechamente a todos los grupos locales"; los defectos del "primitivismo en el trabajo" imperante); *Un problema vital* (analizando la objeción de que primero habría que desarrollar la actividad de los grupos locales y luego emprender la organización de un órgano central; insistiendo en la importancia primordial de "la organización revolucionaria", en la necesidad de "elevar la organización, la disciplina y la técnica de la conspiración al más alto grado de perfección").[222] La propuesta de reanudar la publicación de *Rabóchaya Gazeta* no llega a ponerse en práctica, y los artículos quedan sin publicar.[223]

Cuarto hecho. Un miembro del comité organizador del II Congreso ordinario de nuestro partido comunica a un miembro del grupo *Iskra* el programa del congreso y presenta la candidatura de este grupo para redactar *Rabóchaya Gazeta*, que reanudaba su publicación. Esta gestión, por decirlo así, preliminar, es sancionada luego por el comité al que pertenecía dicha persona, así como por el Comité Central del Bund; al grupo *Iskra* se indica el lugar y la fecha de celebración del congreso, pero el grupo (que por ciertos motivos no estaba seguro de poder enviar un delegado a este congreso) redacta asimismo un informe escrito para éste.

En dicho informe se sostiene la idea de que eligiéndose sólo el Comité Central, lejos de resolverse el problema del agrupamiento en un momento de completa dispersión como el actual, se corre, además, el riesgo de poner en tela de juicio la gran idea de la creación del partido, caso de caer nuevamente en una rápida y completa redada, cosa más que probable cuando impera la falta de discreción conspirativa; que, por ello, debía empezarse por invitar a todos los comités y a todas las demás organizaciones a sostener el órgano central cuando reanudara su aparición, órgano que realmente vincularía a todos los comités con lazos efectivos y prepararía realmente un grupo de dirigentes de todo el movimiento; que los comités y el partido podrían ya fácilmente transformar en Comité Central este grupo, creado por los primeros, cuando dicho grupo se hubiera desarrollado y fortalecido. Pero debido a una serie de detenciones el congreso no pudo celebrarse; y por motivos de conspiración se destruyó el informe que sólo algunos camaradas, entre ellos los delegados de un comité, habían podido leer.[224]

Juzgue ahora el lector por sí mismo del carácter de procedimientos como la alusión del Bund a una impostura o el argumento de *Rabócheie Dielo* acerca de que queremos desterrar a los comités al reino de las sombras, "sustituir" la organización del partido por una organización que difunda las ideas de un solo periódico. Pues precisamente ante los comités, *por reiteradas invitaciones de ellos*, informamos sobre la necesidad de adoptar un plan determinado de trabajo común. Y precisamente para la organización del partido, elaboramos este plan en nuestros artículos enviados a *Rabóchaya Gazeta* y en el informe para el congreso del partido, y repetimos que los hicimos por invitación de personas que ocupaban en el partido una posición tan influyente, que tomaban la iniciativa de reconstruirlo (de hecho). Y sólo cuando hubieron fracasado *las dos* tentativas que la organización del partido hizo *con nosotros* para reanudar *oficialmente* la publicación del órgano central del partido, creímos que era nuestro deber ineludible presentar un órgano no oficial, para que, en la tercera tentativa, los camaradas vieran ya ciertos resultados de la experiencia y no meras conjeturas. Ahora todo el mundo puede apreciar ya ciertos resultados de esa experiencia, y todos los camaradas pueden juzgar si comprendimos bien nuestro deber y la opinión que merecen las personas que, molestas por el hecho de que demostremos a unas su falta de consecuencia en el problema "nacional" y a otras lo inadmisible de sus vacilaciones sin principios, tratan de equivocar a quienes desconocen el pasado más reciente.

2. ¿Puede un periódico ser organización colectiva?

La clave del artículo "¿Por dónde empezar?" está en que hace precisamente esta pregunta y en que da una respuesta afirmativa. L. Nadiezhdin es, que sepamos, la única persona que intenta estudiar esta cuestión a fondo y demostrar la necesidad de darle respuesta negativa. A continuación, reproducimos íntegramente sus argumentos:

> ... Mucho nos place que plantee *Iskra* (Núm. 4) la necesidad de un periódico central para toda Rusia, pero en modo alguno podemos convenir en que este planteamiento corresponde al título del artículo "¿Por dónde empezar?". Es, sin duda, uno de los asuntos de suma importancia, pero no se pueden colocar los cimientos de una organización combativa para un momento revolucionario ni con esa labor, ni con toda una serie de hojas populares, ni con una montaña de proclamas. Es indispensable empezar a formar fuertes organizaciones políticas locales. Nosotros carecemos de ellas, nuestra labor se ha desarrollado principalmente entre los obre-

ros cultos, mientras que las masas desplegaron de modo casi exclusivo una lucha económica. Si no se educan fuertes organizaciones políticas locales, ¿qué valor podría tener un periódico central para toda Rusia, aunque esté excelentemente organizado? ¡Una llama de fuego que sale de en medio de una zarza, y la zarza está ardiendo y no se consume! *Iskra* cree que el pueblo se reunirá y organizará en torno a ese periódico, en el trabajo para él. ¡Pero si le es mucho más fácil reunirse y organizarse en torno a una labor más concreta! Esta labor puede y debe consistir en organizar periódicos locales a vasta escala, en preparar inmediatamente las fuerzas obreras para manifestaciones, en hacer que las organizaciones locales trabajen constantemente entre los parados (difundiendo de un modo persistente entre ellos hojas volantes y octavillas, convocándolos a reuniones, llamándolos a oponer resistencia al gobierno, etc.) ¡Hay que iniciar una labor política activa en el plano local, y cuando surja la necesidad de unificarse en este terreno real, la unión no será artificiosa, no quedará sobre el papel, porque no es por medio de periódicos como se conseguirá esta unificación del trabajo local en una obra común para toda Rusa![225]

Hemos subrayado en este elocuente trozo los pasajes que permiten apreciar con mayor relieve tanto el juicio equivocado del autor sobre nuestro plan como, en general, su erróneo punto de vista, que él opone a *Iskra*. Si no se

128. Núm. 2, febrero (véase V. I. Lenin. *Obras completas*, 5ª ed. en ruso, t. 4, pág. 391-396). (*Nota de los editores*)

129. La exigencia de "dar a la lucha económica misma un carácter político" es la manifestación más patente del culto a la espontaneidad en la actividad política. La lucha económica adquiere a menudo un carácter político de manera espontánea, es decir, sin la intervención de los "intelectuales", que son el "bacilo revolucionario", sin la intervención de los socialdemócratas conscientes. Por ejemplo, la lucha económica de los obreros en Inglaterra adquirió también un carácter político sin participación alguna de los socialistas. Ahora bien, la tarea de los socialdemócratas no se limita a la agitación política en el terreno económico: su tarea es transformar esa política tradeunionista en lucha política socialdemócrata, aprovechar los destellos de conciencia política que la lucha económica ha hecho penetrar en los obreros para elevar a estos al nivel de conciencia política socialdemócrata. Pero los Martínov, en vez de elevar e impulsar la conciencia política que se despierta de manera espontánea, se prosternan ante la espontaneidad y repiten con machaconería, hasta dar náuseas, que la lucha económica "incita" a los obreros a pensar en su falta de derechos políticos. ¡Es de lamentar, señores, que este despertar espontáneo de la conciencia política tradeunionista no les "incite" a ustedes mismos a pensar en sus tareas socialdemócratas!

130. Para confirmar que todo este discurso de los obreros a los "economistas" no es una invención gratuita nuestra, nos remitiremos a dos testigos que, sin duda, conocen el movimiento obrero directamente y no se inclinan, ni mucho menos, a ser parciales con nosotros, los "dogmáticos", pues uno de ellos es un "economista" (¡que considera incluso a *Rabócheie Dielo* un órgano político!) y el otro, un terrorista. El primer testigo es el autor de un artículo, notable por su veracidad y viveza, publicado en el Núm. 6 de *Rabóchei Dielo*

desplegaban de modo casi exclusivo una lucha económica". Bajo esta forma, la tesis se desvía hacia la tendencia, habitual en *Svoboda* y errónea de raíz, de oponer los obreros cultos a la "masa". Pues también los obreros cultos de nuestro país han desplegado en estos últimos años "de modo casi exclusivo una lucha económica". Esto, por una parte. Por otra, tampoco las masas aprenderán jamás a desplegar la lucha política mientras no ayudemos a formar a los dirigentes de esta lucha, procedentes tanto de los obreros cultos como de los intelectuales; y estos dirigentes pueden formarse exclusivamente enjuiciando de modo sistemático y cotidiano todos los aspectos de nuestra vida política, todas las tentativas de protesta y de lucha de las distintas clases y por diversos motivos. ¡Por eso es simplemente ridículo hablar de "educar organizaciones políticas" y, al mismo tiempo, oponer la "labor sobre el papel" de un periódico político a la "labor política activa en el plano local"! ¡Pero si *Iskra* adapta precisamente su "plan" de un periódico central al "plan" de crear una "disposición para el combate" que pueda apoyar tanto un movimiento de obreros parados o un alzamiento campesino como el descontento de la gente de los zemstvos, "la indignación de la población contra los ensoberbecidos bachibozuks zaristas", etc.!

Por lo demás, toda persona familiarizada con el movimiento sabe perfectamente que la inmensa mayoría de las organizaciones locales ni siquiera piensa en ello; que muchas de las perspectivas aquí esbozadas de "una labor política viva" no las ha puesto en práctica ni una sola vez ninguna organización; que, por ejemplo, la tentativa de llamar la atención sobre el recrudecimiento del descontento y de las protestas entre los intelectuales de los zemstvos lleva el desconcierto y la perplejidad tanto a Nadiezhdin ("¡Dios mío!, ¿pero será ese órgano para los intelectuales de los zemstvos?".[226]), como a los "economistas" (véase la carta en el número 12 de *Iskra*), como a muchos militantes dedicados al trabajo práctico. En tales condiciones se puede "empezar" únicamente por hacer pensar a la gente en todo esto, por hacerla resumir y sintetizar todos y cada uno de los indicios de efervescencia y de lucha activa. En los momentos actuales de subestimación de la importancia de las tareas socialdemócratas, la "labor política activa" puede iniciarse exclusivamente por una agitación política viva, cosa imposible sin un periódico central para toda Rusia, que aparezca con frecuencia y que se difunda con regularidad.

Los que consideran el "plan" de *Iskra* una manifestación de "literaturismo" no han comprendido en absoluto el fondo del plan, tomando como fin lo que se propone como medio más adecuado para el momento actual. Esta gente no se ha molestado en meditar sobre dos comparaciones que ilustran palmariamente el plan propuesto. La organización de un periódico político central para toda Rusia —se decía en *Iskra*— debe ser el hilo fundamental al que podríamos asirnos para desarrollar, ahondar y ampliar incesantemente esta organización (es decir, la organización revolucionaria, siempre dispuesta a apoyar toda protesta y toda explosión).

Hagan ustedes el favor de decirnos: cuando unos albañiles colocan en diferentes sitios las piedras de una obra grandiosa y sin precedentes, ¿es una labor "sobre el papel" tender el cordel que les ayuda a encontrar el lugar preciso para las piedras, que les indica la meta final de la obra común, que les permite colocar no sólo cada piedra, sino cada trozo de piedra, el cual, al sumarse a los precedentes y a los que sigan, formará la hilada recta y completa? ¿No vivimos acaso un momento de esta índole en nuestra vida de partido, cuando tenemos piedras y albañiles, pero nos falta precisamente el cordel, visible para todos y en el cual todos puedan atenerse? No importa que griten que, al tender el cordel, lo que pretendemos es mandar: si fuera así, señores, pondríamos *Rabóchaya Gazeta*, Núm. 3, en lugar de *Iskra*, Núm. 1, como nos lo habían propuesto algunos camaradas y como *tendríamos pleno derecho a hacer* después de los acontecimientos que hemos referido más arriba. Pero no lo hemos hecho: queríamos tener las manos sueltas para desarrollar una lucha inconciliable contra toda clase de seudosocialdemócratas; queríamos que nuestro cordel, si está bien derecho, sea respetado por su rectitud y no porque lo haya tendido un órgano oficial.

La unificación de las actividades locales en órganos centrales se mueve en un círculo vicioso —nos aleccciona L. Nadiezhdin—. La unificación requiere homogeneidad de elementos, y esta homogeneidad no puede ser creada más que por algún aglutinante, pero este aglutinante sólo puede aparecer como producto de fuertes organizaciones locales que, en el momento actual, en modo alguno se distinguen por su homogeneidad.

Verdad ésta tan respetable y tan incontestable como la de que es necesario educar fuertes organizaciones políticas. Y no menos estéril. Cualquier problema "se mueve en un círculo vicioso", pues toda la vida política es una cadena infinita compuesta de un sinfín de eslabones. Todo el arte de un político estriba justamente en encontrar y aferrarse con nervio al preciso eslaboncito que menos pueda ser arrancado de las manos, que sea el más importante en un momento determinado y mejor garantice a quien lo sujete la posesión de toda cadena.[227]

Si tuviéramos un destacamento de albañiles expertos que trabajasen de un modo tan acorde que aun sin el cordel pudieran colocar las piedras precisamente donde hace falta (hablando en abstracto, esto no es imposible, ni mucho menos), entonces quizás podríamos aferrarnos también a otro eslaboncito. Pero la desgracia consiste justamente en que aún carecemos de albañiles expertos que trabajen tan bien concertados, en que las piedras se colocan muy a menudo al azar, sin guiarse por el cordel común, de manera tan desordenada que el enemigo las dispersa de un soplo, como si fuesen granos de arena y no piedras.

Otra comparación: "El periódico no es sólo un propagandista colectivo y un agitador colectivo, sino también un organizador colectivo. En ese último sentido *se le puede comparar con los andamios* que se levantan alrededor de un edificio en construcción, que señalan sus contornos, facilitan las relaciones entre los distintos albañiles, les ayudan a distribuirse la tarea y a observar los resultados generales alcanzados por el trabajo organizado".[228] ¿Verdad que esto se parece mucho a la manera como el literato, hombre de gabinete, exagera la importancia de su función? El andamiaje no es imprescindible para la vivienda misma: se hace de materiales de peor calidad, se levanta por un breve período, y luego, una vez terminado el edificio, aunque sólo sea en bruto, va a parar a la estufa. En cuanto a la edificación de organizaciones revolucionarias, la experiencia demuestra que a veces se pueden construir sin andamios (recuérdese la década del 70). Pero ahora no podemos ni imaginarnos la posibilidad de levantar sin andamiaje el edificio que necesitamos.

Nadiezhdin no está de acuerdo y dice: "*Iskra* cree que el pueblo se reunirá y organizará en torno a ese periódico en el trabajo para él. *¡Pero si le es mucho más fácil* reunirse y organizarse en torno a una labor *más concreta!*". Así, así: "más fácil reunirse y organizarse en torno a una labor más concreta"... Dice el refrán: "Agua que no has de beber, déjala correr". Pero hay gentes que no sienten reparo en beber agua en la que ya se ha escupido. ¡Qué de infamias no habrán dicho nuestros excelentes "críticos" legales "del marxismo" y admiradores ilegales de *Rabóchaya Mysl* en nombre de este mayor concretamente! ¡Hasta qué punto coartan todo nuestro movimiento nuestra estrechez de miras, nuestra falta de iniciativa y nuestra timidez, que se justifican con los argumentos tradicionales de que "¡es mucho más fácil... en torno a una labor más concreta!". ¡Y Nadiezhdin, que se considera dotado de un sentido especial de la "vida", que condena con singular severidad a los hombres de "gabinete", que imputa (con pretensiones de agudeza) a *Iskra* la debilidad de ver en todas partes "economismo", que se imagina estar a cien codos por encima de esta división en ortodoxos y críticos, no se da cuenta de que, con sus argumentos, favorece la estrechez de miras que le indigna y bebe precisamente el agua llena de escupitajos!

No basta, no, la indignación más sincera contra la estrechez de miras, ni el deseo más ardiente de hacer levantar a las gentes que se prosternan ante esta estrechez si el que se indigna va a merced de las olas y del viento y si se aferra con tanta "espontaneidad", como los revolucionarios de la década del 70, al "terror excitante", al "terror agrario", al "toque a rebato" etc. Vean en qué consiste ese "algo más concreto" en torno al que —cree él— será "mucho más fácil" reunirse y organizarse: 1) periódicos locales; 2) preparación de manifestaciones; 3) trabajo entre los obreros parados. A simple vista se advierte que todo eso ha sido entresacado totalmente al azar, por casualidad, por decir algo, porque, comoquiera que se mire, será un perfecto desatino ver en ello algo de especial utilidad para "reunir y organizar".

Y el mismo Nadiezhdin dice unas páginas más adelante:

> Ya va siendo hora de hacer constar sencillamente un hecho: en el plano local se realiza una labor pequeña en grado sumo, los comités no hacen ni la décima parte de lo que podrían... los centros de unificación que tenemos ahora son una ficción, son burocracia revolucionaria, sus miembros se

dedican a ascenderse mutuamente a generales, y así seguirán las cosas mientras no se desarrollen fuertes organizaciones locales.

No cabe duda de que estas palabras encierran, al mismo tiempo que exageraciones, muchas y amargas verdades. ¿Será posible que Nadiezhdin no vea el nexo existente entre la pequeña labor realizada en el plano local y el estrecho horizonte de los dirigentes locales, la escasa amplitud de sus actividades, cosas inevitables, dada la poca preparación de los mismos, puesto que se encierran en los marcos de las organizaciones locales? ¿Será posible que Nadiezhdin haya olvidado, lo mismo que el autor del artículo sobre organización publicado en *Svoboda*, que el paso a una amplia prensa local (desde 1898) fue acompañado de una intensificación especial del "economismo" y del "primitivismo en el trabajo"?

Además, aunque se pudiera organizar de manera más o menos satisfactoria "una abundante prensa local" (ya hemos demostrado más arriba que es imposible, salvo en casos muy excepcionales), ni siquiera en ese caso podrían tampoco los órganos locales "reunir y organizar" todas las fuerzas de los revolucionarios para una ofensiva general contra la autocracia, para dirigir la lucha aunada. No se olvide que aquí sólo se trata del alcance "colectivo", organizador, del periódico, y podríamos hacer a Nadiezhdin, defensor del fraccionamiento, la misma pregunta irónica que él hace: "¿No habremos heredado de alguna parte 200 mil organizadores revolucionarios?". Prosigamos. No se puede contraponer la "preparación de manifestaciones" al plan de *Iskra* por la sencilla razón de que este plan dice justamente que las manifestaciones más extensas son uno de sus fines; pero de lo que se trata es de elegir el medio práctico.

Nadiezhdin se ha vuelto a embrollar al perder de vista que sólo puede "preparar" manifestaciones (que hasta ahora han sido espontáneas por completo en la inmensa mayoría de los casos) un ejército ya "reunido y organizado", y lo que nosotros no sabemos precisamente es reunir y organizar. "Trabajo entre los obreros parados". Siempre la misma confusión, ya que esto es también una de las operaciones bélicas de unos efectivos movilizados y no un plan para movilizar dichos efectivos. El caso siguiente demuestra hasta qué punto subestima Nadiezhdin, también en este sentido, el daño que produce nuestro fraccionamiento, la falta de los "200.000 organizadores".

Muchos (Nadiezhdin entre ellos) han reprochado a *Iskra* la parquedad de noticias sobre el paro forzoso y la accidentalidad de las crónicas sobre los fenómenos más habituales de la vida rural. El reproche es merecido, pero *Iskra* aparece como culpable sin tener culpa alguna. Nosotros tratamos de "tender un cordelito" también por la aldea, pero en el campo no hay casi albañiles y se ha de alentar por fuerza a todo el que comunique aun el hecho más habitual, abrigando la esperanza de que esto multiplique el número de colaboradores en este terreno y nos enseñe a todos a elegir, por fin, los hechos que resaltan de verdad.

Pero es tan escaso el mensaje que, sino lo sintetizamos a escala nacional, no hay absolutamente nada con qué aprender. No cabe duda de que un hombre que tenga, aunque sea aproximadamente, las aptitudes de agitador y el conocimiento de la vida de los vagabundos que observamos en Nadiezhdin podría prestar al movimiento servicios inestimables, haciendo agitación entre los obreros parados; pero un hombre de esa índole enterraría su talento si no se preocupara de dar a conocer a *todos* los camaradas rusos cada paso de su actuación, para que sirva de enseñanza y ejemplo a quienes, en su inmensa mayoría, aún no saben emprender esta nueva labor.

De la importancia de unificar y de la necesidad de "reunir y organizar" habla ahora todo el mundo sin excepción, pero en la mayoría de los casos no se tiene la menor idea concreta de por dónde empezar y cómo llevar a cabo esa unificación. Todos convendrán, por seguro, en que si "unificamos", por ejemplo, los círculos aislados de barrio de una ciudad, harán falta para ello organismos de barrio de una ciudad, harán falta para ello organismos comunes, es decir, no sólo la denominación común de "unión", sino una labor realmente común, un intercambio de publicaciones de experiencia, de fuerzas y distribución de funciones, no ya sólo por barrios, sino por oficios de todos los trabajos urbanos. Todo el mundo convendrá en que un sólido mecanismo conspirativo no cubrirá sus gastos (si es que puede emplearse una expresión comercial) con los "recursos" (se sobreentiende que tanto materiales como personales) de un barrio; que en este reducido campo de acción no pueda explayarse el talento de un especialista. Pero lo mismo puede afirmarse de la unión de distintas ciudades, porque incluso el campo de acción de una comarca aislada resulta, y ha resultado ya en la historia de nuestro movimiento socialdemócrata, de una estrechez insuficiente: lo hemos demostrado cumplidamente antes con el ejemplo de la agitación política y de la labor de organización.

Es de imperiosa e impostergable necesidad ampliar ante todo este campo de acción, crear un nexo real entre las ciudades respaldado en una labor regular y común, porque el fraccionamiento deprime a la gente que "está en el hoyo" (expresión del autor de una carta dirigida a *Iskra*) sin saber lo que pasa en el mundo, de quién aprender, cómo conseguir experiencia y de qué manera satisfacer su deseo de una actividad amplia.

Y yo continúo insistiendo en que este nexo *real* sólo puede *empezar* a establecerse con un periódico central que sea, para toda Rusia, la única empresa regular que haga el balance de toda la actividad en sus aspectos más variados, *impulsando* con ello a la gente a seguir infatigablemente hacia adelante, por *todos* los numerosos caminos llevan a la revolución, lo mismo que todos los caminos llevan a Roma. Si deseamos la unificación no sólo de palabra, es necesario que cada círculo local *dedique inmediatamente*, por ejemplo, una cuarta parte de sus fuerzas a un trabajo *activo* para la obra *común*.

Y el periódico le muestra enseguida[229] los contornos generales, las proporciones y el carácter de la obra; le muestra qué lagunas son las que más se dejan sentir en toda la actividad general de Rusia; dónde no hay agitación, dónde son débiles los vínculos, qué ruedecitas del inmenso mecanismo general podría un círculo determinado arreglar o sustituir por otras mejores. Un círculo que aún no haya trabajado y que sólo busque trabajo podría empezar ya, no con los métodos primitivos del artesano en su pequeño taller aislado, que no conoce ni el desarrollo de la "industria" anterior a él ni el estado general de los métodos vigentes de producción industrial, sino como colaborador de una vasta empresa que *refleja* todo el empuje revolucionario general contra la autocracia. Y cuanto más perfecta sea la preparación de cada ruedecita, cuanto mayor cantidad de trabajadores sueltos participen en la obra común, tanto más tupida será nuestra red y tanta menos confusión provocarán en las filas comunes inevitables descalabros.

El vínculo *efectivo* empezaría ya a establecerlo la mera difusión del periódico (si es que éste merecería realmente el nombre del periódico, es decir, si apareciese regularmente y no una vez al mes, como las revistas voluminosas, sino unas cuatro veces). Hoy día son muy raras las relaciones entre las ciudades en cuanto a los asuntos revolucionarios, en todo caso son una excepción; entonces, estas relaciones se convertirían en regla, y, naturalmente, no sólo asegurarían la difusión del periódico, sino también (lo que revista mayor importancia) el intercambio de experiencia, informaciones, fuerzas y recursos.

La labor de organización alcanzaría en el acto una amplitud mucho mayor, y el éxito de una localidad alentaría constantemente a seguir perfeccionándose, a aprovechar la experiencia ya adquirida por un camarada que actúa en otro confín del país. El trabajo local sería mucho más rico y variado que ahora; las denuncias de los manejos políticos y económicos que se recogiesen por toda Rusia servirían para la nutrición intelectual de los obreros de todas las profesiones y de *todos los grados de desarrollo*, suministrarían datos y darían motivos para charlas y lecturas sobre los problemas más distintos, planteados, además, por las alusiones de la prensa legal, por lo que se dice en sociedad y por los "tímidos" comunicados del gobierno.

Cada explosión, cada manifestación, se enjuiciaría y discutiría en todos sus aspectos y en todos los confines de Rusia, despertando el deseo de no quedar a la zaga, de hacer las cosas mejor que nadie (¡nosotros, los socialistas, no desechamos en absoluto toda emulación, toda "competencia" en general!), de preparar conscientemente lo que la primera vez se hizo en cierto modo de manera espontánea, de aprovechar las condiciones favorables de una localidad determinada o de un momento determinado para modificar el plan de ataque, etc. Al mismo tiempo, esta reanimación de la labor local no acarrearía la desesperada tensión "agónica" de *todas* las fuerzas, ni la movilización de *todos* los hombres, como sucede a menudo ahora, cuando hay que organizar una manifestación o publicar un número de un periódico local: por una parte, la policía tropezaría con dificultades mucho mayores para llegar hasta la "raíz", ya que no se sabría en qué localidad había que buscarla; por otra, una labor regular y común enseñaría a los hombres a concordar, *en cada caso concreto*, la fuerza de un ataque con el estado de fuerzas de tal o cual destacamento del ejército común (ahora casi nadie piensa en parte alguna en esa coordinación, pues los ataques son espontáneos en sus nueve décimas partes), y facilitaría el "transporte" no sólo de las publicaciones, sino también de las fuerzas revolucionarias.

Ahora, en la mayor parte de los casos, estas fuerzas se desangran en la estrecha labor local; en cambio, entonces, habría posibilidad y constantes ocasiones para trasladar a un agitador u organizador más o menos capaz de un extremo a otro del país. Comenzando por un pequeño viaje para resolver asuntos del partido y a expensas del mismo, los militantes se acostumbrarían a vivir enteramente a costa del partido, a hacerse revolucionarios profesionales, a formarse como verdaderos guías políticos.

Y si realmente lográsemos que todos o una gran mayoría de los comités, grupos y círculos locales emprendiesen activamente la labor común, en un futuro no lejano, estaríamos en condiciones de publicar un semanario que se difundiese regularmente en decenas de millares de ejemplares por toda Rusia. Este periódico sería una partícula de un enorme fuelle de fragua que avivase cada chispa de la lucha de clases y de la indignación del pueblo, convirtiéndola en un gran incendio.

En torno a esta labor, de por sí muy anodina y muy pequeña aún, pero regular y común en el pleno sentido de la palabra, se concentraría sistemáticamente y se instruiría el ejército permanente de luchadores probados. No tardaríamos en ver subir por los andamios de este edificio común de organización y destacarse de entre nuestros revolucionarios a los zheliábov[230] socialdemócratas; de entre nuestros obreros, a los bebel[231] rusos, que se pondrían a la cabeza del ejército movilizado y levantarían a todo el pueblo para acabar con la ignominia y la maldición de Rusia.

¡En esto es en lo que hay que soñar!

"¡Hay que soñar!". He escrito estas palabras y me he asustado. Me he imaginado sentado en el "Congreso de unificación" frente a los redactores y colaboradores de *Rabócheie Dielo*. Y he aquí que se pone en pie el camarada Martínov y se encara a mí con tono amenazador: "Permítame que les pregunte: ¿tiene aún la redacción autónoma derecho a soñar sin consultar antes a los comités del partido?". Tras él se yergue el camarada Krichevski (profundizando filosóficamente al camarada Martínov, quien hace mucho tiempo había profundizado ya al camarada Plejánov) y prosigue en tono más amenazador aún: "Yo voy más lejos, si no olvida que, según Marx, la humanidad siempre se plantea tareas realizables, que la táctica es un proceso de crecimiento de las tareas, las cuales crecen con el partido".

Sólo de pensar en estas preguntas amenazadoras me da escalofríos y miro dónde podría esconderme. Intentaré hacerlo tras Písarev.

Hay disparidades y disparidades —escribía Písa-rev a propósito de la existente entre los sueños y la realidad—. Mis sueños pueden adelantarse al curso natural de los acontecimientos, o bien desviarse hacia donde el curso natural de los acontecimientos no puede llegar jamás. En el primer caso, los sueños no producen ningún daño, incluso pueden sostener y reforzar las energías del trabajador... En sueños de esta índole no hay nada que deforme o paralice la fuerza de trabajo. Todo lo contrario. Si el hombre estuviese privado por completo de la capacidad de soñar así, si no pudiese adelantarse alguna que otra vez y contemplar con su imaginación el cuadro enteramente acabado de la obra que empieza a perfilarse por su mano, no podría figurarme de ningún modo qué móviles lo obligarían a emprender y llevar a cabo vastas y penosas empresas en el terreno de las artes, de las ciencias y de la vida práctica... La disparidad entre los sueños y la realidad no produce daño alguno, siempre que el soñador crea seriamente en un sueño, se fije atentamente en la vida, compare sus observaciones con sus castillos en el aire y, en general, trabaje a conciencia porque se cumplan sus fantasías. Cuando existe algún contacto entre los sueños y la vida, todo va bien.[232]

Pues bien, los sueños de esta naturaleza, por desgracia, son rarísimos en nuestro movimiento. Y la culpa la tienen, sobre todo, los representantes de la crítica legal y del "seguidismo" ilegal que presumen de su sensatez, de su "proximidad" a lo "concreto".

3. ¿Qué tipo de organización necesitamos?

Por lo que precede, puede ver el lector que nuestra "táctica-plan" consiste en rechazar el llamamiento inmediato al asalto, en exigir que se organice "debidamente el asedio de la fortaleza enemiga" o, dicho en otros términos, en exigir que todos los esfuerzos se dirijan a reunir, organizar y movilizar un ejército regular. Cuando pusimos en ridículo a *Rabócheie Dielo* por el cambio que dio, pasando del "economismo" a los gritos sobre la necesidad del asalto (gritos que dio en el número 6 de *Listok Rabóchego Diela*[233] en abril de 1901), dicho órgano nos atacó, como es natural, acusándonos de "doctrinarismo", diciendo que no comprendemos el deber revolucionario, que exhortamos a la prudencia, etc., desde luego, en modo alguno nos ha extrañado esta acusación en boca de gentes que carecen de todo principio y que salen del paso con la sabihonda "táctica-proceso"; como tampoco nos ha extrañado que esta acusación la haya repetido Nadiezhdin, que en general tiene el desprecio más olímpico por la firmeza de los principios programáticos y tácticos.

Dicen que la historia no se repite. Pero Nadiezhdin hace los imposibles por repetirla e imita con tesón a Tkachov, denigrando el "culturalismo revolucionario", vociferando sobre "las campanas al vuelo del Veche",[234] pregonando un "punto de vista" especial "de vísperas de la revolución", etc. Por lo visto, olvida la conocida sentencia de que si el original de un acontecimiento histórico es una tragedia, su copia no es más que una farsa.[235] La tentativa de adueñarse del poder —tentativa preparada por la prédica de Tkachov y realizada por el terrorismo "horripilante" y que en realidad horripilaba entonces— era majestuosa, y, en cambio, el terrorismo "excitante" del pequeño Tkachov es simplemente ridículo; sobre todo, es ridículo cuando se complementa con la idea de organizar a los obreros medios.

> Si *Iskra* —escribe Nadiezhdin— saliese de su esfera del literaturismo, vería que estos (hechos como la *Carta de un obrero*, en el número 7 de *Iskra*, etc.) son síntomas demostrativos de que pronto, muy pronto, comenzará el "asalto", y hablar ahora (*sic*) de una organización cuyos hilos arranquen de un periódico central para toda Rusia es fomentar ideas y labor de gabinete.

Fíjense en esta confusión inimaginable: por una parte, terrorismo excitante y "organización de los obreros medios" a la par con la idea de que es "más fácil" reunirse en torno a algo "más concreto", por ejemplo, de periódicos locales, y, por otra parte, hablar "ahora" de una organización para toda Rusia significa dar ideas de gabinete, es decir (empleando un lenguaje más franco y sencillo), ¡"ahora" ya es tarde! Y para "fundar a vasta escala periódicos locales", ¿no es tarde, respetabilísimo L. Nadiezhdin? Comparen con eso el punto de vista y la táctica de *Iskra*: el terrorismo excitante es una tontería; hablar de organizar precisamente a los obreros medios y de fundar a vasta escala periódicos locales significa abrir de par en par las puertas al "economismo". Es preciso hablar de una organización de revolucionarios única para toda Rusia, y no será tarde hablar de ella hasta el momento en que empiece el asalto de verdad, y no sobre el papel.

> Sí —continúa Nadiezhdin—, en cuanto a la organización, nuestra situación está muy lejos de ser brillante: sí, *Iskra* tiene completa razón cuando dice que el grueso de nuestras fuerzas militares está constituido por voluntarios e insurrectos... Está bien que tengáis una idea lúcida del estado de nuestras fuerzas; pero, ¿por qué olvidáis que *la multitud no es en absoluto nuestra* y que por eso *no nos preguntará* cuándo hay que romper las hostilidades y se lanzará al "motín"? ... Cuando la multitud empiece a actuar ella misma con su devastadora fuerza espontánea, *puede* arrollar y desalojar al "ejército regular", al que siempre se pensaba organizar en forma extraordinariamente sistemática, pero no hubo tiempo de hacerlo.[236]

¡Extraña lógica! Precisamente porque "la multitud no es nuestra", es insensato e indecoroso dar gritos de "asalto" inmediato, ya que el asalto es un ataque de un ejército regular y no una explosión espontánea de la multitud. Precisamente porque la multitud puede arrollar y desalojar al ejército regular, necesitamos sin falta que toda nuestra labor de "organización extraordinariamente sistemática" del ejército regular marche a la par con el auge espontáneo, porque cuanto mejor consigamos esta organización, tanto más probable será que el ejército regular no sea arrollado por la multitud, sino que se ponga a su frente y la encabece.

Nadiezhdin se confunde porque se imagina que este ejército sistemáticamente organizado se ocupa de algo que lo aparta de la multitud, mientras que, en realidad, éste se ocupa exclusivamente de una agitación política múltiple y general, es decir, justamente de la labor que aproxima y funde en un todo la fuerza destructora espontánea de la multitud y la fuerza destructora consciente de la organización de revolucionarios. La verdad es que ustedes, señores, inculpan al prójimo las faltas propias, pues precisamente el grupo *Svoboda*, al introducir en el programa el terrorismo, exhorta con ello a crear una organización de terroristas, y una organización así desviaría realmente a nuestro ejército de su aproximación a la multitud que, por desgracia, ni es aún nuestra ni nos pregunta, o nos pregunta poco, cuándo y cómo hay que romper las hostilidades.

"Nos pillará desprevenidos la propia revolución —continúa Nadiezhdin, asustando a *Iskra*—, como nos ha ocurrido con los acontecimientos actuales, que nos han caído encima como un alud". Esta frase, relacionada con las que hemos citado antes, nos demuestra palmariamente que es absurdo el "punto de vista" especial "de vísperas de la revolución" ideado por *Svoboda*.[237] Hablando sin ambages, el "punto de vista" especial se reduce a que "ahora" ya es tarde para deliberar y prepararse. Pero en este caso, ¡oh, respetabilísimo enemigo del "literaturismo"!, ¿para qué escribir 132 páginas impresas "sobre cuestiones de teoría[238] y táctica"? ¿No le parece que "al punto de vista de *En vísperas de la revolución*" le iría mejor publicar 132 mil octavillas con un breve llamamiento: "¡Por ellos!"?

Precisamente, corre menor riesgo de que lo pille desprevenido la revolución quien coloca en el ángulo principal de todo su programa, de toda su *táctica*, de toda su *labor de organización* la agitación política entre todo el pueblo, como hace *Iskra*. Los que se dedican en toda Rusia a trenzar los hilos de la organización que arranque de un periódico central para todo el país, lejos de que los pillen desprevenidos los sucesos de la primavera, nos han ofrecido la posibilidad de pronosticarlos. Tampoco los han pillado desprevenidos las manifestaciones descritas en los números 13 y 14 de *Iskra*; por el contrario, han tomado parte en ellas, con viva conciencia de que su deber era acudir en ayuda del ascenso espontáneo de la multitud, contribuyendo al mismo tiempo, por medio de su periódico, a que todos los camaradas rusos conozcan estas manifestaciones y utilicen su experiencia.

¡Y si conservan la vida, tampoco dejarán que los pille desprevenidos la revolución, que reclama de nosotros, ante todo y por encima de todo, que saquemos experiencia en la agitación, sepamos apoyar (apoyar a la manera socialdemócrata) toda protesta y acertemos a orientar el movimiento espontáneo, salvaguardándolo de los errores de los amigos y de las celadas de los enemigos!

Hemos llegado, pues, a la última razón que nos obliga a hacer particular hincapié en el plan de una organización formada en torno a un periódico central para toda Rusia, mediante la labor conjunta en este periódico común. Sólo una organización semejante aseguraría la flexibilidad indispensable a la organización socialdemócrata combativa, es decir, la capacidad de adaptarse en el acto a las condiciones de lucha más variadas y cambiantes con rapidez; saber, "de un lado, rehuir las batallas en campo abierto contra un enemigo que tiene superioridad aplastante de fuerzas, cuando concentra estas en un punto, y para saber, de otro lado, aprovechar la torpeza de movimientos de este enemigo y lanzarse sobre él en el sitio y en el momento en que menos espere ser atacado".[239]

Sería un gravísimo error montar la organización del partido cifrando las esperanzas sólo en las explosiones y luchas de las calles o sólo en la "marcha progresiva de la lucha cotidiana y monótona". Debemos desplegar siempre nuestra labor cotidiana dispuestos a todo, porque muchas veces es casi imposible prever por anticipado cómo alternarán los períodos de explosiones con los de calma y, aun cuando fuera posible preverlo, no se podría aprovechar la previsión para reconstruir la organización, porque en un país autocrático estos cambios se producen con asombrosa rapidez, a veces como consecuencia de una incursión nocturna de los genízaros zaristas.[240]

De la revolución misma no debe uno forjarse la idea de que sea un acto único (como, por lo visto, se la imaginan los *nadiezhdin*), sino de que es una sucesión rápida de explosiones más o menos violentas, alternando con períodos de calma más o menos profunda. Por tanto, el contenido fundamental de las actividades de la organización de nuestro partido, el centro de gravedad de estas actividades debe consistir en una labor que es posible y necesaria tanto durante el período de la explosión más violenta como durante el de la calma más completa, a saber: en una labor de agitación política unificada en toda Rusia que arroje luz sobre todos los aspectos de la vida y que dirija a las más grandes masas. Y esta labor es *inconcebible* en la Rusia actual sin un periódico central para toda Rusia, que aparezca muy a menudo. La organización que se forme por sí misma en torno a este periódico, la organización de sus *colaboradores* (en la acepción más amplia del término, es decir, de todos los que trabajan en torno a él) estará precisamente dispuesta *a todo*, desde salvar el honor, el prestigio y la continuidad del partido en los momentos de mayor "depresión" revolucionaria, hasta preparar *la insurrección armada de todo el pueblo*, fijar fecha para su comienzo y llevarla a la práctica.

En efecto, figurémonos una redada completa, muy corriente entre nosotros, en una o varias localidades. Al no haber en *todas* las organizaciones locales *una* labor común llevada en forma regular, estos descalabros van acompañados a menudo de la interrupción del trabajo por largos meses. En cambio, si todas tuvieran una labor común, bastarían, en el caso de la mayor redada, unas cuantas semanas de trabajo de dos o tres personas enérgicas para poner en contacto con el organismo central común a los nuevos círculos de la juventud que, como es sabido, incluso ahora brotan con suma rapidez; y cuando la labor común que sufre los descalabros está a la vista de todo el mundo, los nuevos círculos pueden surgir y ponerse en contacto con dicho organismo central más pronto aún.

Por otra parte, imagínense una insurrección popular. Ahora es probable que todo el mundo esté de acuerdo en que debemos pensar en ella y prepararnos para ella. Pero, *¿cómo* prepararnos? ¡No se querrá que el Comité Central nombre agentes en todas las localidades para preparar la insurrección! Aunque tuviésemos un Comité Central, éste no lograría absolutamente nada con designarlos, dadas las actuales condiciones rusas. Por el contrario, una red de agentes[241] que se forme por sí misma en el trabajo de organización y difusión de un periódico central no tendría que "aguardar con los brazos cruzados" la consigna de la insurrección, sino que desplegaría justamente esa labor regular que le garantizase, en caso de insurrección, las mayores probabilidades de éxito.

Esa misma labor es la que reforzaría los lazos de unión tanto con las más grandes masas obreras como con todos los sectores descontentos de la autocracia, lo cual tiene suma importancia para la insurrección. En esa labor precisamente se formaría la capacidad de enjuiciar con tino la situación política general y, por tanto, la capacidad de elegir el momento adecuado para la insurrección.

Esa misma labor es la que acostumbraría a todas las organizaciones locales a hacerse unísono eco de los problemas, casos y sucesos políticos que agitan a toda Rusia, responder a estos "sucesos" con la mayor energía posible, de la manera más uniforme y conveniente posible; y la insurrección es, en el fondo, la "respuesta" más enérgica, más uniforme y más conveniente de todo el pueblo al gobierno.

Esa misma labor es la que acostumbraría, por último, a todas las organizaciones revolucionarias, en todos los confines de Rusia, a mantener las relaciones más constantes, y conspirativas a la vez, que crearían la unidad efectiva del partido; sin estas relaciones es imposible discutir colectivamente un plan de insurrección ni adoptar las medidas preparatorias indispensables en vísperas de ésta, medidas que deben guardarse en el secreto más riguroso.

En pocas palabras, "el plan de un periódico político central para toda Rusia", lejos de ser el fruto de un trabajo de gabinete de personas contaminadas de doctrinarismo y literaturismo (como les ha parecido a gentes que han meditado poco en él), es, por el contrario, el plan más práctico de empezar a prepararse en el acto y por doquier para la insurrección, sin olvidar al mismo tiempo ni por un instante la labor corriente de cada día.

CONCLUSIÓN

La historia de la socialdemocracia rusa se divide manifiestamente en tres períodos.

El primer período comprende cerca de un decenio, de 1884 a 1894, poco más o menos. Fue el período en que brotaron y se afianzaron la teoría y el programa de la socialdemocracia. El número de adeptos de la nueva tendencia en Rusia se podía contar con los dedos de las manos. La socialdemocracia existía sin movimiento obrero y pasaba, como partido político, por el proceso de desarrollo intrauterino.

El segundo período abarca tres o cuatro años, de 1894 a 1898. La socialdemocracia aparece como movimiento social, como impulso de las masas populares, como partido político. Fue el período de infancia y adolescencia. Con la rapidez de una epidemia, se propaga el apasionamiento general de los intelectuales por la lucha contra el populismo y por la corriente de ir hacia los obreros, el apasionamiento general de los obreros por las huelgas. El movimiento hace grandes progresos. La mayoría de los dirigentes eran hombres muy jóvenes que estaban lejos de haber alcanzado la "edad de treinta y cinco años", que el señor N. Mijailovski tenía por algo así como frontera natural.

Por su juventud, no estaban preparados para la labor práctica y desaparecían de la escena con asombrosa rapidez. Pero la magnitud de su trabajo, en la mayoría de los casos, era muy grande. Muchos de ellos comenzaron a pensar de un modo revolucionario, como adeptos del grupo Libertad del Pueblo. Casi todos rendían en sus mocedades pleitesía a los héroes del terrorismo, y les costó mucho trabajo sustraerse a la impresión seductora de esta tradición heroica; hubo que romper con personas que a toda costa querían seguir siendo fieles a Libertad del Pueblo y gozaban de gran respeto entre los jóvenes socialdemócratas. La lucha obligaba a estudiar, a leer obras ilegales de todas las tendencias, a ocuparse intensamente de los problemas del populismo legal. Formados en esta lucha, los socialdemócratas acudían al movimiento obrero sin olvidar "un instante" ni la teoría del marxismo que les alumbró con luz meridiana ni la tarea de derrocar a la autocracia. La formación del partido, en la primavera de 1898, fue el acto de mayor relieve, y último a la vez, de los socialdemócratas de aquel período.

El tercer período despunta, como acabamos de ver, en 1897, y viene a sustituir definitivamente al segundo en 1898 (1898-?). Es el período de dispersión, de disgregación, de vacilación. Igual que mudan la voz los adolescentes, la socialdemocracia rusa de aquel período también la mudó y empezó a dar notas falsas, por una parte, en las obras de los señores Struve, Prokopóvich, Bulgákov y Berdiáiev, y, por otra, en las de VI-n, RM., B. Krichevski y Martínov. Pero iban cada uno por su lado y retrocedían los dirigentes nada más: el propio movimiento seguía creciendo y haciendo progresos gigantescos.

La lucha proletaria englobaba nuevos sectores de obreros y se propagaba por toda Rusia, contribuyendo a la vez indirectamente a avivar el espíritu democrático entre los estudiantes y entre los otros sectores de la población. Pero la conciencia de los dirigentes cedió ante la magnitud y el vigor del crecimiento espontáneo. Entre los socialdemócratas predominaba ya otra clase de gente: los militantes formados casi exclusivamente en el espíritu de la literatura marxista "legal", cosa tanto más insuficiente cuanto más alto era el nivel de conciencia que reclamaba de ellos la espontaneidad de las masas.

Los dirigentes no sólo quedaban rezagados tanto en el sentido teórico ("libertad de crítica") como en el terreno práctico ("métodos primitivos de trabajo"), sino que intentaban defender su atraso recurriendo a toda clase de argumentos rimbombantes. El movimiento socialdemócrata era rebajado al nivel del tradeunionismo tanto por los brentanistas[242] de la literatura legal como por los seguidistas de la ilegal. El programa del *Credo* comienza a llevarse a la práctica, sobre todo cuando los "métodos primitivos de trabajo" de los socialdemócratas reavivan las tendencias revolucionarias no socialdemócratas.

Y si el lector me reprocha que me haya explayado con exceso de pormenores en un periódico como *Rabócheie Dielo*, le contestaré: *Rabóchei Dielo* ha adquirido una importancia "histórica" por haber reflejado con el mayor relieve el "espíritu" de este tercer período.[243] No era el consecuente R. M., sino precisamente los Krichevski y Martínov, que cambian de dirección como las veletas a los cuatro vientos, quienes podían expresar de verdad la dispersión, las vacilaciones y la disposición a hacer concesiones a la "crítica", al "economismo" y al terrorismo. Lo que caracteriza a este período no es el desprecio olímpico de algún admirador de "lo absoluto" por la labor práctica, sino precisamente la unión de un practicismo mezquino con la más completa despreocupación por la teoría.

Más que negar abiertamente las "grandes palabras", lo que hacían los héroes de este período era envilecerlas: el socialismo científico dejó de ser una teoría revolucionaria integral, convirtiéndose en una mezcolanza a la que se añadían "libremente" líquidos procedentes de cualquier manual alemán nuevo; la consigna de "lucha de clases" no impulsaba a una actividad cada vez más amplia, cada vez más enérgica, sino que servía de amortiguador, ya que "la lucha económica está íntimamente ligada a la lucha política"; la idea del partido no exhortaba a crear una organización combativa de revolucionarios, sino que justificaba una especie de "burocracia revolucionaria" y el juego infantil a formas "democráticas".

Ignoramos cuándo acabará el tercer período y empezará el cuarto (en todo caso anunciado ya por muchos síntomas). Del campo de la historia pasamos aquí al terreno de lo presente y, en parte, de lo futuro. Pero creemos con firmeza que el cuarto período ha de conducir al afianzamiento del marxismo militante, que la socialdemocracia rusa saldrá fortalecida y arreciada de la crisis, que la retaguardia oportunista será "relevada" por un verdadero destacamento de vanguardia de la clase más revolucionaria.

A guisa de exhortación a este "relevo", y resumiendo lo que acabamos de exponer, podemos dar esta escueta respuesta a la pregunta: ¿qué hacer?:

Acabar con el tercer período.

ANEXO

Intento de fusionar *Iskra* con *Rabócheie Dielo*

Nos resta esbozar la táctica adoptada y consecuente-
mente aplicada por *Iskra* en las relaciones orgánicas con
Rabócheie Dielo. Esta táctica ha sido expuesta ya por completo en el número 1 de *Iskra*, en el artículo "La escisión de
la Unión de Socialdemócratas Rusos en el Extranjero".[245]
Admitimos en seguida el punto de vista de que la verdadera Unión de Socialdemócratas Rusos en el Extranjero,
reconocida por el I Congreso de nuestro partido como
su representante fuera del país, *se había escindido* en dos
organizaciones; que seguía pendiente el problema de la
representación del partido, puesto que lo había resuelto
sólo con carácter provisional y convencional, en el Congreso internacional celebrado en París; la elección de dos
miembros procedentes de Rusia, uno por cada parte de
la Unión escindida, para el Buró Socialista Internacional
permanente.[246]

Hemos declarado que, en fondo, *Rabócheie Dielo no tenía
razón*; en cuanto a los principios, nos colocamos resueltamente al lado del grupo Emancipación del Trabajo, pero
nos negamos, al mismo tiempo, a entrar en detalles de la
escisión y señalamos los méritos de la Unión en el terreno
de la labor puramente práctica.[247]

De modo que nos manteníamos, hasta cierto punto, a la expectativa: hacíamos una concesión al criterio imperante entre la mayoría de los socialdemócratas rusos, los cuales sostenían que incluso los enemigos más decididos del "economismo" podían trabajar codo con codo con la Unión, porque ésta había declarado más de una vez que estaba de acuerdo en principio con el grupo Emancipación del Trabajo y que no pretendía, según afirmaba, tener una posición independiente en los problemas cardinales de la teoría y de la táctica.

El acierto de la posición que habíamos adoptado lo corrobora indirectamente el hecho de que, casi en el momento de aparecer el primer número de *Iskra* (diciembre de 1900), se separaron de la Unión tres miembros, formando el llamado grupo de iniciadores, los cuales se dirigieron: 1) a la sección de la organización de *Iskra* en el extranjero; 2) A la Organización Revolucionaria Sotsial-Demokrat, y 3) A la Unión, proponiendo su mediación para entablar negociaciones conciliadoras. Las dos primeras organizaciones aceptaron en seguida, la tercera se negó.

Por cierto, cuando en el Congreso de "unificación", celebrado el año pasado, uno de los oradores expuso los hechos citados, un miembro de la administración de la Unión declaró que su negativa se debía exclusivamente a que la Unión estaba descontenta de la composición del grupo de iniciadores. Estimando que es mi deber insertar esta explicación, no puedo, sin embargo, dejar de observar por mi parte que no la considero satisfactoria: como la Unión estaba al tanto de la conformidad de las dos organizaciones para entablar negociaciones, podía dirigirse a ellas por conducto de otro mediador o directamente.

En la primavera de 1901, tanto *Zariá* (Núm. 1, abril) como *Iskra* (Núm. 4, mayo) entablaron una polémica directa contra *Rabócheie Dielo*.[248] *Iskra* atacó, sobre todo, el *Viraje histórico de Rabócheie Dielo*, que en su hoja de *abril*, esto es, después de los acontecimientos de primavera, dio ya muestras de poca firmeza respecto al apasionamiento por el terrorismo y por los llamamientos "sanguinarios". A pesar de esta polémica, la Unión contestó que estaba dispuesta a reanudar las negociaciones de conciliación por intermedio de un nuevo grupo de "conciliadores". La conferencia preliminar de representantes de las tres organizaciones citadas se celebró en el mes de junio y elaboró un proyecto de pacto basado en un detalladísimo "acuerdo en principio", publicado por la Unión en el folleto *Dos congresos* y por la Liga en el folleto *Documentos del Congreso de "unificación"*.

El contenido de este acuerdo (o, como suele llamársele, resoluciones de la Conferencia de junio) adoptado con arreglo a los principios demuestra con claridad meridiana que nosotros exigíamos, como condición indispensable para la unificación, que se repudiara del modo más decidido toda manifestación de oportunismo en general y de oportunismo ruso en particular. "Rechazamos —dice el primer párrafo— todas las tentativas de introducir el oportunismo en la lucha de clase del proletariado, tentativas que se han manifestado en el llamado "economismo", bernsteinianismo, millerandismo, etc.... La esfera de actividad de la socialdemocracia comprende... la lucha ideológica contra todos los adversarios del marxismo revolucionario" (4, c). "En todas las esferas de la labor de agitación y de organización, la socialdemocracia no debe olvidar ni un instante la tarea inmediata del proletariado ruso: derrocar a la autocracia" (5, a)... "la agitación, no sólo en el terreno de la lucha diaria del trabajo asalariado contra el capital" (5,b) ... "no reconociendo... la fase de la lucha puramente económica y de la lucha por reivindicaciones políticas parciales" (5, c)... "consideramos de importancia para el movimiento criticar las corrientes que erigen en principio... lo elemental... y lo estrecho de las formas inferiores del movimiento" (5, d).

Incluso una persona completamente extraña, después de leer más o menos atentamente estas resoluciones, ha de ver por su mismo enunciado que se dirigen contra quienes eran oportunistas y "economistas" y han olvidado, aunque sólo sea un instante, la tarea de derribar la autocracia, contra quienes han aceptado la teoría de las fases, han erigido en principio la estrechez de miras, etc. Y quien reconozca más o menos la polémica que el grupo Emancipación del Trabajo, *Zariá* e *Iskra* han tenido con *Rabócheie Dielo*, no dudará un instante que estas resoluciones rechazan, punto por punto, precisamente las aberraciones en que había caído *Rabócheie Dielo*. Por eso, cuando en el Congreso de "unificación" uno de los miembros de la Unión declaró que los artículos publicados en el número 10 de *Rabóchie*

Dielo no se debían al nuevo "viraje histórico" de la Unión, sino al espíritu demasiado "abstracto"[249] de las resoluciones, uno de los oradores lo puso con toda razón en ridículo. Las resoluciones, contestó, lejos de ser abstractas, son increíblemente concretas: basta echarles una ojeada para ver que "se quería cazar a alguien".

Esta expresión motivó en el congreso un episodio característico. Por una parte, B. Krichevski se aferró a la palabra "cazar", creyendo que era un lapsus delator de mala intención por nuestra parte ("tener una emboscada") y exclamó en tono patético: "¿A quién se iba a cazar?". "Sí, en efecto, ¿a quién?", preguntó irónicamente Plejánov. "Yo ayudaré al camarada Plejánov en su perplejidad —contestó B. Krichevski—, yo le explicaré que a quien se quería cazar era a la redacción de *Rabóchei Dielo* (hilaridad general). "¡Pero no nos hemos dejado cazar!" (exclamaciones de la izquierda: "¡Peor para vosotros!"). Por otra parte, un miembro del grupo Borbá (grupo de conciliadores), pronunciándose contra las enmiendas de la Unión a las resoluciones, y en su deseo de defender a nuestro orador, declaró que, evidentemente, la expresión "se quería cazar" se había escapado sin querer en el calor de la polémica.

Por lo que a mí se refiere, creo que el orador que ha empleado la expresión no se sentirá del todo satisfecho con esta "defensa". Yo creo que las palabras "se quería cazar a alguien" fueron "dichas en broma, pero pensadas en serio": nosotros hemos acusado siempre a *Rabóchei Dielo* de falta de firmeza, de vacilaciones, razón por la cual debíamos, naturalmente, tratar de cazarlo para hacer imposibles las vacilaciones en lo sucesivo. No se podía hablar aquí de mala intención porque se trataba de falta de firmeza en los principios. Y hemos sabido "cazar" a la Unión procediendo lealmente,[250] de manera que las resoluciones de junio fueron firmadas por el propio B. Krichevski y por otro miembro de la administración de la Unión.

Los artículos publicados en el número 10 de *Rabóchei Dielo* (nuestros camaradas vieron este número sólo cuando hubieron llegado al congreso y unos días antes de inaugurarse éste) demostraban claramente que del verano al otoño se había producido otro viraje en la Unión: los "economistas" obtuvieron una vez más la supremacía, y la redacción, dúctil a toda nueva "corriente", volvió a defender a los "más declarados bernsteinianos", la "libertad de crítica" y la "espontaneidad" y a predicar por boca de Martínov la "teoría de restringir" la esfera de nuestra influencia política (con el propósito aparente de complicar esta misma influencia).

Una vez más se ha confirmado la certera observación de Parvus de que es difícil cazar a un oportunista con una simple fórmula, porque le cuesta tan poco firmar cualquier fórmula como renegar de ella, ya que el oportunismo consiste precisamente en la falta de principios más o menos definidos y firmes. Hoy, los oportunistas rechazan toda tentativa de introducir el oportunismo, rechazan toda restricción, prometen solemnemente "no olvidar un instante el derrocamiento de la autocracia", hacer "agitación no sólo en el terreno de la lucha diaria del trabajo asalariado contra el capital", etc. Y mañana cambian de tono y vuelven a las andadas so pretexto de defender la espontaneidad, de la marcha progresiva de la lucha cotidiana y monótona, de ensalzar las reivindicaciones que prometen resultados palpables, etc.

Al continuar afirmando que en los artículos del número 10 la "Unión no ha visto ni ve ninguna abjuración herética de los principios generales del proyecto de la conferencia",[251] la Unión sólo revela con ello que es incapaz por completo o que no quiere comprender el fondo de las discrepancias.

Después del número 10 de *Rabóchei Dielo* nos quedaba por hacer una sola tentativa: iniciar una discusión general para convencernos de si toda la Unión se solidarizaba con estos artículos y con su redacción. La Unión está disgustada con nosotros, sobre todo, por este hecho y nos acusa de que intentamos sembrar la discordia en su seno, de que nos inmiscuimos en cosas ajenas, etc. Acusaciones a todas luces infundadas, porque, teniendo una redacción compuesta por elección y dúctil para "girar" al menor soplo del viento, todo depende precisamente de la dirección del viento, y éramos nosotros quienes determinábamos esa dirección en las sesiones a puerta cerrada, a las que sólo asistían los miembros de las organizaciones venidas para unificarse.

Las enmiendas que se ha introducido en las resoluciones de junio en nombre de la Unión nos han quitado el último asomo de esperanza de llegar a un acuerdo. Las enmiendas son una prueba documental del nuevo viraje hacia el "eco-nomismo" y de la solidaridad de la mayoría de la Unión con el número 10 de *Rabóchei Dielo*. Se borraba del número de manifestaciones del oportunismo el "llamado economis-mo" (debido a la supuesta "vaguedad" de estas palabras, si bien de esta motivación no se deduce sino la necesidad de definir con mayor exactitud la esencia de una aberración muy extendida); también se borraba el "millerandismo" (si bien B. Krichevski lo defendía en *Rabóchei Dielo*,[252] y con mayor franqueza aún en *Vorwärts*).[253]

A pesar de que las resoluciones de junio indicaban de manera terminante que la tarea de la socialdemocracia consistía en "dirigir todas las manifestaciones de lucha del proletariado contra todas las formas de opresión política, económica y social", exigiendo con ello que se introdujera método y unidad en todas estas manifestaciones de lucha, la Unión añadía palabras superfluas por demás, diciendo que la "lucha económica es un poderoso estímulo para el movimiento de masas" (estas palabras, de por sí, son indis-cutibles, pero, existiendo un "economismo" estrecho, no podían menos que llevar a interpretaciones falsas).

Más aún, se ha llegado hasta a restringir con descaro en las resoluciones de junio la "política", ya eliminando las palabras "ni por un instante" (no olvidar el objetivo del derrocamiento de la autocracia), ya añadiendo las palabras "la lucha económica es el medio aplicable con la mayor amplitud para incorporar a las masas a la lucha política ac-tiva". Es natural que, una vez introducidas estas enmiendas, todos los oradores de nuestra parte fueran renunciando uno tras otro a la palabra, pues veían la completa inutilidad de seguir negociando con gente que volvía a girar hacia el "economismo" y se reservaba la libertad de vacilar.

"Precisamente, lo que la Unión ha tenido por condición sine qua non para la solidez del futuro acuerdo, o sea, el mantenimiento de la fisonomía de *Rabóchei Dielo* y de su autonomía, es lo que *Iskra* consideraba un obstáculo para el acuerdo".[254] Esto es muy inexacto. Nunca hemos atentado contra la autonomía de *Rabóchei Dielo*.[255] Efectivamente, hemos rechazado en forma categórica su fisonomía propia, si se entiende por tal la "fisonomía propia" en los problemas de principio de la teoría y de la táctica: las resoluciones de junio contienen precisamente la negación categórica de esta fisonomía propia, porque, en la práctica, esta "fisonomía propia" ha significado siempre, lo repetimos, vacilaciones de toda clase y el apoyo que prestaban a la dispersión imperante en nuestro ambiente, dispersión insoportable desde el punto de vista del partido.

Con sus artículos del número 10 y con las "enmiendas", *Rabóchei Dielo* ha manifestado claramente su deseo de mantener precisamente esta fisonomía propia, y semejante deseo ha conducido de manera natural e inevitable a la ruptura y a la declaración de guerra. Pero todos nosotros estábamos dispuestos a reconocer la "fisonomía propia" de *Rabóchei Dielo* en el sentido de que debe concentrarse en determinadas funciones literarias. La distribución acertada de estas funciones se imponía por sí misma: 1)

Revista científica; 2) Periódico político; 3) Recopilaciones y folletos de divulgación.

Sólo la conformidad de *Rabóchei Dielo* con esta distribución demostraría su *sincero* deseo de acabar de una vez y para siempre con las aberraciones combatidas por las resoluciones de junio; sólo esta distribución eliminaría toda posibilidad de rozamientos y aseguraría efectivamente la firmeza del acuerdo, sirviendo a la vez de base para que nuestro movimiento crezca más y alcance nuevos éxitos.

Ahora ningún socialdemócrata ruso puede poner ya en duda que la ruptura definitiva de la tendencia revolucionaria con la oportunista no ha sido originada por cuestiones "de organización", sino precisamente por el deseo de los oportunistas de afianzar la fisonomía propia del oportunismo y de seguir ofuscando las mentes con las disquisiciones de los krichevski y los martínov.

Escrito entre el otoño de 1901 y febrero de 1902.
Publicado por primera vez en marzo de 1902,
en folleto aparte, en Stuttgart.

ENMIENDA PARA "¿QUÉ HACER?"

El "grupo de iniciadores", al que me he referido en el folleto *¿Qué hacer?*,[256] me pide que haga la siguiente enmienda al pasaje donde se expone su participación en el intento de conciliar las organizaciones socialdemócratas en el extranjero:

> Sólo uno de los tres miembros de este grupo se retiró de la Unión a fines de 1900; los restantes no lo hicieron hasta 1901, cuando se hubieron convencido de que era imposible conseguir que la Unión aceptar celebrar una conferencia con la organización de *Iskra* en el extranjero y con la Organización Revolucionaria Sotsial-Demokrat, a lo que se constreñía la propuesta del grupo de iniciadores. La administración de la Unión rechazó al principio esta propuesta, achacando su negativa a participar en la conferencia a la "incompetencia" de los integrantes del grupo de iniciadores mediador y expresando su deseo de entablar relaciones directas con la organización de *Iskra* en el extranjero.
>
> Sin embargo, la administración de la Unión no tardó en poner en conocimiento del grupo de iniciadores que, después de aparecido el primer número de *Iskra*, en el cual se publicaba la nota sobre la escisión de la

Unión, cambiaba de parecer y no quería ponerse en contacto con *Iskra*. ¿Cómo explicar después de eso la declaración de un miembro de la administración de la Unión de que la negativa de ésta a participar en la conferencia se debía exclusivamente a que estaba descontenta de la composición del grupo de iniciadores? Por cierto, tampoco se comprende que la administración de la Unión aceptara participar en la Conferencia de junio del año pasado: la nota que apareció en el primer número de *Iskra* sigue en vigor, y la repudia de la Unión por *Iskra* cobró mayor realce en el primer volumen de *Zariá* y en el cuarto número de *Iskra*, que aparecieron antes de la Conferencia de junio.[257]

N. Lenin

NOTAS

Notas

1. Lenin escribió el libro *¿Qué hacer? Problemas candentes de nuestro movimiento* a fines de 1901 y comienzos de 1902. *Iskra* publicó en diciembre, en el número 12, el artículo de Lenin "Una conversación con los defensores del economismo", al que denominó posteriormente esbozo de *¿Qué hacer?* Lenin escribió en febrero de 1902 el prefacio del libro y éste vio la luz a comienzos de marzo, en Stuttgart, publicado por la editorial de Dietz, según informó *Iskra* el 10 de marzo de 1902, en su número 18.

    El libro *¿Qué hacer?* desempeñó un relevante papel en la lucha por la creación del partido marxista revolucionario de la clase obrera de Rusia, en el triunfo de la tendencia leninista-iskrista en los comités y organizaciones del Posdr y, más tarde, en su Congreso de 1903. El libro adquirió gran difusión en 1902 y 1903 entre las organizaciones socialdemócratas de Rusia.

2. El artículo de Lenin "¿Por dónde empezar?", publicado como editorial en el número 4 de *Iskra*, da respuesta a las cuestiones más importantes del movimiento socialdemócrata de Rusia en aquellos tiempos: carácter y contenido principal de la agitación política, tareas de organización y plan de creación de un combativo partido marxista de toda Rusia. Lenin denominó al artículo "¿Por dónde empezar?". Esbozo del plan desarrollado más tarde en el libro *¿Qué hacer?* El artículo sirvió de documento programático para la socialdemocracia revolucionaria y fue muy difundido en Rusia y en el extranjero.

3. *Iskra* (*La Chispa*): primer periódico marxista clandestino de toda Rusia, fundado por Lenin en 1900; desempeñó un papel decisivo en la creación del partido marxista revolucionario de la clase obrera.

Ante la imposibilidad de editar en Rusia un periódico revolucionario como consecuencia de las persecuciones policíacas, Lenin concibió en todos los detalles, todavía desterrado en Siberia, el plan de su publicación en el extranjero. Y terminada la deportación (enero de 1900), emprendió inmediatamente la puesta en práctica de su plan.

El primer número de la *Iskra* leninista vio la luz en diciembre de 1900, en Leipzig; los siguientes, en Munich; a partir de julio de 1902, en Londres, y desde la primavera de 1903, en Ginebra.

Formaban la Redacción de *Iskra* V. I. Lenin, J. Plejánov, Y. Martóv, P. Axelrod, A. Potrésov y V. Zasúlich. Lenin era de hecho el redactor-jefe y el director del periódico. Publicó en él artículos sobre todos los problemas fundamentales de la organización del partido y de la lucha de la clase del proletariado de Rusia y se hizo eco de los acontecimientos más importantes de la vida internacional.

Iskra se convirtió en centro unificador de las fuerzas del partido, en centro que agrupaba y educaba a sus cuadros. En diversas ciudades de Rusia (Petersburgo, Moscú, Samara, etc.) se constituyeron grupos y comités del Posdr de orientación leninista-iskrista, y en enero de 1902 se celebró en Samara un Congreso de iskristas, en el que se fundó la organización rusa de Iskra.

Por iniciativa de Lenin y con su participación personal, la Redacción de *Iskra* elaboró un proyecto de Programa del partido (publicado en el número 21 del periódico) y preparó el II Congreso del Posdr, que se celebró en julio y agosto de 1902. Para entonces, la mayoría de las organizaciones socialdemócratas locales de Rusia se habían adherido ya a *Iskra*, aprobando su táctica, su programa y su plan de organización y reconociéndolo como su órgano dirigente. El Congreso destacó en una resolución especial el papel excepcional de *Iskra* en la lucha por la creación del partido y proclamó al periódico órgano central del Posdr. El II Congreso eligió la redacción, compuesta por Lenin, Plejánov y Mártov. En contra del acuerdo adoptado por el Congreso, Mártov se negó a formar parte de la Redacción de *Iskra* y sus números 46-51 se publicaron bajo la dirección de Lenin y Plejánov. Con posterioridad, Plejánov adoptó las posiciones del menchevismo y exigió que fuesen incluidos en la Redacción de *Iskra* todos los antiguos redactores mencheviques repudiados por el Congreso. Lenin no pudo aceptar esto y abandonó la Redacción del periódico el 19 de octubre (1º de noviembre) de 1903, siendo cooptado para el CC, desde el que luchó contra los oportunistas mencheviques. El número 52 apareció bajo la dirección exclusiva de Plejánov, quien el 13 (26) de noviembre de 1903, incumpliendo la voluntad del Congreso, cooptó por su cuenta para la Redacción de *Iskra* a sus antiguos redactores mencheviques. A partir del número 52, los mencheviques convirtieron *Iskra* en su propio órgano.

4. Véase V.I. Lenin, *Obras completas*, 5ª ed. en ruso, T. 5, págs. 1-13. (*Nota de los editores*)

5. Por iniciativa del grupo Borbá ("La lucha") y con su mediación, las organizaciones socialdemócratas en el extranjero (Unión de Socialdemócratas Rusos, Comité del Bund en el extranjero, organización revolucionaria *Sotsial-Demokrat* y organizaciones extranjeras de *Iskra* y *Zariá*) sostuvieron conversaciones en la primavera y el verano de 1901 para tratar de llegar a un acuerdo y unificarse. Como preparación del Congreso en que debía efectuarse la unificación, en junio de 1901, se celebró en Ginebra una conferencia de representantes de las organizaciones mencionadas (de ahí su denominación de "Conferencia de junio" o "Conferencia de Ginebra". En ella se elaboró una resolución (acuerdo en principio), en la que se consideraba ne-

cesario cohesionar todas las organizaciones socialdemócratas y se condenaba el oportunismo en todas sus manifestaciones y matices: "economismo", bernsteinianismo, millerandismo, etc. Pero el nuevo viraje de la Unión de Socialdemócratas Rusos y de su órgano *Rabócheie Dielo* (*La Causa Obrera*) hacia el oportunismo condenó al fracasó los intentos de unificación.

El Congreso de unificación de las organizaciones del Posdr en el extranjero se celebró en Zurich los días 21 y 22 de septiembre (4 y 5 de octubre) de 1901. Asistieron a él seis miembros de las organizaciones de *Iskra* y *Zariá* en el extranjero (Lenin, Krúpskaya, Mártov y otros), ocho de la organización revolucionaria *Sotsial-Demokrat* (de ellos, tres militantes del grupo Emancipación del Trabajo: Plejánov, Axelrod y Zasúlich), 16 de la Unión de Socialdemócratas del Bund en el extranjero y tres del grupo Borbá. Lenin, que asistió al Congreso con el seudónimo de "Frei", pronunció un brillante discurso sobre el primer punto del orden del día: "Acuerdo en principio e instrucciones a las redacciones". Fue éste el primer discurso público de Lenin ante los socialdemócratas rusos en el extranjero. En el Congreso se presentaba en junio pro el III Congreso de la Unión de Socialdemócratas Rusos. En vista de ello, la parte revolucionaria del Congreso (los miembros de las organizaciones de *Iskra* y *Zariá*, así como los de *Sotsial-Demokrat*) dio lectura a una declaración sobre la imposibilidad de llegar a la unificación y abandonó el Congreso. Por iniciativa de Lenin, estas organizaciones se unificaron en octubre de 1901, formando la Liga de la Socialdemocracia Revolucionaria Rusa en el extranjero.

6. *Rabócheie Dielo* (*La Causa Obrera*): revista, órgano de la Unión de Socialdemócratas Rusos en el Extranjero. Se publicó en Ginebra, desde abril de 1899 hasta febrero de 1902, apareciendo 12 números (en nueve volúmenes). La Redacción de *Rabócheie Dielo* era el centro de los "economistas" en el extranjero. La revista apoyaba la consigna bernsteiniana de "libertad de

crítica" del marxismo y sustentaba posiciones oportunistas en las cuestiones relacionadas con la táctica y las tareas de organización de la socialdemocracia rusa. Los adeptos de *Rabócheie Dielo* propagaban la idea oportunista de subordinación de la lucha política del proletariado a la lucha económica, se prosternaban ante la espontaneidad del movimiento obrero y negaban el papel dirigente del partido. En el II Congreso del Posdr, los portavoces de *Rabócheie Dielo* representaban al ala de extrema derecha, oportunista, del partido.

7. *Rabóchaya Gazeta* (*La Gaceta Obrera*): órgano clandestino de los socialdemócratas de Kiev. En total aparecieron dos números: el primero, en agosto de 1897; el segundo, en diciembre (con fecha de noviembre) del mismo año. El I Congreso del Posdr (marzo de 1898) proclamó a *Rabóchaya Gazeta* órgano oficial del partido. Después del Congreso, debido a la detención de los miembros del Comité Central y de la redacción del periódico, así como de la destrucción de la imprenta, no pudo ver la luz el tercer número de *Rabóchaya Gazeta*, preparado ya para su impresión. En 1899 se intentó reanudar su publicación. Lenin habla de este intento en el apartado "a" del capítulo quinto de *¿Qué hacer?* (Véase el presente volumen, págs. 169-176).

8. Véase el Cap. V.

9. Véase V.I. Lenin, *Obras completas*, 5ª ed. en ruso, T. 5, págs. 360-367. (*Nota de los editores*)

10. *Ab ovo*: desde el principio. (*Nota de los editores*)

11. Lenin también acostumbraba usar el seudónimo de Nicolás, por eso acá firma N. *Lenin*.

12. A propósito. En la historia del socialismo moderno es quizás un hecho único, y extraordinariamente consolador en su género, que una disputa entre distintas tendencias en el seno del socialismo se haya convertido, por vez primera, de nacional en internacional. En otros tiempos, las discusiones entre lasalleanos y eisenacheanos,[12.1] entre guesdistas y posibilistas,[12.2] entre fabianos[12.3] y socialdemócratas, entre partidarios de Libertad del Pueblo[12.4] y socialdemócratas[12.5] eran discusiones puramente nacionales, reflejaban peculiaridades netamente nacionales, se desarrollaba, por decirlo así, en planos distintos. En la actualidad (ahora se ve esto bien claro), los fabianos ingleses, los ministerialistas franceses[12.6], los bernsteinianos[12.7] alemanes y los críticos rusos[12.8] son una sola familia; se elogian mutuamente, aprenden los unos de los otros y cierran filas contra el marxismo "dogmático". ¿Será en esta primera contienda, realmente internacional, con el oportunismo socialista, donde la socialdemocracia revolucionaria internacional se fortalezca lo suficiente para acabar con la reacción política que impera en Europa desde hace ya largo tiempo?

12.1. Lassalleanos y eisenacheanos: dos partidos en el movimiento obrero alemán de la década del 60 y comienzos de la del 70 del siglo XIX. Sostuvieron una encarnizada lucha, principalmente en torno a las cuestiones de táctica y, sobre todo, en el problema más palpitante de la vida política de Alemania de aquella época: las vías de su unificación.

-Lassalleanos: partidarios y continuadores del socialista pequeñoburgués alemán Fernando Lassalle, miembros de la Unión General Obrera Alemana, fundada en 1863 en el Congreso de Sociedades Obreras celebrado en Leipzig. Su primer presidente fue Lassalle, que formuló el programa y las bases tácticas de la Unión. En su actividad práctica, Lassalle y sus partidarios apoyaban la política imperialista de Bismarck. "Objetivamente —escribía Engels a Marx el 27 de enero de 1865—, esto fue una infamia y una traición a todo el movimiento obrero a favor de los prusianos". Marx y Engels criticaron duramente en repetidas ocasiones la teoría, la táctica y los principios de organización de los lassalleanos como corriente oportunista en el movimiento obrero alemán.

-Eisenaccheanos: miembros del Partido Obrero Social-demócrata Alemán, fundado en 1869 en el Congreso de constitución de Eisenach. Encabezaban a los eisenacheanos Augusto Bebel y Guillermo Liebknecht, que se hallaban bajo la influencia ideológica de Marx y Engels. En el programa de Eisenach se proclamaba que el Partido Obrero Socialdemócrata Alemán se consideraba "una sección de la Asociación Internacional de los Trabajadores, cuyas aspiraciones comparte". En cuanto a la unificación de Alemania, los eisenacheanos defendían "la vía democrática y proletaria, oponiéndose a que se hiciera la menor concesión al prusianismo, al bismarckianismo y al nacionalismo" (V. I. Lenin. Augusto Bebel. *Obras completas*, 5ª ed. en ruso. t. 23).

Al formarse en 1871 el Imperio alemán, desapareció la discrepancia táctica fundamental entre lassalleanos y eisenacheanos, y en 1875, el ascenso del movimiento obrero y el recrudecimiento de las persecuciones gubernativas llevó a ambos partidos a unificarse en el Congreso de Gotha, formando el Partido Socialista Obrero de Alemania (más tarde, Partido Socialdemócrata de Alemania).

12.2. Guesdistas y posibilistas: corrientes revolucionaria y oportunista, respectivamente, del movimiento socialista francés. En 1882, al escindirse el Partido Obrero de Francia en el Congreso de Saint-Etienne, formaron dos partidos.

-Guesdistas: partidarios de J. Guesde y P. Lafargue, corriente marxista de izquierda, defendían la necesidad de que el proletariado aplicase una política revolucionaria independiente. Los guesdistas conservaron el nombre de Partido Obrero de Francia y permanecieron fieles al programa de El Havre, aprobado por el partido en 1880, cuya parte teórica había escrito Marx. Gozaban de gran influencia en los centros industriales de Francia y agrupaban a los elementos avanzados de la clase obrera. En 1901 formaron el Partido Socialista de Francia.

-Posibilistas (P. Brousse, B. Malon y otros): corriente reformista, pequeñoburguesa, que apartaba al proletariado de los métodos revolucionarios de lucha. Los posibilistas constituyeron el Partido Obrero Social-Revolucionario. Negaban el programa revolucionario y la táctica revolucionaria del proletariado, velaban los objetivos socialistas del movimiento obrero y proponían limitar la lucha de los obreros en el marco de "lo posible", por lo que recibieron la denominación de "posibilistas". Tenían influencia principalmente en las regiones de Francia más atrasadas en el aspecto económico y entre los sectores menos desarrollados de la clase obrera. En 1902, los posibilistas y otros grupos reformistas fundaron el Partido Socialista Francés, con J. Jaurés al frente.

El Partido Socialista de Francia y el Partido Socialista Francés se fusionaron en 1905, formando un solo partido: el Partido Socialista Francés. Durante la guerra imperialista de 1914-1918, sus dirigentes (Guesde, Sembat, etc.) traicionaron la causa de la clase obrera y se hicieron socialchovinistas.

12.3. Fabianos: miembros de la Sociedad Fabiana, organización reformista inglesa fundada en 1884. Recibión este nombre en memoria del caudillo romano Fabio Máximo (siglo III a. n. e.), llamado Cunctátor ("El Contemporizador") por su táctica expectante, que le hacía rehuir los combates decisivos en la guerra contra Aníbal. La Sociedad Fabiana estaba compuesta principalmente de intelectuales burgueses: científicos, escritores y políticos (como SB Webb, B Show, R MacDonald y otros). Lenin decía que los

fabianos eran "la expresión más acabada del oportunismo"
(V.I. Lenin. El programa agrario de la socialdemocracia en
la primera revolución rusa de 1905-1907. *Obras completas*,
5ª ed. en ruso t. 16). En 1900, la Sociedad Fabiana ingresó
en el Partido Laborista. El "socialismo fabiano" es una de
las fuentes de la ideología laborista.

12.4. La Libertad del Pueblo: organización política secreta
de los populistas-terroristas, surgida en agosto de 1897
al escindirse la organización populista Tierra y Libertad.
Aun sustentando las posiciones del socialismo utópico
populista, los miembros de la Libertad del Pueblo em-
prendieron el camino de la lucha política considerando
que la tarea más importante consistía en derrocar la
autocracia y conquistar la libertad política.

Sostuvieron una heroica lucha contra la autocracia zarista. Pero basándose en la errónea teoría de los "héroes"
activos y la "multitud" pasiva, pensaban transformar la
sociedad con sus propias fuerzas, sin la participación del
pueblo, mediante el terror individual, la intimidación y la
desorganización del gobierno. Después del asesinato de
Alejandro II (1° de marzo de 1881), el gobierno aplastó la
organización la Libertad del Pueblo por medio de crueles
represiones, ejecuciones y provocaciones. Los repetidos
intentos hechos en los años 80 para reconstruirlo no
dieron resultado.

12.5. Se alude a los miembros de la Federación Socialdemócrata de Inglaterra, fundada en 1884. A la par con los
reformistas (Hyndman y otros) y los anarquistas, formaba
parte de ella un grupo de socialdemócratas revolucionarios partidarios del marxismo (H. Quelch, T. Mann, E.
Aveling, Eleonora Marx y otros), que representaban el ala
izquierda del movimiento socialista inglés. Engels criticó
duramente a la Federación Socialdemócrata de Inglaterra,
acusándola de dogmatismo y sectarismo, de aislarse del

movimiento obrero de masas e ignorar sus peculiaridades. La Federación adoptó en 1927 el nombre de Partido Social-demócrata, el cual se fusionó en 1911 con los elementos de izquierda del Partido Obrero Independiente para formar el Partido Socialista Británico. En 1920, la mayoría de sus afiliados participó en la fundación del Partido Comunista de la Gran Bretaña.

12.6. Ministerialistas (millerandistas): adeptos de una corriente oportunista en los partidos socialistas de Europa Occidental a fines del siglo XIX y comienzos del XX, deben su nombre al socialista francés A. Millerand, que en 1899 formó parte del gobierno burgués reaccionario de Francia y aplicó jun-tamente con la burguesía una política imperialista.

12.7. Bernsteinianos: partidarios de una corriente hostil al marxismo en la socialdemocracia alemana e internacional, surgida a fines del siglo XIX en Alemania y que debe su nombre a Eduardo Bernstein, el representante más franco de las tendencias oportunistas de derecha en el Partido Socialdemócrata Alemán.

Después de la muerte de Engels, Bernstein propugnó la revisión más descarada de la doctrina revolucionaria de Marx, de acuerdo con el espíritu del liberalismo burgués (en los artículos "Problemas del socialismo" y en el libro *Premisas del socialismo y tareas de la socialdemocracia*), pre-tendiendo convertir el Partido Socialdemócrata en un par-tido pequeñoburgués de reformas sociales. En Rusia fueron partidarios del bernsteinianismo los "marxistas legales", los "economistas", los bundistas y los mencheviques.

12.8. Los críticos rusos: Lenin alude a los "marxistas legales" Struve, Bulgákov, Berdiáev y otros, que combatían el mar-xismo revolucionario en las publicaciones legales.

13. Júpiter y Minerva: dioses del Panteón de la antigua Roma.

-Júpiter: dios del cielo, la luz, la lluvia y los truenos: más tarde, divinidad suprema en el Imperio Romano.

-Minerva: diosa de la guerra y protectora de los oficios, las ciencias y las arte.

Júpiter y Minerva son identificados en la mitología romana con los dioses griegos Zeus y Atenea, aplicándoseles todos los mitos de estos dos últimos, incluso el del nacimiento de Atenea, que salió ya armada de la cabeza de Zeus.

14. Lenin cita un fragmento, traducido por él mismo, del prefacio de Engels a la tercera edición alemana de la obra de Marx *El 18 Brumario de Luis Bonaparte* (véase C. Marx y F. Engels. *Obras Escogidas en tres tomos*, t. I, pág. 407, ed. en español, Moscú).

15. La Unión de Socialdemócratas Rusos en el Extranjero fue fundada en 1894 por iniciativa del grupo Emancipación del Trabajo sobre la base de la aceptación del programa del grupo pro todos los miembros de la Unión. Se encomendó al grupo la dirección de las publicaciones de la Unión, a la que entregó su imprenta en marzo de 1895. En el verano del mismo año, durante la estancia de Lenin en el extranjero, se acordó que la Unión editase las recopilaciones *Rabótnik* ("El trabajador"). Publicó seis números de *Rabótnik*, diez de *Listok "Rabótnika"* ("La hoja del trabajador"), el folleto de Lenin *Explicación de la ley de multas* (1897), etc.

El I Congreso del Posdr (marzo de 1898) reconoció a la Unión como representante del partido en el extranjero. Más tarde, predominaron en la Unión los elementos oportunistas —los "economistas", llamados también los "jóvenes"—, los cuales se negaron a solidarizarse con el Manifiesto del Congreso por declararse en él que la conquista de la libertad política era el objetivo inmediato de la socialdemocracia.

En el I Congreso de la Unión, celebrado en Zurich en noviembre de 1898, el grupo Emancipación del Trabajo se negó a dirigir las publicaciones de la misma, excepto el número 5-6 de *Rabótnik* y los folletos de Lenin. Las tareas de los socialdemócratas rusos y la nueva ley de fábricas. En abril de 1899, la Unión empezó a editar la revista de los "economistas", *Rabócheie Dielo*, y publicó declaraciones de simpatía con Bernstein, los millerandistas, etc.

La lucha en el seno de la Unión prosiguió hasta su II Congreso (abril de 1900, Ginebra) y en el mismo Congreso. Como resultado de esta lucha, el grupo Emancipación del Trabajo y sus adeptos abandonaron el Congreso y constituyeron una organización independiente, denominada *Sotsial-Demokrat*. En el II Congreso del Posdr (1908), los representantes de la Unión (los adeptos de *Rabócheie Dielo*) adoptaron posiciones oportunistas en extremo y lo abandonaron cuando reconoció a la Liga de la Socialdemocracia Revolucionaria Rusa en el Extranjero como única organización del partido fuera de Rusia. El II Congreso del partido declaró disuelta la Unión.

16. *Zariá* (*La Aurora*): revista político-científica marxista, editada en Stuttgart (1901-1902) por la Redacción de *Iskra*. Sólo se publicaron cuatro números (en tres volúmenes).

La revista *Zariá* criticó el revisionismo internacional ruso y defendió las bases teóricas del marxismo.

17. Montaña y Gironda: denominación de dos grupos políticos de la burguesía durante la revolución burguesa francesa de fines del siglo XVIII. Se llamaba Montaña —jacobinos— a los representantes más decididos de la clase revolucionaria de aquellos tiempos (la burguesía), que defendían la necesidad de acabar con el absolutismo y el feudalismo. Los girondinos, a diferencia de los jacobinos, vacilaban entre la revolución y la contrarrevolución y seguían la senda de las componendas con la monarquía.

Lenin llamó "Gironda socialista" a la corriente oportunista en la socialdemocracia, y "Montaña", jacobinos proletarios, a los socialdemócratas revolucionarios. Después de la escisión del Posdr en bolcheviques y mencheviques, Lenin destacó con frecuencia que los mencheviques representaban la corriente girondina en el movimiento obrero.

18. La comparación de las dos tendencias existentes en el proletariado revolucionario (la revolucionaria y la oportunista) con las dos corrientes de la burguesía revolucionaria del siglo XVIII (la jacobina —la montaña— y la girondina) fue hecha en el artículo de fondo del número 2 de *Iskra* (febrero de 1901) escrito por Plejánov. A los demócratas-constitucionalistas,[18.1] "los sin título"[18.2] y los mencheviques les gusta mucho, hasta ahora, hablar del "jacobinismo" en la socialdemocracia rusa, pero hoy prefieren callar u olvidar que Pléjanov lanzó por vez primera este concepto contra el ala derecha de la socialdemocracia. Nota de Lenin para la edición de 1907. (*Nota de los editores*)

18.1. Demócratas-constitucionalistas: miembros del Partido Demócrata Constitucionalista, principal partido de la burguesía monárquica liberal de Rusia. Se fundó en octubre de 1905 con elementos de la burguesía, terratenientes de los zemstvos e intelectuales burgueses, que se encubrían con falaces frases "democráticas" para ganarse a los campesinos. Los demócratas-constitucionalistas aspiraban a un entendimiento con el zarismo; exhortaban a crear una monarquía constitucional y combatían la consigna de República, defendían la conservación del régimen de propiedad terrateniente y aprobaban el aplastamiento del movimiento revolucionario por el zarismo. Durante la Primera Guerra Mundial actuaron como ideólogos del imperialismo y partidarios de la política anexionista del zarismo. Triunfante la Gran Revolución Socialista de Octubre, los demócratas-constitucionalistas, enemigos encarnizados del Poder soviético, participaron en todas las acciones armadas de la contrarrevolución y en las campañas de los intervencionistas. Después de ser derrotados los intervencionistas y guardias blancos, los demócratas-constitucionalistas prosiguieron su actividad contrarrevolucionaria antisoviética en la emigración.

18.2. Los sin título: grupo semimenchevique, semidemoconstitucionalista, de intelectuales burgueses rusos, formado en el período en que empezó a decrecer la revolución de 1905-1907. Tomó su nombre del semanario político *Bez Zaglavia* ("Sin título") que se publicó en Petersburgo de enero a mayo de 1906 bajo la dirección de Prokopóvich. Más tarde, los "sin título" se agruparon alrededor del periódico demócrata-constitucionalista de izquierda *Továrisch* ("El camarada"). Encubriéndose con su sin partidismo formal, los "sin título" fueron vehículos de las ideas del liberalismo burgués y del oportunismo y apoyaron a los revisionistas de la socialdemocracia rusa e internacional.

19. Ilovaiski, Dimitri (1832-1920): historiador monárquico, autor de manuales de historia muy difundidos antes de la Revolución en las escuelas primarias y secundarias de Rusia. En sus manuales se ensalzaba a la autocracia y se reducía la historia a la actividad de los zares y caudillos militares.

20. La Ley de excepción contra los socialistas fue promulgada en Alemania por el Gobierno de Bismarck, en 1878, para luchar contra el movimiento obrero y socialista. En virtud de esta ley quedaron prohibidas todas las organizaciones del Partido Socialdemócrata, las organizaciones obreras de masa y la prensa obrera. Fueron confiscadas las publicaciones socialistas y se persiguió y expulsó a los socialdemócratas, pero las represiones no aplastaron al Partido Socialdemócrata, que reorganizó su actividad adaptándola a las condiciones de

la clandestinidad. Bajo la presión del creciente movimiento obrero de masas, la Ley de excepción contra los socialistas fue derogada en 1890.

21. Cuando Engels arremetió contra Duhring, muchos representantes de la socialdemocracia alemana se inclinaron por las concepciones de este último y acusaron a Engels, incluso públicamente, en un congreso del partido, de brusquedad, intolerancia, polémica impropia de camaradas, etc. Most y sus compañeros propusieron (en el congreso de 1877)[21.1] retirar de Vorwarts[21.2] los artículos de Engels "por no tener interés para la inmensa mayoría de los lectores" y Vahlteich declaró que la publicación de esos artículos había perjudicado mucho al partido, que también Duhring había prestado servicios a la socialdemocracia: "debemos aprovecharlos a todos en beneficio del partido, y si los catedráticos discuten, Vorwarts en modo alguno es el lugar adecuado para sostener tales discusiones" (Vorwarts, 1877, número 65, 6 de junio). ¡Como ven, éste es también un ejemplo de defensa de la "libertad de crítica", y no estaría mal que meditaran en él nuestros críticos legales y oportunistas ilegales, a quienes tanto place invocar el ejemplo de los alemanes!

21.1. Del 27 al 29 de mayo de 1877 se celebró en la ciudad de Gotha un Congreso ordinario del Partido Socialista Obrero de Alemania. Al discutirse en él acerca de la prensa del partido, se rechazaron los intentos de algunos delegados (Most, Valteich) de censurar al periódico Vorwärts (Adelante), órgano central del partido, por haber publicado los artículos de Engels contra Dühring (editados en 1878 en un libro con el título de Anti-Dühring. La subversión en la ciencia, producida por el señor Eugenio Dühring, así como el propio Engels por la brusquedad de la polémica.

21.2. Vorwärts (Adelante): diario, órgano central de la socialdemocracia alemana; empezó a publicarse en Leipzig en 1876 bajo la dirección de Guillermo Liebknecht y otros. Fue suspendido en 1878 al promulgarse la Ley de excepción contra los socialistas, reapareciendo en Berlín en 1891. Engels luchó desde el periódico contra todas las manifestaciones de oportunismo, pero en la segunda mitad de la década del 90, después de la muerte de Engels, la Redacción de *Vorwärts* cayó en manos del ala derecha del partido y publicó sistemáticamente artículos de oportunistas, que predominaban en la socialdemocracia alemana y en la II Internacional. Durante la Primera Guerra Mundial, *Vorwärts* mantuvo una posición socialchovinista, después de la Gran Revolución Socialista de Octubre, se convirtió en un centro de propaganda antisoviética.

22. Socialistas de cátedra: representantes de una corriente de la Economía Política burguesa en los años 70 y 80 del siglo XIX, que predicaban el reformismo liberal burgués desde las cátedras universitarias haciéndolo pasar por socialismo. Los socialistas de cátedra afirmaban que el Estado burgués está por encima de las clases, puede conciliar a las clases hostiles e implantar gradualmente el "socialismo" sin dañar los intereses de los capitalistas y teniendo en cuenta, en lo posible, las reivindicaciones de los trabajadores. Marx, Engels y Lenin denunciaron repetidas veces la esencia reaccionaria del socialismo de cátedra, cuyas concepciones propagaban en Rusia los "marxistas legales".

23. Nozdriov: personaje de la obra del escritor ruso N. Gógol *Las almas muertas*, prototipo del terrateniente pendenciero y estafador. Gógol denominaba a Nozdriov hombre "histórico" porque dondequiera que aparecía se producían "historias" y escándalos.

24. Lenin se refiere a la resolución "Ataques a los puntos de vista fundamentales y a la táctica del partido", aprobada por el Congreso de Hannóver del Partido Socialdemócrata Alemán

(9-14 de octubre de 1899). El informe oficial sobre esta cuestión fue presentado por A. Bebel. La aplastante mayoría del Congreso aprobó la moción de Bebel, que rechazaba los intentos de revisar las bases teóricas y tácticas de la socialdemocracia. Sin embargo, en ella no se criticaba duramente a los bernsteinianos, por lo que votaron a su favor Bernstein y sus partidarios.

25. Lenin alude a la resolución del Congreso de Lübeck del Partido Socialdemócrata Alemán (22-28 de septiembre de 1901) contra Bernstein, la cual, después del Congreso de Hannóver de 1899, lejos de cesar sus ataques al programa y la táctica de la socialdemocracia, los recrudeció e incluso los sacó fuera del partido. Durante los debates y en la resolución propuesta por Bebel (que el Congreso aprobó por aplastante mayoría), se hizo a Bernstein una advertencia expresa. El Congreso rechazó la contrarresolución del oportunista Heine, que reclamaba "libertad de crítica" y silenciaba el problema de Bernstein. Sin embargo, en el Congreso de Lübeck no se planteó como una cuestión de principio la incompatibilidad de la revisión del marxismo con la pertenencia al Partido Socialdemócrata.

26. Debe advertirse que, al hablar de bernsteinianismo en el partido alemán, *Rabóchei Dielo* se ha limitado siempre a un mero relato de los hechos, absteniéndose por completo de calificarlos. Véase, por ejemplo, el Núm. 2-3, pág. 66, acerca del Congreso de Stuttgart;[26.1] todas las discrepancias se reducen a la "táctica", sólo se hace constar que la inmensa mayoría es fiel a la anterior táctica revolucionaria. O el Núm. 4-5, pág. 25 y siguientes, que es una simple repetición de los discursos pronunciados en el Congreso de Hannóver, acompañado de la resolución de Bebel; la exposición de las concepciones de Bernstein y la crítica de las mismas quedan aplazadas de nuevo (así como en el número 2-3) hasta la publicación de un "artículo especial". Lo curioso del caso es que en la pág. 33 del Núm. 4-5 leemos: "las

concepciones expuestas por Bebel cuentan con una inmensa mayoría en el congreso", y un poco más adelante: "David ha defendido las opiniones de Bernstein... Ante todo, ha tratado de demostrar que... Bernstein y sus amigos, a pesar de todo (*sic*), sustentan la posición de la lucha de clases"... ¡Esto se escribió en diciembre de 1899; pero en septiembre de 1901 *Rabóchei Dielo* no cree ya, por lo visto, que Bebel tenga razón y repite la opinión de David como suya propia!

26.1. El Congreso de Stuttgart del Partido Socialdemócrata Alemán, celebrado del 3 al 8 de octubre de 1898, discutió por vez primera el problema del revisionismo en sus filas. En el congreso se dio lectura a una declaración enviada especialmente por Bernstein, que se encontraba emigrado, en la que exponía y defendía sus concepciones oportunistas, manifestadas ya antes en la serie de artículos "Problemas del socialismo", aparecida en la revista *Die Neue Zeit* ("Tiempos nuevos"). Kautsky y Bebel hicieron en el Congreso una crítica de principio del bernsteinianismo. Rosa Luxemburgo mantuvo una posición más intransigente aún frente al revisionismo. El congreso no adoptó ningún acuerdo sobre esta cuestión, pero los debates mostraron que su mayoría permanecía fiel a las ideas del marxismo revolucionario.

27. Starovier: seudónimo de Alexandr Potrésov, miembro de la Redacción de *Iskra* y más tarde menchevique.

28. Un escritor envanecido: título de uno de los primeros relatos de Máximo Gorki.

29. Aludimos al artículo de K. Tulin contra Struve (Véase V.I. Lenin, *Obras completas*, 5ª edición en ruso, t- I, págs. 347-534), basado en un informe que tenía por título "El reflejo del marxismo en las publicaciones burguesas". Véase el Prólogo (Nota de Lenin para la edición de 1907. *Nota de los editores*)

30. Lenin se refiere a la recopilación *Datos sobre el desarrollo económico de Rusia*, publicada con un tiraje de 2 mil ejemplares en una imprenta legal en abril de 1895. La recopilación contenía el artículo de Lenin (firmado con el seudónimo de K. Tulin). El contenido económico del populismo y su crítica en el libro del señor Struve (*El reflejo del marxismo en las publicaciones burguesas*), dirigido contra los "marxistas legales".

El gobierno zarista prohibió la difusión de la recopilación y, al cabo de un año, la confiscó y quemó. Sólo se logró salvar unos cien ejemplares, que fueron repartidos clandestinamente entre los socialdemócratas de Petersburgo y de otras ciudades.

31. Se alude al libro de Bernstein *Premisas del socialismo y tareas de la socialdemocracia* que revisaba el marxismo revolucionario en un espíritu reformista burgués. Se editó en ruso, en 1901, con distintos títulos: 1) Materialismo histórico; 2) Problemas sociales; 3) Problemas del socialismo y tareas de la socialdemocracia. Eróstrato: pastor de la antigua Efeso, en Asia Menor, que según la leyenda, incendió en el año 356 a.n.e. el templo de Diana, en Aceso, considerado como una de las siete maravillas del mundo, con el exclusivo objeto de inmortalizar su nombre. Se aplica el nombre de Eróstrato a los ambiciosos que pretenden hacerse célebres aunque sea cometiendo crímenes.

32. Zubátov: coronel de la gendarmería, que intentó crear el llamado "socialismo policíaco". Formaba falsas organizaciones obreras protegidas por los gendarmes y la policía para apartar a los obreros del movimiento revolucionario.

33. Se trata de la *Protesta de los 17 contra el Credo*. El autor de estas líneas participó en la redacción de la protesta (fines de 1899)[33.1]. La protesta fue publicada en el extranjero, junto con el *Credo*, en la primavera de 1900. Hoy se sabe ya, por el artícu-

lo de la señora Kuskova (publicado, creo, en la revista *Byloe*[33.2]), que fue ella la autora del Credo y que entre los "economistas" de entonces que se encontraban en el extranjero desempeñó un papel prominente el señor Prokopóvich (Nota de Lenin para la edición de 1907. (*Nota de los editores*)

33.1. Lenin escribió la Protesta de los socialdemócratas de Rusia en agosto de 1899, cuando se encontraba desterrado. Estaba enfilada contra el *Credo*, manifiesto de un grupo de "economistas" (S. Prokopóvich, E. Kuskova y otros, que con posterioridad se hicieron demócratas-constitucionalistas). La Protesta fue discutida y aprobada unánimemente en una reunión de 17 marxistas desterrados, convocada por Lenin en la aldea de Ermakóvskoe (comarca de Minusinsk). Las colonias de deportados en Turujansk y Orlovo (provincia de Viatka) se adhirieron a la Protesta, que Lenin envió después al extranjero, al grupo Emancipación del Trabajo. A comienzos de 1900 fue reproducida por Plejánov en la recopilación Vademécum para la Redacción de *Rabócheie Dielo*.

33.2. *Byloe* (*El Pasado*): revista histórica, dedicada principalmente a la historia del populismo y de los movimientos sociales que le precedieron. Se editó en Londres (1900-1904) y en Petersburgo (1906-1907). En 1907 fue suspendida por el gobierno zarista, reapareciendo en 1908, en París, donde se publicó hasta 1912. Su edición en Rusia se reanudó en 1917, durando hasta 1926.

34. *Rabóchaya Mysl* (*El Pensamiento Obrero*): periódico, órgano de los "economistas"; se publicó desde octubre de 1897 hasta diciembre de 1902. Vieron la luz 16 números: los dos primeros, en Petersburgo; del número 3 al 11, en Berlín; del 12 al 15, en Varsovia, y el último, el 16, fuera de Rusia.

Lenin criticó las concepciones de *Rabóchaya Mysl* como variedad rusa del oportunismo internacional en una serie de obras, principalmente en artículos aparecidos en *Iskra*, y en el libro *¿Qué hacer?* (véase el presente volumen).

35. *El Vademécum para la Redacción de Rabócheie Dielo*. Recopilación editada por el grupo Emancipación del Trabajo, con un Prefacio de J. Plejánov (Ginebra, febrero de 1900), estaba dirigido contra el oportunismo en las filas del Posdr, principalmente contra el "economismo" de la Unión de Socialdemócratas Rusos en el Extranjero y su órgano, la revista *Rabócheie Dielo*.

36. "Professión de foi" (profesión de fe, programa, exposición de concepciones): hoja escrita a fines de 1899 para exponer las concepciones oportunistas del Comité de Kiev del Posdr. Su contenido coincidía en mucho con el conocido *Credo* de los "economistas". Lenin criticó este documento en su artículo *A propósito de la "Profession de foi"*.

37. Por lo que sabemos, la composición del comité de Kiev ha cambiado desde entonces.

38. *Dos congresos*, pág. 10.

39. *Dos congresos*, pág. 8, punto 1.

40. La falta de vínculos claros con el partido y de tradiciones de partido constituye por sí sola una diferencia tan cardinal entre Rusia y Alemania, que debería haber puesto en guardia a todo socialista sensato contra cualquier imitación ciega. Pero he aquí una muestra de hasta dónde llega la "libertad de crítica" en Rusia. Un crítico ruso, el señor Bulgákov, hace la

siguiente reprimenda al crítico austríaco Hertz: "Pese a toda la independencia de sus conclusiones, Hertz sigue en este punto (acerca de las cooperativas), según parece, demasiado atado por las opiniones de su partido y, al disentir en los detalles, no se decide a desprenderse del principio general" (*El capitalismo y la agricultura*, t. II, p. 287). ¡Un súbdito de un Estado esclavizado en el terreno político con una población que el servilismo político y la absoluta incomprensión del honor de partido y de los vínculos de partido tienen corrompida en el 999 por 1000, hace una reprimenda altiva a un ciudadano de un Estado constitucional porque "lo atan demasiado las opiniones del partido"! Lo único que les queda a nuestras organizaciones clandestinas es ponerse a redactar resoluciones sobre la libertad de crítica...

41. *Suplemento especial* de *Rabóchaya Mysl*: folleto editado por la Redacción del órgano "economista" *Rabóchaya Mysl* en septiembre de 1899. El folleto, en particular el artículo "Nuestra realidad", firmado por R M, exponía sin ambages las concepciones oportunistas de los "economistas". Lenin lo criticó en su artículo "Una tendencia retrógrada en la socialdemocracia rusa" y en la presente obra.

42. Del anuncio sobre la publicación de *Iskra*.[42.1]

42.1. Véase V.I. Lenin. *Obras completas*, 5ta edición en ruso, t. 4, p. 358 (*Nota de los editores*)

43. Grupo Emancipación del Trabajo: primer grupo marxista ruso, fundado por J. Plejánov en Ginebra, en 1883, hizo una gran labor de difusión del marxismo en Rusia.

En el II Congreso del Posdr, celebrado en agosto de 1903, el grupo Emancipación del trabajo declaró que dejaba de existir.

44. El III Congreso de la Unión de Socialdemócratas Rusos se celebró en Zurich, en la segunda quincena de septiembre de 1901.

En él se aprobaron enmiendas y adiciones al proyecto de acuerdo de unificación de las organizaciones de socialdemócratas rusos en el extranjero, preparado por la Conferencia de Ginebra en junio del mismo año. El Congreso aprobó también las *Instrucciones para la redacción de Rabócheie Dielo*, que estimulaba a los revisionistas. Los acuerdos del Congreso pusieron de manifiesto la preponderancia de las tendencias oportunistas entre los dirigentes de la Unión y la negativa de estos a cumplir las resoluciones de la Conferencia de junio.

45. Programa de Gotha: programa aprobado pro el Partido Socialista Obrero de Alemania en su Congreso de Gotha (1875), en el que se unificaron los dos partidos socialistas alemanes existentes hasta entonces: los eisenacheanos (dirigidos por A. Bebel y G. Liebknecht e influenciados ideológicamente por Marx y Engels) y los lassallenaos. El programa adolecía de eclecticismo y era oportunista, ya que los eisenacheanos hicieron concesiones a los lassalleanos en las cuestiones más importantes y aceptaron sus fórmulas. Marx y Engels sometieron el proyecto del Programa de Gotha a una crítica demoledora, viendo en él un considerable paso atrás en comparación con el programa de Eisenach, aprobado en 1869. (Véase C. Marx y F. Engels. Obras Escogidas en tres tomos, t. III, pág. 5-38, ed. en español, Moscú).

46. Dritter Abdruck, Leipzig, 1875. *Verlag der Genossenschafts-buchdruckerei* (*La guerra campesina en Alemania*, tercera edición, Leipzig, 1875. Editorial Cooperativa. (*Nota de los editores*)

47. Lenin cita un fragmento, traducido por él mismo, del prefacio de Engels a su obra *La guerra campesina en Alemania* (Véase C. Marx y F. Engels. *Obras escogidas en tres tomos*, t. II, pág. 179-181, ed. en español, Moscú).

48. Lenin se refiere a las grandes huelgas declaradas por los obreros de Petersburgo en 1896. El movimiento huelguístico empezó el 23 de mayo en la importante empresa textil de Kalinkin. Se extendió rápidamente a todas las fábricas textiles de Petersburgo y, luego, a las grandes empresas de construcción de maquinaria, de goma papelera y azucarera. El proletariado de Petersburgo se alzó por vez primera en un amplio frente de lucha contra los explotadores. Más de 30 mil obreros tomaron parte en estas huelgas, que dirigió la Unión de Lucha por la Emancipación de la Clase Obrera, de Petersburgo.

Las huelgas de Petersburgo contribuyeron a desarrollar el movimiento obrero en Moscú y otras ciudades de Rusia y obligaron al gobierno zarista a acelerar la revisión de las leyes fabriles y a promulgar la ley del 2 (14) de junio de 1897, reduciendo a once horas y media la jornada de trabajo en las fábricas.

49. El tradeunionismo en modo alguno descarta toda "política", como se cree a veces. Las tradeuniones han realizado siempre cierta agitación y cierta lucha política (pero no socialdemócrata). En el capítulo siguiente expondremos la diferencia existente entre política tradeunionista y política socialdemócrata.

50. La Unión de Lucha por la Emancipación de la Clase Obrera, organizada por Lenin en el otoño de 1895, agrupaba a unos veinte círculos obreros marxistas de Petersburgo. Toda su labor se basaba en los principios del centralismo y de una rigurosa disciplina. Al frente de la Unión figuraba el Grupo Central, dirigido por Lenin.

Por vez primera en Rusia, la Unión de Lucha fusionó el socialismo con el movimiento obrero. Dirigió el movimiento obrero, vinculando la lucha de los trabajadores por sus reivindicaciones económicas con la lucha política contra el zarismo y editó octavillas y folletos para los obreros. Las publicaciones de la Unión de Lucha eran redactadas por Lenin, bajo cuya dirección se preparó la publicación de *Rabócheie Dielo*, periódico de Petersburgo. Por iniciativa suya, los círculos obreros se unificaron en uniones de lucha en Moscú, Kiev, Ekaterinoslav y otras ciudades y regiones del país.

En la noche del 8 (20) de diciembre de 1895, fueron detenidos gran parte de los miembros de la Unión, con Lenin al frente, y confiscado el primer número de *Rabócheie Dielo*, preparado ya para la imprenta.

La importancia de la Unión de Lucha por la Emancipación de la Clase Obrera, de Petersburgo, consiste, según expresión de Lenin, en que fue el embrión del partido revolucionario que se apoya en el movimiento obrero y dirige la lucha de clase del proletariado. En la segunda mitad de 1898, la Unión de Lucha cayó en manos de los "economistas", quienes a través del periódico *Rabóchaya Mysl* propagaron las ideas del tradeunionismo y el bernsteinianismo en su variante rusa. Sin embargo, los antiguos miembros de la Unión que no fueron detenidos participaron en 1898 en la preparación y celebración del I Congreso del Posdr y en la redacción del Manifiesto, publicado más tarde, continuando las traiciones de la Unión de Lucha por la Emancipación de la Clase Obrera que fundara Lenin.

51. AA Vanéiev falleció en 1899, en Siberia Oriental, a causa de la tuberculosis que contrajo cuando se hallaba incomunicado en prisión preventiva. Por eso hemos tenido a bien publicar los datos que figuran en el texto, cuya autenticidad garantizamos, pues proceden de gente que conocía personalmente a Vanéiev y tenía intimidad con él.

52. *Rússkaya Stariná* (*La Antigüedad Rusa*): revista de historia que apreció mensualmente en Petersburgo desde 1870 hasta 1918. En ella se dedicaba gran espacio a la publicación de memorias, diarios, apuntes y cartas de estadistas de Rusia y de figuras destacadas de la cultura, así como de documentos diversos.

53. Véase V.I. Lenin. *Obras Completas,* 5ª ed. en ruso, t. II, pág. 75-80. (*Nota de los editores*)

54. Se alude a la represión de que fueron víctimas los huelguistas de la Gran Manufactura de Yaroslavl el 27 de abril (9 de mayo) de 1895. La huelga, en la que participaron 4 mil obreros, fue provocada por la decisión de la empresa de establecer nuevas tarifas que reducían los salarios. La huelga fue aplastada cruelmente. El artículo sobre la huelga de Yaroslavl de 1895 lo escribió Lenin, no se ha encontrado todavía.

55. *S. Petersburgski Rabochi Listok* (*Boletín Obrero de San Petersburgo*: órgano de la Unión de Lucha por la Emancipación de la Clase Obrera, de Petersburgo. Se publicaron dos números: el primero en febrero (con fecha de enero) de 1897, en Rusia, y el segundo, en septiembre del mismo año, en Ginebra.

El periódico señaló la tarea de fundir la lucha económica de la clase obrera con las amplias reivindicaciones políticas y destacó la necesidad de crear el partido obrero.

56. "Al repudiar la actividad de los socialdemócratas de fines de los años 90, *Iskra* no tiene en cuenta que entonces faltaban condiciones para toda labor que no fuera la lucha por pequeñas reivindicaciones", dicen los "economistas" en su *Carta a los órganos socialdemócratas rusos* (*Iskra*, Núm. 12). Los hechos mencionados en el texto demuestran que esta afirmación sobre la "falta de condiciones" es diametralmente opuesta a la verdad. No sólo a fines, sino incluso a mediados de los años 90 existían de sobra todas las condiciones necesarias para otra labor, además de la lucha por pequeñas reivindicaciones; todas las condiciones, excepto una preparación suficiente de los dirigentes. Y en vez de reconocer con franqueza esta falta de preparación por nuestra parte, por parte de los ideólogos, de los dirigentes, los "economistas" quieren achacarlo todo a la "falta de condiciones", a la

influencia del medio material, el cual determina un camino del que ningún ideólogo conseguirá apartar el movimiento. ¿Qué es esto sino servilismo ante la espontaneidad, apego de los "ideólogos" a sus propios defectos?

57. La "reunión privada" a la que alude Lenin se celebró en Petersburgo entre el 14 y el 17 de febrero (26 de febrero y 1° de marzo) de 1897. Asistieron a ella los "viejos" —V. Lenin, A. Vanéiev, G. Krzhizhanovski y otros miembros de la Unión de Lucha por la Emancipación de la Clase Obrera, de Petersburgo, puestos en libertad por tres días antes de salir para su lugar de deportación en Siberia— y los "jóvenes", que dirigían la Unión después de haber sido detenido Lenin.

58. *Listok Rabótnika* (*La Hoja de El Trabajador*): Publicación no periódica de la Unión de Socialdemócratas Rusos en el Extranjero, editada en Ginebra desde 1896 hasta 1898. Vieron la luz diez números, los ocho primeros dirigidos por el grupo Emancipación del Trabajo. En vista de que la mayoría de los miembros de la Unión se pasó al campo de los "economistas", el grupo se negó a dirigir la publicación de la Unión, por lo que los números 9 y 10 de *Listok* (noviembre de 1898) aparecieron bajo la dirección de los "economistas".

59. VI: Vladimir Ivanshin, uno de los líderes del "economismo".

60. Digamos de paso que este elogio de *Rabóchaya Mysl*, en noviembre de 1898, cuando el "economismo" se había definido por completo, sobre todo en el extranjero, partía del propio VI, que muy pronto formó parte del cuerpo de redactores de *Rabóchei Dielo*. ¡Y *Rabóchei Dielo* todavía continuó negando la existencia de dos tendencias en la socialdemocracia rusa, como la sigue negando hoy!

61. Los gendarmes zaristas vestían uniforme azul.

62. El siguiente hecho característico prueba que esta comparación es justa. Después de ser detenidos los "decembristas", entre los obreros de la carretera de Shlisselburgo se difundió la noticia de que había contribuido a ello el provocador NN Mijáilov (un dentista), vinculado a un grupo que estaba en contacto con los "decembristas". Los obreros se indignaron de tal modo que decidieron matar a Mijáilov.

63. Del mismo editorial del primer número de *Rabóchaba Mysl*. Se puede juzgar por esto cuál era la preparación teórica de esos "VV de la socialdemocracia rusa", los cuales repetían la burda vulgarización del "materialismo económico", en tanto que los marxistas hacían en sus publicaciones la guerra al auténtico señor VV, llamado desde hacía tiempo "maestro en asuntos reaccionarios" por ese mismo modo de concebir la relación entre la política y la economía.

64. Editorial del Núm. 1 de *R. Mysl*.

65. Los alemanes incluso tienen una palabra especial, "Nur-Gewerk-schaftler", para designar a los partidarios de la lucha "exclusivamente sindical".

66. VV: Seudónimo de Vasili Vorontsov, uno de los ideólogos del populismo liberal de los años 80 y 90 del siglo XIX. Lenin denomina "VV de la socialdemocracia rusa" a los representantes del "economismo", corriente oportunista en la socialdemocracia de Rusia.

67. Subrayamos "actuales" para quienes se encojan farisaicamente de hombros y digan: ¡ahora es fácil denostar a *Rabóchaya*

Mysl cuando no es más que un arcaísmo! *Mutato nomine de te fabula narratur* ("cambiando el nombre, la fábula habla de ti". – *Nota de los editores*), contestamos nosotros a esos fariseos contemporáneos cuya completa sumisión servil a las ideas de *Rab. Mysl* será demostrada más adelante.

68. Carta de los "economistas" en el Núm. 12 de *Iskra*.

69. *Rabócheie Dielo*, Núm. 10.

70. *Neue Zeit*, 1901-1902, **XX**, I, Núm. 3, pág. 79. El proyecto de la comisión a que se refiere C. Kautsky fue aprobado por el Congreso de Viena[70.1] (a fines del año pasado) un tanto modificado.

70.1. En el Congreso de Viena del Partido Socialdemócrata Austríaco (2-6 de noviembre de 1901) se aprobó el nuevo programa del partido, en sustitución del viejo programa de Hainfeld (1888). En el proyecto del nuevo programa que preparó una comisión especial por encargo del Congreso de Brünn (1899), se hicieron serias concesiones al bernsteinianismo.

71. Esto no quiere decir, naturalmente, que los obreros no participen en esa elaboración. Pero no participan como obreros, sino como teóricos del socialismo, como los Proudhon y los Weitling; dicho con otras palabras, sólo participan en el momento y en la medida en que logran, en grado mayor o menor, dominar la ciencia de su siglo y hacerla avanzar. Y para que lo logren con mayor frecuencia, es necesario preocuparse lo más posible de elevar el nivel de conciencia de los obreros en general; es necesario que estos no se encierren en el marco, artificialmente restringido, de las "publicaciones para obreros", sino que aprendan a asimilar más y más

las publicaciones generales. Incluso sería más justo decir, en vez de "no se encierren", que "no sean encerrados", pues los obreros leen y quieren leer cuanto se escribe también para los intelectuales, y sólo ciertos intelectuales (de ínfima categoría) creen que "para los obreros" basta relatar lo que ocurre en las fábricas y repetir cosas conocidas desde hace ya mucho tiempo.

72. Sindicatos de Hirsch-Duncker: organizaciones sindicales reformistas fundadas en Alemania en 1868 por M. Hirsch y F. Duncker, dirigentes del partido progresista burgués. Los organizadores de los sindicatos de Hirsch-Duncker propugnaban la "armonía" de intereses del trabajo y del capital, por lo que consideraban posible que los capitalistas pertenecieran a los sindicatos junto con los obreros. Negaban la conveniencia de la lucha huelguística y afirmaban que los obreros podían emanciparse de la opresión del capital en el marco de la propia sociedad capitalista mediante la legislación del Estado burgués y con ayuda de la organización sindical. Consideraban que la misión principal de los sindicatos era servir de intermediario entre los obreros y los patronos y acumular recursos pecuniarios. Su actividad se circunscribía principalmente a las cajas de ayuda mutua y a la labor cultural. Los sindicatos de Hirsch-Duncker, que existieron hasta mayo de 1933, jamás fueron una fuerza seria en el movimiento obrero alemán, pese a los esfuerzos de la burguesía y al apoyo de los organismos gubernamentales. En 1933, los dirigentes oportunistas de los sindicatos de Hirsch-Duncker ingresaron en el Frente de Trabajo fascista.

73. Se dice a menudo que la clase obrera tiende espontáneamente al socialismo. Esto es justo por completo en el sentido de que la teoría socialista determina, con más profundidad y exactitud que ninguna otra, las causas de las calamidades que padece la clase obrera, debido a lo cual los obreros la asimilan con tanta

facilidad, siempre que esta teoría no ceda ante la espontaneidad, siempre que esta teoría supedite a la espontaneidad. Por lo general, esto se sobreentiende, pero *Rabóchei Dielo* lo olvida y lo desfigura. La clase obrera tiende al socialismo de manera espontánea; pero la ideología burguesa, la más difundida (y resucitada sin cesar en las formas más diversas), es, sin embargo, la que más se impone espontáneamente a los obreros.

74. "Grupo de Autoemancipación de la clase obrera": pequeño grupo de "economistas"; surgió en Petersburgo en el otoño de 1898 y existió varios meses. Publicó un manifiesto exponiendo sus objetivos —fechado en marzo de 1899 y aparecido en la revista *Nakanunie* (*La Víspera*) en julio del mismo año—, sus estatutos y varias proclamas dirigidas a los obreros.

75. En torno a las tareas actuales y la táctica de los socialdemócratas rusos. Ginebra, 1898, Dos cartas a *Rabóchaya Gazeta*, escritas en 1897.

76. La polémica entre el grupo Emancipación del Trabajo y la Redacción de *Rabócheie Dielo* se inició en abril de 1899 con la publicación, en el número 1 de dicho periódico, de una reseña del folleto de Lenin *Las tareas de los socialdemócratas rusos* (Ginebra, 1898). La Redacción de *Rabócheie Dielo* negaba en la reseña el carácter oportunista de la Unión de Socialdemócratas Rusos en el extranjero y la creciente influencia de los "economistas" en las organizaciones socialdemócratas de Rusia. Al mismo tiempo, afirmaba que "el contenido del folleto coincide por completo con el programa de la Redacción de *Rabócheie Dielo*" y que la Redacción ignoraba "a qué camaradas 'jóvenes' se refiere Axelrod" en el prefacio al folleto.

En la *Carta a la Redacción de Rabócheie Dielo*, escrita en agosto de 1889, P. Axelrod demostró la inconsistencia de los intentos del periódico de identificar la posición de la socialdemocracia revolucionaria (expuesta por Lenin en el folleto *Las tareas de los socialdemócratas rusos* con la posición de los oportunistas rusos y extranjeros. La polémica con *Rabócheie Dielo* continuó más tarde en las páginas de *Iskra* y *Zariá*.

77. *Nakanunie* (*La Víspera*): revista mensual de orientación populista, se editó en Londres, en ruso, desde enero de 1899 hasta febrero de 1902, apareciendo 37 números. La revista agrupó a su alrededor a representantes de diferentes partidos y corrientes pequeñoburgueses.

78. Véase V.I. Lenin. *Obras completas*, 5ª ed. en ruso, t. 2, pág. 433-470. (*Nota de los editores*)

79. Defendiéndose, *Rabócheie Dielo* completó su primera falsedad ("ignoramos a qué camaradas jóvenes se ha referido PB Axelrod") con una segunda, al escribir en su *Respuesta*: "Desde que apareció la reseña de *Las tareas*, entre algunos socialdemócratas rusos han surgido o se han definido con mayor o menor claridad tendencias hacia la unilateralidad económica, que significan un paso atrás en comparación con el estado de nuestro movimiento esbozado en *Las tareas*" (pág. 9). Esto lo dice la *Respuesta* publicada en 1900. Pero el primer número de *Rabócheie Dielo* (con la reseña) apareció en abril de 1899. ¿Es que el "economismo" surgió sólo en 1899? No, en 1899 se oyó por vez primera la voz de protesta de los socialdemócratas rusos contra el "economismo" (la protesta contra el *Credo*). (Véase V.I. Lenin. *Obras completas*, 5ª ed. en ruso, t. 4, pág. 163-176. –Nota de los editores). El "economismo" surgió en 1897, como sabe muy bien *Rabócheie Dielo*, pues, VI elogiaba a *Rabóchaya Mysl* ya en noviembre de 1898 (*Listok "Rabótnika"*, Núm. 9-10).

80. Cursivas de *Rabóchei Dielo*.

81. Cursivas nuestras.

82. Por ejemplo, en ese artículo se expone con las siguientes palabras la "teoría de las fases" o teoría de los "tímidos zigzags" en la lucha política: "Las reivindicaciones políticas que, por su carácter, son comunes a toda Rusia deben, sin embargo, durante los primeros tiempos[81.1] corresponder a la experiencia adquirida por el sector dado (¡sic!) de obreros en la lucha económica. Sólo (!) tomando como base esta experiencia, se puede y se debe iniciar la agitación política", etc. (pág. 11). En la pág. 4, indignado el autor por las acusaciones de herejía economista, carentes de todo fundamento, según él, exclama con tono patético: "Pero, ¿qué socialdemócrata ignora que, según la doctrina de Marx y Engels, los intereses económicos de las distintas clases desempeñan un papel decisivo en la historia y que, por tanto,[81.2] en particular la lucha del proletariado por sus intereses económicos debe tener una importancia primordial para su desarrollo como clases y para su lucha emancipadora?". Este "por tanto" está completamente fuera de lugar. Del hecho de que los intereses económicos desempeñan un papel decisivo en modo alguno se deduce que la lucha económica (sindical) tenga una importancia primordial, pues los intereses más esenciales y "decisivos" de las clases pueden satisfacerse en general únicamente por medio de transformaciones políticas radicales, en particular, el interés económico fundamental del proletariado sólo puede beneficiarse por medio de una revolución política que sustituya la dictadura de la burguesía con la dictadura del proletariado. B. Krichevski repite el razonamiento de los "VV de la socialdemocracia rusa" (la política sigue a la economía, etc.) y de los bernsteinianos de la alemana (por ejemplo, Woltmann alegaba precisamente los mismos argumentos para tratar de demostrar que los obreros, antes de pensar de una revolución política, deben adquirir una "fuerza económica").

82.1. Esto se escribe en agosto de 1900.

82.2. Cursivas nuestras.

83. Véase V.I. Lenin. *Obras completas*, 5ª ed. en ruso, t. 4, pág. 376. (*Nota de los editores*)

84. Núm. 10, pág. 18.

85. Véase V.I. Lenin. *Obras completas*, 5ª ed. en ruso, t. 5, pág. 6-7. (*Nota de los editores*)

86. Pág. 11; las cursivas son de *Rabóchei Dielo*.

87. *Ein Jahr der Verwirrung* (*Un Año de Confusión*): así ha titulado Mehring el apartado de su Historia de la socialdemocracia alemana en que describe los titubeos y la indecisión que manifestaron los socialistas en un principio, al elegir la "táctica-plan" que correspondía a las nuevas condiciones.

88. Del editorial del Núm. 1 de *Iskra* (Véase V.I. Lenin. *Tareas urgentes de nuestro movimiento*. (*Nota de los editores*)

89. Se alude al periódico *Der Sozialdemokrat* (*El Socialdemócrata*): órgano central del Partido Socialdemócrata de Alemania durante el período de vigencia de la Ley de excepción contra los socialistas. Se publicó en Zurich desde el 28 de septiembre de 1879 hasta el 22 de septiembre de 1888, y en Londres desde el 1° de octubre de 1888 hasta el 27 de septiembre de 1890. En 1879 y 1880 fue dirigido por G. Vollmar, y desde enero de 1881, por C. Bernstein, sobre el que Engels ejercía entonces gran influencia. La dirección ideológica de Engels garantizaba la orientación marxista de *Der Sozialdemokrat*. Éste dejó de publicarse al ser derogada la Ley de excepción contra los socialistas, volviendo a ser órgano central del partido del periódico *Vorwärts* (*Adelante*).

90. Pág. 18.

91. La cursiva es de *Rabócheie Dielo*.

92. Jorge Plejánov publicó con el seudónimo de N. Béltov su conocida obra *Acerca del desarrollo de la concepción monista de la historia*, editada en Petersburgo en 1895.

93. Pág. 19.

94. Se trata de la poesía satírica *Himno del moderno socialista ruso*, publicada en el número 1 de *Zariá* (abril de 1901) por Y. Mártov con la firma de "Narciso Tuporílov". En ella ridiculizaba a los "economistas" por su adaptación al movimiento espontáneo.

95. *Rabóchei Dielo*, Núm. 10, pág. 23.

96. *Dos congresos*, pág. 18.

97. Véase V.I. Lenin. *Obras completas*, 5ª ed. en ruso, t. 5, pág. 7-8 (*Nota de los editores*).

98. Pág. 24.

99. Tampoco debe olvidarse que, al resolver "en teoría" el problema del terrorismo, el grupo Emancipación del Trabajo sintetizó la experiencia del movimiento revolucionario anterior.

100. Pág. 29.

101. Pág. 63.

102. *Ibíd.*

103. Advertimos, para evitar equívocos, que en la exposición que sigue entendemos por lucha económica (según el uso arraigado entre nosotros) la "lucha económica práctica" que Engels denominó, en la cita reproducida antes, "resistencia a los capitalistas" y que en los países libres se llama lucha gremial, sindical o tradeunionista.

104. En este capítulo hablamos únicamente de la lucha política, de su concepción más amplia o más estrecha. Por eso señalaremos sólo de paso, como un simple hecho curioso, la acusación lanzada por *Rabóchei Dielo* contra *Iskra* de "moderación excesiva" con respecto a la lucha económica.[104.1] Si los señores acusadores midieran por *puds* o por pliegos de imprenta (como gustan de hacerlo) la sección de *Iskra* dedicada a la lucha económica durante el año y la compararan con la misma sección de *Rabóchei Dielo* y *Rabóchaya Mysl* juntos, verían fácilmente que, incluso en este sentido, están atrasados. Es evidente que el conocer esta sencilla verdad les obliga a recurrir a argumentos que demuestran con claridad su confusión. "*Iskra* —escriben—, quiéralo o no (!), tiene (!) que tomar en consideración las demandas imperiosas de la vida y publicar, por lo menos (!), cartas sobre el movimiento obrero".[104.2] ¡Menudo argumento para hacernos trizas!

104.1. *Dos congresos*, pág. 27; acusación repetida con machaconería por Martínov en su folleto "La socialdemocracia y la clase obrera".

104.2. *Dos congresos*, pág. 27.

105. Programa de *Rabóchei Dielo*, véase su número 1, pág. 3.

106. Martinóv en el Núm. 10, pág. 42.

107. Resolución del Congreso de la Unión[107.1] y "enmiendas": *Dos congresos*, pág. 11 y 17.

107.1. Se alude a la Unión de Socialdemócratas Rusos en el Extranjero.

108. Decimos "en general" porque en *Rabóchei Dielo* se trata precisamente de los principios generales y de las tareas generales de todo el partido. Es indudable que en la práctica se dan casos en que la política debe, efectivamente, seguir a la economía; pero sólo "economistas" pueden decir eso en una resolución para toda Rusia. Porque hay también casos en que "desde el comienzo mismo" se puede hacer agitación política "únicamente en el terreno económico", pese a lo cual *Rabóchei Dielo* ha llegado, por fin, a la conclusión de que "no hay ninguna necesidad" de ello.[108.1] En el capítulo siguiente probaremos que la táctica de los "políticos" y de los revolucionarios, lejos de desconocer las tareas tradeunionistas de la socialdemocracia, es, por el contrario, la única que asegura su cumplimiento consecuente.

108.1. *Dos congresos*, pág. 11.

109. Jefes de los *zemstvos*: cargo administrativo instituido por el gobierno zarista en 1889 con el propósito de afianzar el poder de los terratenientes sobre los campesinos. Los *zémskie nachálniki* ("jefes de los *zemstvos*") eran designados entre los terratenientes nobles de cada lugar y gozaban de inmensas atribuciones administrativas y judiciales sobre los campesinos, incluido el derecho a encarcelarlos y someterlos a castigos corporales.

110. Núm. 7, pág. 15 de agosto de 1900.

111. *Dos congresos*, pág. 11.

112. La Unión General Obrera Hebrea de Lituania, Polonia y Rusia (Bund) fue organizada en 1897 en el congreso de constitución de los grupos socialdemócratas hebreos, celebrado en Vilno; agrupaba principalmente a los artesanos semiproletarios hebreos de las regiones occidentales de Rusia. Los bundistas seguían una política oportunista, menchevique.

113. Expresiones textuales del folleto *Dos congresos*, pág. 28, 30, 31 y 32.

114. *Dos congresos*, pág. 32.

115. *Rabóchei Dielo*, Núm. 10, pág. 60. Así aplica Martínov al estado caótico de nuestro movimiento en la actualidad la tesis de que "cada paso de movimiento real es más importante que una docena de programas", cuya aplicación hemos analizado ya antes. En el fondo, eso no es sino una traducción al ruso de la célebre frase de Bernstein: "el movimiento lo es todo; el objetivo final, nada".

116. *Rabóchei Dielo*, Núm. 10, pág. 42-43.

117. Partidarios de *Rabócheie Dielo*. (*Nota de los editores*)

118. Pág. 43: "Desde luego, si recomendamos a los obreros que presenten determinadas reivindicaciones económicas al gobierno, lo hacemos porque el gobierno autocrático está dispuesto, por necesidad, a hacer ciertas concesiones en el terreno económico".

119. Pagos de rescate: cantidades que, según el "Reglamento" del 19 de febrero de 1861 aboliendo el régimen de la servidumbre en Rusia, debían pagar los campesinos a los terratenientes por los lotes de tierra que recibían. El total de los pagos de rescate superaba en mucho el verdadero valor de los lotes y ascendía a unos 2 mil millones de rublos. Al abonar los pagos de rescate, los campesinos pagaban, en realidad, a los terratenientes no sólo la tierra que venían usufructuando desde tiempos inmemoriales, sino también su propia liberación. Los abrumadores y desorbitados pagos de rescate provocaban la ruina y el empobrecimiento en masa de los campesinos. El movimiento campesino durante el período de la primera revolución rusa (1905-1907) obligó al gobierno zarista a abolir los pagos de rescate en enero de 1907.

120. Véase V. I. Lenin, *Obras Completas*, 5ª ed. en ruso, t. 5, pág. 297-319 (*Nota de los editores*).

121. Martínov, pág. 44.

122. *Rabóchaya Mysl, Suplemento especial*, pág. 14.

123. Reichstag: Parlamento alemán.

124. Pág. 52.

125. Pág. 15.

126. El término *mujik* (en ruso), que significa "hombre", era empleado para referirse a los campesinos rusos, generalmente antes del año 1917.

127. Martínov, pág. 61.

128. Núm. 2, febrero (véase V. I. Lenin. *Obras completas*, 5ª ed. en ruso, t. 4, pág. 391-396). (*Nota de los editores*)

129. La exigencia de "dar a la lucha económica misma un carácter político" es la manifestación más patente del culto a la espontaneidad en la actividad política. La lucha económica adquiere a menudo un carácter político de manera espontánea, es decir, sin la intervención de los "intelectuales", que son el "bacilo revolucionario", sin la intervención de los socialdemócratas conscientes. Por ejemplo, la lucha económica de los obreros en Inglaterra adquirió también un carácter político sin participación alguna de los socialistas. Ahora bien, la tarea de los socialdemócratas no se limita a la agitación política en el terreno económico: su tarea es transformar esa política tradeunionista en lucha política socialdemócrata, aprovechar los destellos de conciencia política que la lucha económica ha hecho penetrar en los obreros para elevar a estos al nivel de conciencia política socialdemócrata. Pero los Martínov, en vez de elevar e impulsar la conciencia política que se despierta de manera espontánea, se prosternan ante la espontaneidad y repiten con machaconería, hasta dar náuseas, que la lucha económica "incita" a los obreros a pensar en su falta de derechos políticos. ¡Es de lamentar, señores, que este despertar espontáneo de la conciencia política tradeunionista no les "incite" a ustedes mismos a pensar en sus tareas socialdemócratas!

130. Para confirmar que todo este discurso de los obreros a los "economistas" no es una invención gratuita nuestra, nos remitiremos a dos testigos que, sin duda, conocen el movimiento obrero directamente y no se inclinan, ni mucho menos, a ser parciales con nosotros, los "dogmáticos", pues uno de ellos es un "economista" (¡que considera incluso a *Rabócheie Dielo* un órgano político!) y el otro, un terrorista. El primer testigo es el autor de un artículo, notable por su veracidad y viveza, publicado en el Núm. 6 de *Rabóchei Dielo*

con el título "El movimiento obrero de San Petersburgo y las tareas prácticas de la socialdemocracia". Divide a los obreros en: 1) revolucionarios conscientes; 2) sector intermedio, y 3) el resto de la masa. Y resulta que el sector intermedio "a menudo se interesa más por los problemas de la vida política que por sus intereses económicos inmediatos cuya relación con las condiciones sociales generales ha sido comprendida hace ya mucho"... *Rabóchaya Mysl* es "criticado con dureza": "siempre lo mismo, hace mucho que lo sabemos, hace mucho que lo leímos", "tampoco esta vez hay nada nuevo en la crónica política" (pág. 30-31). Pero incluso el tercer sector, "la masa obrera más sensible, más joven, menos corrompida por la taberna y por la iglesia, que casi nunca tiene posibilidad de conseguir un libro de contenido político, habla a diestra y siniestra de los fenómenos de la vida política y reflexiona sobre las noticias fragmentarias acerca de un motín de estudiantes", etc. Y el terrorista escribe: "...Leen un par de veces unas líneas dedicadas a minucias de la vida de las fábricas en ciudades que no son las suyas y luego dejan de leer... Les aburre... No hablar en un periódico obrero sobre el Estado... significa imaginarse que el obrero es un niño pequeño... El obrero no es un niño" (*Svoboda*,[130.1] ed. del Grupo Revolucionario-Socialista, págs. 69-70).

130.1. *Svoboda* (*Libertad*): revista editada en Suiza en 1901 y 1902 por el grupo del mismo nombre, fundado en mayo de 1901 y que se denominaba grupo "revolucionario-socialista". Aparecieron dos números de la revista: en 1901 y 1902. El grupo Svoboda no tenía "ideas, programa, táctica ni organización firmes y serias, ni raíces en las masas" (véase V. I. Lenin. *Acerca del aventurerismo. Obras completas*, 5ª ed. en ruso, t. 25). En sus publicaciones, el grupo Svoboda predicaba las ideas del "economismo" y del terrorismo y apoyaba a las organizaciones antiiskristas en Rusia. Dejó de existir en 1903.

131. Martínov "se imagina otro dilema más real (?)" (*La social-democracia y la clase obrera*, pág. 19): "O la socialdemocracia asume la dirección inmediata de la lucha económica del proletariado y, con ello (!), la transforma en lucha revolucionaria de clase"... "Con ello", es decir, al parecer, con la dirección inmediata de la lucha económica. Que nos indique Martínov dónde se ha visto que, por el único y solo hecho de dirigir la lucha sindical, se haya logrado transformar el movimiento tradeunionista en movimiento revolucionario de clase. ¿No caerá en la cuenta de que, para realizar esta "transformación", debemos asumir activamente la "dirección inmediata" de la agitación política omnímoda?... "O bien otra perspectiva: La socialdemocracia abandona la dirección de la lucha económica de los obreros y, con ello..., se corta las alas"... Según el juicio de *Rabóchei Dielo*, antes citado, es *Iskra* la que "abandona". Pero hemos visto que *Iskra* hace para dirigir la lucha económica mucho más que *Rabóchei Dielo* y, por añadidura, no se limita a eso ni restringe, en nombre de eso, sus tareas políticas.

132. *Renacimiento del revolucionarismo*, pág. 68.

133. Se trata de la primavera de 1901, en la que comenzaron grandes manifestaciones en las calles (Nota de Lenin para la edición de 1907. (*Nota de los editores*)

134. Pág. 39.

135. Pág. 38-39.

136. Pág. 41.

137. Pág. 41. Por ejemplo, durante la guerra franco-prusiana, Liebknecht dictó un programa de acción para toda la democracia, cosa que Marx y Engels hicieron en mayor escala en 1848.

138. Pág. 42.

139. Pág. 43.

140. Pág. 40.

141. Pág. 61.

142. Pág. 61.

143. Pág. 63.

144. Pág. 63.

145. Pág. 63.

146. Véase C. Marx y F. Engels, *Manifiesto del Partido Comunista. Obras escogidas en tres tomos*, t. I, pág. 140, ed. en español, Moscú.

147. *Dos congresos*, pág. 17. *La cursiva es nuestra*.

148. Las cursivas son nuestras.

149. Pág. 63.

150. Pág. 63.

151. *Iskra*, Núm. 4, mayo de 1901.

152. Véase V.I. Lenin. *Obras completas*, 5ª ed. en ruso, t. 5, pág. 10-11. (*Nota de los editores*)

153. En el número 7 de *Iskra* (agosto de 1901), en la sección "Crónica del movimiento obrero y cartas de fábricas y talleres", se publicó una carta de un obrero tejedor de Petersburgo que testimonia la inmensa influencia de la *Iskra* leninista sobre los obreros avanzados.

"... He mostrado *Iskra* a muchos camaradas y todo el número se ha deshecho en pedazos, ¡pero es tan valioso!" —escribía el autor de la carta—. Se habla en él de nuestra causa, de toda la causa rusa, cuyo valor no se puede medir con kopeks ni determinar con horas... El domingo pasado reuní a once personas y les leí "¿Por dónde empezar?"; no nos separamos hasta bien entrada la noche. ¡Qué verdad es todo lo que dice, cómo se cala en todo!... Queremos escribir una carta a su *Iskra* para que no sólo enseñe cómo hay que empezar, sino cómo hay que vivir y morir".

154. La falta de espacio nos ha impedido responder circunstancialmente en *Iskra* a esta carta, tan típica de los "economistas". Su aparición nos causó verdadero júbilo, pues hacía ya mucho que llegaban hasta nosotros, desde los lados más diversos, dimes y diretes acerca de que *Iskra* carecía de un consecuente punto de vista de clase, y sólo esperábamos una ocasión propicia, o la expresión cristalizada de esta acusación en boga, para darle una respuesta. Y tenemos por costumbre contestar a los ataques no con la defensiva, sino con contraataques.

155. Números 2 y 4 de *Iskra*.

156. Y durante el período comprendido entre estos artículos, se ha publicado otro dedicado especialmente a los antagonismos de clase en el campo.[156.1] (Véase V.I. Lenin. *Obras completas*, 5ª ed. en ruso, t. 4, pág. 429-437. (*Nota de los editores*)

156.1. *Iskra*, Núm. 3.

157. *Iskra*, Núm. 2. —Véase V.I. Lenin. *Obras completas*, 5ª ed. en ruso, t. 4, pág. 391-396. (*Nota de los editores*)

158. Véase V.I. Lenin. *Obras completas*, 5ª ed. en ruso, t. 4, pág. 429-437. (*Nota de los editores*)

159. Véase V.I. Lenin. *Obras completas*, 5ª ed. en ruso, t. 5, pág. 87-92 (*Nota de los editores*).

160. *Idem*, pág. 93-94. (*Nota de los editores*)

161. *Rossía* (*Rusia*): diario liberal moderado. Se publicó en Petersburgo desde 1899 hasta 1902, alcanzando gran difusión en los medios burgueses de la sociedad rusa.

162. Núm. 5: Correría policíaca contra la literatura.

163. Véase V.I. Lenin. *Una preciosa confesión*. (*Nota de los editores*)

164. *Dos congresos*, pág. 30.

165. Pág. 31.

166. Pág. 33.

167. *Dos congresos*, pág. 32. Y a renglón seguido, se alude a "las condiciones concretas rusas, que empujan fatalmente el movimiento obrero al camino revolucionario". ¡No se quiere comprender que el camino revolucionario del movimiento

obrero puede no ser aún el camino socialdemócrata! Bajo el absolutismo, toda la burguesía de Europa Occidental "empujaba", empujaba conscientemente a los obreros al camino revolucionario. Pero los socialdemócratas no podemos contentarnos con eso. Y si rebajamos de una u otra forma la política socialdemócrata al nivel de la política espontánea, de la política tradeunionista, con ello, precisamente, haremos el juego a la democracia burguesa.

168. Brentano, Lujo (1844-1931): economista burgués alemán partidario del llamado "socialismo estatal". Afirmaba que la igualdad social era posible en el marco del capitalismo por medio de reformas y de la conciliación de los intereses de los capitalistas y los obreros. Encubriéndose con frases marxistas, Brentano y sus adeptos intentaban subordinar el movimiento obrero a los intereses de la burguesía.

169. B-v: Boris Sávinkov, uno de los dirigentes del partido socialrrevolucionario, de carácter pequeñoburgués.

170. Las cursivas son nuestras. (*Nota de los editores*)

171. Se alude al grupo Lucha del Trabajo contra el Capital, organizado en Petersburgo en la primavera de 1899. Estaba formado por algunos obreros e intelectuales, carecía de estrechos vínculos con el movimiento obrero de Petersburgo y se disolvió en el verano de 1899, al ser detenidos casi todos sus componentes. Por sus opiniones estaba muy cerca del "economismo". El grupo editó una hoja, titulada "Nuestro programa", que no llegó a difundirse, a causa de las detenciones.

172. *Rabóchaya Mysl* y *Rabóchei Dielo*, sobre todo la *Respuesta* a Plejánov.

173. *¿Quién hará la revolución política?* Es un folleto publicado en Rusia en la recopilación *La lucha proletaria* y reeditado por el comité de Kíev.

174. Renacimiento del revolucionarismo y Svoboda.

175. Véase V.I. Lenin. *Obras completas*, 5ª ed. en ruso, t. 5, pág. 6. (*Nota de los editores*)

176. *Rabóchei Dielo*, Núm. 10, pág. 15.

177. NN: Serguéi Prokopóvich, "economista" activo, más tarde demócrata-constitucionalista.

178. *Vademécum*, pág. 59.

179. Se trata, por lo visto, de la primera entrevista de Lenin con A. Martínov, que tuvo lugar en 1901.

180. Libre, amplia. (*Nota de los editores*)

181. Struvismo: es decir, marxismo legal (según el nombre de su representante principal, Piotr Struve).

182. Afanasi Ivánovich y Puljeria Ivánovna: familia patriarcal de pequeños terratenientes, descrita en la novela *Terratenientes de antaño*, del conocido escritor ruso Nicolás Gógol.

183. La lucha de *Iskra* contra la cizaña ha originado esta airada salida de tono de *Rabóchei Dielo*: "Para *Iskra*, en cambio, estos importantes acontecimientos (los de la primavera) son rasgos

menos característicos de la época que las miserables tentativas de los agentes de Zubátov de "legalizar" el movimiento obrero. *Iskra* no ve que estos hechos se vuelven precisamente contra ella y prueban que el movimiento obrero ha alcanzado, a juicio del gobierno, proporciones muy amenazadoras" (*Dos congresos*, pág. 27). La culpa de todo la tiene el "dogmatismo" de estos ortodoxos, "sordos a las exigencias imperiosas de la vida". ¡Se obstinan en no ver trigo de un metro de alto para hacer la guerra a cizaña de un centímetro! ¿No es esto un "sentido deformado de la perspectiva con respecto al movimiento obrero ruso" (*ibíd.*, pág. 27)?

184. *Listok Rabótnika*, Núm. 9-10, pág. 46, del Núm. 1 de *Rabóchaya Mysl*.

185. Boletín especial, impreso en San Petersburgo y mencionado en el Núm. 1 de *Iskra*.

186. Aprieto de abundancia. (*Nota de los editores*)

187. Ivánushka: personaje de los cuentos populares rusos. (*Nota de los editores*)

188. Aquí nos limitaremos a advertir que cuanto hemos dicho respecto al "estímulo desde fuera" y a los demás razonamientos de *Svoboda* sobre organización es aplicable por entero a todos los "economistas", comprendidos los adeptos de *Rabócheie Dielo*, pues, en parte, han preconizado y sostenido activamente estos puntos de vista sobre los problemas de organización o, en parte, han caído en ellos.

189. Este término sería, quizá, más justo que el precedente en lo que se refiere a *Svoboda*, pues en "Renacimiento del revo-

lucionarismo" se defiende del terrorismo; y en el artículo en cuestión, el "economismo". "No las quiero, no están maduras", puede, en general, decirse de *Svoboda*. Tiene buenas aptitudes y las mejores intenciones, pero el único resultado es la confusión; confusión, principalmente, porque, al defender la continuidad de la organización, *Svoboda* no quiere saber nada de continuidad del pensamiento revolucionario y de la teoría socialdemócrata. Esforzarse por resucitar al revolucionario profesional ("Renacimiento del revolucionarismo") y proponer para eso, primero, el terrorismo excitante y, segundo, la "organización de los obreros medios" (*Svoboda*, Núm. 1, pág. 66 y siguientes), menos "estimulados" desde fuera, equivale, en verdad, a derribar la casa propia para tener leña con qué calentarla.

190. Lenin alude al círculo de socialdemócratas petersburgueses ("los viejos") encabezado por él. Sobre la base de este círculo se fundó en 1895 la Unión de Lucha por la Emancipación de la Clase Obrera.

191. *Rabóchei Dielo*, Núm. 6, pág. 38-39.

192. Entre los militantes, por ejemplo, se observa en los últimos tiempos una reanimación indudable del espíritu democrático, en parte a causa de los combates de calle, cada vez más frecuentes, contra "enemigos" como los obreros y los estudiantes. Y en cuanto nos lo permitan nuestras fuerzas, deberemos dedicar sin falta la mayor atención a la labor de agitación y propaganda entre los soldados y oficiales, a la creación de "organizaciones militares" afiliadas a nuestro partido.

193. Recuerdo que un camarada me refirió un día que un inspector fabril, que había ayudado a la socialdemocracia y estaba dispuesto a seguir ayudándola, se quejaba amargamente, diciendo

que no sabía si su "información" llegaba a un verdadero centro revolucionario, hasta qué punto era necesaria su ayuda ni hasta qué punto era posible utilizar sus pequeños y menudos servicios. Todo militante dedicado a la labor práctica podría citar, sin duda, más de un caso semejante, en que nuestros métodos primitivos de trabajo nos han privado de aliados. ¡Pero los empleados y los funcionarios podrían prestarnos, y nos prestarían, "pequeños" servicios, que en conjunto serían de un valor inapreciable, no sólo en las fábricas, sino en correos, en ferrocarriles, en aduanas, entre la nobleza, en la iglesia y en todos los demás sitios, incluso en la policía y hasta en la corte! Si tuviéramos ya un verdadero partido, una organización verdaderamente combativa de revolucionarios, no arriesgaríamos a todos esos "auxiliares", no nos apresuraríamos a introducirlos siempre y sin falta en el corazón mismo de las "actividades clandestinas"; al contrario, los cuidaríamos de un modo singular, e incluso prepararíamos especialmente a personas para esas funciones, recordando que muchos estudiantes podrían sernos más útiles como funcionarios "auxiliares" que como revolucionarios "a breve plazo". Pero, vuelvo a repetirlo, sólo puede aplicar esta táctica una organización completamente firme y que no tenga escasez de fuerzas activas.

194. *Svoboda*, Núm. 1, artículo: "La organización", pág. 66: "La masa obrera apoyará con todo su peso todas las reivindicaciones que sean formuladas en nombre del Trabajo de Rusia" (¡Trabajo con mayúsculas sin falta!). Y el mismo autor exclama: "Yo no les tengo ninguna rabia a los intelectuales, pero... "(éste es el pero que Schedrían traducía con las palabras: ¡de puntillas no se es más alto!) ... pero me pongo terriblemente furioso cuando viene una persona a contarme una retahíla de cosas muy bonitas y buenas y me hace que las crea por su (¿de él?) lindeza y demás méritos" (pág. 62). También yo "me pongo terriblemente furioso"...

195. Tierra y Libertad: organización secreta de populistas revolucionarios, fundada en Petersburgo en el otoño de 1876. Sus componentes consideraban a los campesinos como la fuerza revolucionaria fundamental de Rusia y trataban de alzarlos a la insurrección contra le zarismo. Efectuaron una labor revolucionaria en diversas provincias de Rusia: Tambov, Vorónezh, etc.

El fracaso de la labor revolucionaria entre los campesinos y el recrudecimiento de la represión gubernamental contribuyeron a que en 1879 se formase en el seno de Tierra y Libertad un grupo de terroristas, que renunciaron a la propaganda revolucionaria entre los campesinos y proclamaron que el medio principal de lucha revolucionaria con el zarismo era el terrorismo contra los gobernantes zaristas. En el Congreso celebrado aquel mismo año en Vorónezh, Tierra y Libertad se escindió en dos organizaciones: la Voluntad del Pueblo, que emprendió el camino del terror, y el Reparto Negro, que mantuvo las posiciones de Tierra y Libertad. Con posterioridad, una parte de los componentes de el Reparto Negro —Plejánov, Axelrod, Zasúlich, Deich e Ignátov— abrazaron el marxismo y en 1883 fundaron en el extranjero la primera organización marxista rusa: el grupo Emancipación del Trabajo.

196. *Rabóchei Dielo*, Núm. 10, pág. 18.

197. Véase *Las tareas de los socialdemócratas rusos*, pág. 21, la polémica contra P. L. Lavrov. (Véase V. I. Lenin. *Obras completas*, 5ª Edic. en ruso, t. 2, pág. 451. *Nota de los editores*)

198. *Las tareas de los socialdemócratas rusos*, pág. 23 (véase V. I. Lenin. *Obras Completas*, 5ª ed. en ruso, t. 2, pág. 451. —*Nota de los editores*). Por cierto, he aquí otro ejemplo de cómo *Rabóchei Dielo* no comprende lo que dice, o cambia de opinión "según de donde sople el viento". En el número 1 de *Rabóchei Dielo*,

se dice en cursiva: "El contenido del folleto que acabamos de exponer coincide plenamente con el programa de la redacción de *Rabóchie Dielo*" (pág. 142). ¿Es cierto eso? ¿Coincide con *Las tareas de los socialdemócratas rusos* la idea de que no se puede plantear al movimiento de masas como primera tarea derrocar la autocracia? ¿Coincide con ellas la teoría de la "lucha económica contra los patronos y el gobierno"? ¿Coincide la teoría de las fases? Que el lector juzgue de la firmeza de principios de un órgano que comprende la "coincidencia" de manera tan original.

199. VZ, en *Zariá*, Núm. 2-3, pág. 353.

200. *Dos congresos*, pág. 18.

201. *Rabóchei Dielo*, Núm. 6, pág. 42.

202. En: Número 7 de *Nakanunie*, julio de 1899.

203. *Svoboda*, Núm. 1, pág. 67.

204. Véase el *Informe presentado al Congreso de París*,[204.1] (pág. 14): "Desde entonces (1897) hasta la primavera de 1900 fueron publicados en diversos puntos 30 números de varios periódicos... Por término medio, aparecería más de un número al mes".

204.1. Se alude el folleto *Informe sobre el Movimiento Socialdemócrata Ruso al Congreso Socialista Internacional*, celebrado en París en 1900 (edición de la Unión de Socialdemócratas Rusos, Ginebra, 1901). El informe lo escribió la Redacción de *Rabócheie Dielo* por encargo de la Unión.

205. Esta dificultad es sólo aparente. En realidad, *no hay* círculo local que no pueda asumir con energía una u otra función del trabajo a escala nacional. "No digas que no puedes, sino que no quieres".

206. Núm. 1, pág. 68.

207. Pág. 69.

208. Por esta razón, incluso el ejemplo de los órganos locales de excepcional valía confirma totalmente nuestro punto de vista. Por ejemplo, *Yuzhni Rabochi*[208.1] es un excelente periódico, al que no se puede acusar de falta de firmeza en los principios. Pero como sale rara vez, y las redadas son muy frecuentes, no ha podido dar al movimiento local todo lo que pretendía. Lo más apremiante para el partido en estos momentos —plantear con firmeza de principios los problemas fundamentales del movimiento y desplegar una agitación política en todos los sentidos— ha sido superior a las fuerzas de ese órgano local. Lo muy bueno que ha dado, como los artículos sobre el congreso de los industriales mineros, sobre el paro, etc., no era de carácter estrictamente local, sino necesario para toda Rusia, y no sólo para el Sur. Artículos como esos no los ha habido en toda nuestra prensa socialdemócrata.

208.1. *Yuzhni Rabochi* (*El Obrero del Sur*): periódico socialdemócrata, editado clandestinamente por el grupo del mismo nombre desde enero de 1900 hasta abril de 1902. Aparecieron 12 números, que fueron difundidos sobre todo en las organizaciones socialdemócratas del sur de Rusia.

209. Los datos legales tienen especial importancia en este sentido, y estamos particularmente atrasados en lo que se refiere a saber

recogerlos y utilizarlos sistemáticamente. No será exagerado decir que sólo con datos legales puede llegar a confeccionarse más o menos un folleto sindical, mientras que es imposible hacerlo con datos ilegales nada más. Recogiendo entre los obreros datos ilegales sobre problemas como los que ha tratado *Rabóchaya Mysl*,[209.1] derrocharemos en vano una inmensidad de fuerzas de un revolucionario (al que fácilmente puede sustituir en este trabajo un militante legal) y, a pesar de todo, no obtenemos nunca buenos datos, porque los obreros, que generalmente sólo conocen una sección de una gran fábrica y que casi siempre sólo conocen los resultados económicos, pero no las normas ni las condiciones generales de su trabajo, no pueden adquirir los conocimientos que suelen tener los empleados, inspectores, médicos fabriles, etc., y que están profusamente diseminados en crónicas periodísticas y publicaciones especiales de carácter industrial, sanitario, de los zemstvos, etc.

Recuerdo como si fuera ahora mismo mi "primer experimento", que no me dejó ganas de repetirlo nunca. Me entretuve durante muchas semanas en interrogar "con apasionamiento" a un obrero que venía a verme sobre todos los detalles de la vida en la enorme fábrica donde él trabajaba. Verdad es que, aún con grandísimas dificultades, conseguí más o menos componer la descripción (¡sólo de una fábrica!), pero sucedía que el obrero, limpiándose el sudor, decía con una sonrisa al final de nuestro trabajo: "¡Me cuesta menos trabajar horas extra que contestarle a sus preguntas!".

Cuanto más energía pongamos en la lucha revolucionaria, tanto más obligado se verá el gobierno a legalizar una parte de la labor "sindical", desembarazándonos así de parte de la carga que pesa sobre nosotros.

209.1. Lenin se refiere a la hoja *Cuestionario sobre la situación de la clase obrera de Rusia* (1898) y al folleto *Cuestionario para reunir datos acerca de la situación de la clase obrera en Rusia*

(1899), publicados por la Redacción de *Rabóchaya Mysl*. La hoja contenía 17 preguntas, y el folleto, 158, acerca de las condiciones de trabajo y de vida de los obreros.

210. El movimiento huelguístico de 1885 afectó a numerosas empresas de la industria textil de las provincias de Vladímir, Moscú, Tver y otras regiones del centro industrial del país. La más famosa fue la declarada por los obreros de la manufactura *Nikólskoe, de Savva Morózov* (huelga de Morózov), en enero de 1885. Entre las reivindicaciones principales de los obreros figuraban la disminución de las multas y la reglamentación de las condiciones de contratación. Las tropas aplastaron la huelga de Morózov, en la que participaron cerca de 8 mil trabajadores bajo la dirección de obreros avanzados; 33 huelguistas fueron entregados a los tribunales, y más de 600, deportados. El movimiento huelguístico de 1885 y 1886 obligó al gobierno zarista a promulgar la ley del 3 (15) de junio de 1886 (la llamada "ley de multas").

211. Véase la nota Núm. 46.

212. *Rabóchei Dielo*, Núm. 10, pág. 30.

213. *Loc. cit.*, pág. 61.

214. Pág. 126.

215. En la recopilación *En doce años*, Lenin suprimió el apartado "a)" del capítulo quinto, insertando la siguiente nota: "En la presente edición se suprime el apartado "a)": "A quién ha ofendido el artículo "¿Por dónde empezar?", pues contiene exclusivamente una polémica con *Rabócheie Dielo* y el Bund en torno a los intentos de *Iskra* de "mandar", etc. En este

apartado se decía, entre otras cosas, que el propio Bund había invitado (en 1898-1899) a los miembros de *Iskra* a reanudar la publicación del órgano central del partido y organizar un "laboratorio literario". (*Nota de los editores*)

216. En proceso de gestación, de surgimiento. (*Nota de los editores*)

217. *Iskra*, Núm. 8, Respuesta del Comité Central de la Unión General Obrera Hebrea de Rusia y de Polonia a nuestro artículo sobre el problema nacional.

218. Enumeramos deliberadamente estos hechos en orden distinto de cómo ocurrieron.[218.1]

218.1. Lenin hace esta observación con fines conspirativos. Los hechos son presentados precisamente en el orden en que sucedieron.

219. Véase V.I. Lenin. *Obras completas*, 5ª Ed. en ruso, t. 2, pág. 433-470 y 263-314 (*Nota de los editores*).

220. En el verano de 1897, la Unión de Lucha por la Emancipación de la Clase Obrera, de Petersburgo, propuso a Lenin (desterrado entonces en Siberia, en el pueblo de Shúshenskoe) que participase en la creación de una serie especial de libros para los obreros. Lenin escribió los folletos mencionados en el texto, que fueron editados en Ginebra: *Las tareas de los socialdemócratas rusos* (1898) y *La nueva ley de fábricas* (1899).

221. Dicho sea de paso, el autor de este folleto me pide que haga saber que, lo mismo que sus folletos anteriores, el presente fue enviado a la Unión, suponiendo que el grupo Emancipación del Trabajo redactaría sus publicaciones (circunstancias

especiales no le permitían conocer entonces, es decir, en febrero de 1899, el cambio operado en la redacción). Lo reeditará en breve la Liga.[221.1]

221.1. La Liga de la Socialdemocracia Revolucionaria Rusa en el Extranjero se fundó en octubre de 1901, por iniciativa de Lenin, formando parte de ella la organización de *Iskra* en el extranjero y la organización revolucionaria Sotsial-Demokrat (en la que entraba el grupo Emancipación del Trabajo). La Liga tenía por misión las ideas de la socialdemocracia revolucionaria y contribuir a constituir una organización socialdemócrata combativa. La Liga representaba a la organización de *Iskra* en el extranjero. Unía a los socialdemócratas rusos emigrados partidarios de *Iskra*, ayudaba económicamente al periódico, organizaba su envío a Rusia y editaba obras de divulgación marxista. Publicó también varios boletines y folletos. El II Congreso del Posdr la confirmó como única organización del partido en el extranjero, encargándole actuar bajo al dirección y el control del Comité Central del Posdr.

Después del II Congreso del partido, los mencheviques se atrincheraron en la Liga y lucharon contra Lenin, contra los bolcheviques. En el II Congreso de la Liga (octubre de 1903), calumniaron a los bolcheviques, después de lo cual Lenin y sus adeptos se retiraron del Congreso. Los mencheviques adoptaron unos nuevos estatutos de la Liga, opuestos a los estatutos del partido aprobados en el II Congreso del Posdr. Desde entonces, la Liga se convirtió en un baluarte del menchevismo. Existió hasta 1905.

222. Véase V.I. Lenin. *Obras completas*, 5ª ed. en ruso, t. 4, pág. 182-186, 187-192 y 193-198. (*Nota de los editores*).

223. En 1899, por iniciativa del Comité Central del Bund, se intentó reanudar la publicación de *Rabóchaya Gazeta*. Lenin escribió para el número 3 de este periódico los artículos citados.

224. A iniciativa del Comité de Ekaterinoslav del Posdr, apoyado por el Bund y la Unión de Socialdemócratas Rusos en el Extranjero, a comienzos de 1900 se intentó convocar el II Congreso del partido, restablecer el Comité Central y reanudar la publicación del órgano central del partido, *Rabóchaya Gazeta*. En febrero de 1900 se trasladó a Moscú Lalayants, miembro del Comité de Ekaterinoslav, para sostener conversaciones con Lenin. Lalayants propuso al grupo de *Iskra* —Lenin, Mártov y Potrésov— que participase en el Congreso y se encargase de dirigir *Rabóchaya Gazeta*. Lenin y el grupo Emancipación del Trabajo consideraban prematura la convocatoria del Congreso; sin embargo, el grupo Emancipación del Trabajo no pudo negarse a participar en él, por lo que encargó a Lenin de representarle, enviándole desde el extranjero la correspondiente credencial. Pero las detenciones en masa efectuadas por la policía en abril y mayo de 1900 impidieron la celebración del Congreso. A Smolensk, donde debía tener lugar, llegaron únicamente los representantes del Bund, de la redacción de *Yuzhni Rabochi* y de la Unión de Socialdemócratas Rusos en el Extranjero.

225. *En vísperas de la revolución*, pág. 54.

226. *En vísperas*, pág. 129.

227. ¡Camarada Krichevski! ¡Camarada Martínov! Llamo la atención de ustedes sobre esta manifestación escandalosa de "absolutismo", de "autoridad sin control", de "reglamentación soberana", etc. Fíjense: ¡quiere poseer toda la cadena! Apresúrense a presentar querella. Ya tienen tema para dos artículos de fondo en el número 12 de *Rabócheie Dielo*.

228. Al insertar en *Rabócheie Dielo* la primera frase de esta cita (Núm. 10, pág. 62), Martínov ha omitido precisamente la

segunda frase, como subrayando así que no quiere meterse en honduras o que es incapaz de comprender el fondo de la cuestión.

229. Con una salvedad: siempre que simpatice con la orientación de este periódico y considere útil a la causa ser su colaborador, entendiendo por ello no solamente la colaboración literaria, sino toda la colaboración revolucionaria en general. Nota para *Rabócheie Dielo*: esta salvedad se sobrentiende para los revolucionarios que aprecian el trabajo y no el juego a la democracia, que no hacen distinción entre ser "simpatizante" y participar de la manera más activa y real.

230. Andrei Zheliabov: fue uno de los participantes en el atentado contra el emperador de Rusia Alejandro II, fue arrestado a la víspera, el 27 de febrero. Lo planeado era que si el zar sobrevivía a la explosión, Zheliabov lo asesinaría con una daga.

231. August Bebel (1840-1913) fue un destacado dirigente socialdemócrata alemán.

232. Lenin cita el artículo de D. Pisarev "Errores de un pensamiento en agraz".

233. *Listok Rabóchego Diela* (*La hoja de Rabócheie Dielo*): Suplemento no periódico de la revista *Rabócheie Dielo*; se editó en Ginebra desde junio de 1900 hasta julio de 1901, apareciendo únicamente ocho números.

234. Veche: asamblea popular en la antigua Rusia, para la que se convocaba al toque de campana. (*Nota de los editores*)

235. Lenin alude al siguiente pasaje de la obra de Carlos Marx *El Dieciocho Brumario de Luis Bonaparte*: "Hegel dice en alguna parte que todos los grandes hechos y personajes de la historia universal se producen, como si dijéramos, dos veces. Pero olvidó agregar; una vez como tragedia y otra vez como farsa" (véase C. Marx y F. Engels, *Obras escogidas en tres tomos*, t. I, pág. 408, ed. en español, Moscú).

236. Subrayado del autor — *Nota de los editores*.

237. *En vísperas de la revolución*, pág. 62.

238. Dicho sea de paso, L. Nadiezhdin no dice casi nada de los problemas de teoría en su "revista de cuestiones teóricas", si prescindimos del siguiente pasaje, sumamente curioso "desde el punto de vista de *En vísperas de la revolución*": "La bernsteiniada en su conjunto pierde para nuestro momento su carácter agudo, como lo mismo nos da que el señor Adamóvich demuestre que el señor Struve debe presentar la dimisión o que, por el contrario, el señor Struve desmienta al señor Adamóvich y no consienta en dimitir. Nos da absolutamente igual, porque ha sonado la hora decisiva de la revolución" (pág. 110). Sería difícil describir con mayor relieve la despreocupación infinita de L. Nadiezhdin por la teoría. ¡Como hemos proclamado que estamos en "vísperas de la revolución", "nos da absolutamente lo mismo" que los ortodoxos logren o no desalojar definitivamente de sus posiciones a los críticos! ¡Y nuestro sabio no se percata de que, precisamente durante la revolución, nos harán falta los resultados de la lucha teórica contra los críticos para luchar resueltamente contra sus posiciones *prácticas*!

239. *Iskra*, Núm. 4: *¿Por dónde empezar?* "Un trabajo largo no asusta a los revolucionarios culturalistas que no comparten el punto de vista de *En vísperas de la revolución*", escribe Na-

diezhdin (pág. 62). Con este motivo, haremos la siguiente observación: si no sabemos elaborar una táctica política y un plan de organización orientados sin falta hacia una labor muy larga y que al mismo tiempo aseguren, por el propio proceso de este trabajo, la disposición de nuestro partido a ocupar su puesto y cumplir con su deber en cualquier circunstancia imprevista, por más que se precipiten los acontecimientos, seremos simplemente unos deplorables aventureros políticos. Sólo Nadiezhdin, que ha empezado a llamarse socialdemócrata desde ayer, puede olvidar que el objetivo de la socialdemocracia consiste en transformar de raíz las condiciones de vida de toda la humanidad, por lo cual es imperdonable que un socialdemócrata se "asuste" por lo largo del trabajo.

240. Genízaros: infantería regular en la Turquía de los sultanes, creada en el siglo XIV. Era la fuerza policíaca principal y se distinguía por su crueldad excepcional. Los regimientos de genízaros fueron disueltos en 1826. Lenin llamaba genízaros a los policías zaristas.

241. ¡Ay! ¡Se me ha escapado una vez más la truculenta palabra "agentes" que tanto hiere el democrático oído de los martínov! Me extraña que esta palabra no haya molestado a los corifeos de la década del 70 y, en cambio, moleste a los primitivos de la del 90. Me gusta esta palabra, porque indica de un modo claro y tajante la causa común a la que todos los agentes subordinan sus pensamientos y sus actos, y si hubiese que sustituir esta palabra por otra, yo sólo elegiría el término "colaborador", si éste no tuviese cierto dejo de literaturismo y vaguedad. Porque lo que necesitamos es una organización militar de agentes. A propósito sea dicho, los numerosos martínov (sobre todo, en el extranjero), que gustan de "ascenderse recíprocamente a generales", podrían decir, en lugar de "agente en asuntos de pasaportes", "comandante en jefe de la unidad especial destinada a proveer de pasaportes a los revolucionarios", etc.

242. Brentanistas: adeptos al economista alemán Ludwig Joseph Brentano (Aschaffenburg, 1844 - Munich, 1931). Economista alemán, profesor de teoría política en la Universidad de Berlín, Breslau, Estrasburgo, Viena, Leipzig y Munich. En 1868 escribió su obra más conocida, dedicada al estudio del sindicalismo inglés *Die Arbeitergilden der Gegenwart* (*Las guildas de trabajadores del presente*) donde Brentano estudia las raíces del sindicalismo moderno en el sistema de gremios que controlaba el trabajo artesanal en el medioevo. Esta obra pronto se convirtió en una referencia en el ámbito de los estudios de historia del trabajo y del movimiento obrero.

243. Podría contestar también con un refrán alemán: "*Den Sack schlägt man, den Esel meint man*", lo cual quiere decir: "quien a uno castiga, a ciento hostiga". No sólo *Rabóchei Dielo*, sino la gran masa de los militantes dedicados al trabajo práctico y de los teóricos sentían entusiasmo por la "crítica" de moda, se armaban un lío con la espontaneidad, se desviaban de la concepción socialdemócrata de nuestras tareas políticas y orgánicas hacia la concepción tradeunionista.

244. Este "Anexo" fue suprimido por Lenin al ser reeditado ¿*Qué hacer?* en 1907, en la recopilación *Doce años*.

245. Véase V. I. Lenin, *Obras completas*, 5ª ed. en ruso, t. 4, pág. 384-385 (*Nota de los editores*).

246. Buró Socialista Internacional (BSI): Órgano ejecutivo e informativo permanente de la II Internacional, integrado por representantes de todos los partidos socialistas adheridos a ella.

Para representar en él a los socialdemócratas rusos, fueron elegidos J. Plejánov y B. Krichevski. Lenin pasó a formar parte de BSI en 1905 en nombre de Posdr. El Buró dejó de actuar en 1914.

247. Este juicio sobre la escisión no sólo se basaba en el conocimiento de las publicaciones, sino en datos recogidos en el extranjero por algunos miembros de nuestra organización que habían estado allí.

248. Véase V. I. Lenin, *Obras completas*, 5ª ed. en ruso, t. 5, pág. 1-13 (*Nota de los editores*).

249. Esta afirmación se repite en *Dos congresos*, pág. 25.

250. A saber: en la introducción a las resoluciones de junio dijimos que la socialdemocracia rusa mantuvo siempre en conjunto la posición de fidelidad a los principios del grupo Emancipación del Trabajo y que el mérito de la Unión estaba sobre todo en su actividad en el terreno de las publicaciones y de la organización. En otros términos, dijimos que estábamos completamente dispuestos a olvidar el pasado y a reconocer que la labor de nuestros camaradas de la Unión era útil a la causa, a condición de que acabaran por completo con las vacilaciones, objeto de nuestra "caza". Toda persona imparcial que lea las resoluciones de junio las comprenderá sólo en este sentido. Pero si ahora la Unión nos acusa solemnemente de *faltar a la verdad*[250.1] por estas palabras sobre sus méritos, después de haber provocado ella misma con su nuevo viraje hacia el "economismo"[250.2] la ruptura, esta acusación, como es natural, no puede menos que provocar una sonrisa.

250.1. *Dos congresos*, pág. 30.

250.2. En los artículos del número 10 y en las enmiendas.

251. *Dos congresos*, pág. 26.

252. Núm. 2-3, pág. 83-84.

253. En *Vorwärts* se inició una polémica a este respecto entre su redacción actual, Kautsky y *Zariá*. No dejaremos de dar a conocer esta polémica a los lectores rusos.

254. *Dos congresos*, pág. 25.

255. Si no contamos como restricción de la autonomía las reuniones de las redacciones, relacionadas con la formación de un consejo supremo común de las organizaciones unidas, cosa que *Rabóchei Dielo* aceptó también en junio.

256. *¿Qué hacer?*, pág. 141. Véase el presente volumen, pág. 202. (*Nota de los editores*)

257. *Iskra*, Núm. 19, 1° de abril de 1902.

Índice

9 781715 807948